权威·前沿·原创

皮书系列为
"十二五""十三五""十四五"时期国家重点出版物出版专项规划项目

BLUE BOOK

智库成果出版与传播平台

广州教育蓝皮书
BLUE BOOK OF GUANGZHOU EDUCATION

广州教育发展报告（2021~2022）
ANNUAL REPORT ON EDUCATION OF GUANGZHOU (2021-2022)

广州市教育研究院 / 编
方晓波　蒋亚辉 / 主　　编
杜新秀　刘　霞 / 执行主编

社会科学文献出版社
SOCIAL SCIENCES ACADEMIC PRESS (CHINA)

图书在版编目(CIP)数据

广州教育发展报告.2021-2022/广州市教育研究院编；方晓波，蒋亚辉主编；杜新秀，刘霞执行主编.--北京：社会科学文献出版社，2022.8
（广州教育蓝皮书）
ISBN 978-7-5228-0418-7

Ⅰ.①广… Ⅱ.①广…②方…③蒋…④杜…⑤刘… Ⅲ.①教育事业-研究报告-广州-2021-2022 Ⅳ.①G527.651

中国版本图书馆 CIP 数据核字（2022）第 116743 号

广州教育蓝皮书
广州教育发展报告（2021~2022）

编　　者 / 广州市教育研究院
主　　编 / 方晓波　蒋亚辉
执行主编 / 杜新秀　刘　霞

出 版 人 / 王利民
责任编辑 / 陈　颖
文稿编辑 / 侯曦轩
责任印制 / 王京美

出　　版 / 社会科学文献出版社·皮书出版分社（010）59367127
　　　　　 地址：北京市北三环中路甲 29 号院华龙大厦　邮编：100029
　　　　　 网址：www.ssap.com.cn
发　　行 / 社会科学文献出版社（010）59367028
印　　装 / 天津千鹤文化传播有限公司

规　　格 / 开　本：787mm×1092mm　1/16
　　　　　 印　张：20.5　字　数：305 千字
版　　次 / 2022 年 8 月第 1 版　2022 年 8 月第 1 次印刷
书　　号 / ISBN 978-7-5228-0418-7
定　　价 / 168.00 元

读者服务电话：4008918866

▲ 版权所有 翻印必究

广州教育蓝皮书编委会

主　　编　方晓波　蒋亚辉

执行主编　杜新秀　刘　霞

编委成员　杜新秀　方晓波　郭海清　蒋亚辉　焦非非
　　　　　　赖曼珍　李　媛　李进成　刘　霞　刘克艳
　　　　　　骆观金　沈在连　王红军　肖秀平　谢　敏
　　　　　　杨吉文　杨　静　张　丹　张　娅　赵　霞
　　　　　　郑　虹

主编简介

方晓波 法学博士，特级教师，正高级教师。广州市教育研究院党委书记、院长。广东省政府督学，广东教育学会副会长，广州教育学会常务副会长，广州实验教育集团校总校长，《教育导刊》主编，院博士后创新基地合作导师，原任湖北省教学研究室常务副主任，2017年作为基础教育高层次人才引进广州教育系统。国家社会科学基金项目主持人，获首届基础教育国家级教学成果奖。研究推动"道德情感教育"与"全学科智慧阅读"，主编国家课程教材4套，发表学术论文60余篇（含核心期刊20篇），著《道德情感教育研究——以中小学德育课程实施为例》（人民出版社出版）等学术著作10部。近三年来，主持广州教育智库建设工程，推动"文溪雅荷"教科研文化传承创新，组织广州基于智慧阅读课堂变革、阳光评价转型升级及广州实验中学集团化办学等一系列开创性工作。

蒋亚辉 编审，广州市教育研究院党委委员、教育规划与政策研究所书记。长期从事中小学德育研究、教育期刊编辑工作。主持省、市教育科学规划课题7项，参与国家级课题4项，主编地方课程3套，公开发表论文30余篇（含核心期刊6篇），编著《网络时代的家庭教育》《儒家文化背景下的道德领导》等图书6部。研究成果获得省级教学成果奖2项、市级教学成果奖1项。

摘 要

2021年，广州市坚持立德树人，加快构建一体化思政课体系，"五育并举"提升学生综合素养；加强规划引领，不断扩大并优化教育资源配置，推进各级各类教育高质量发展；加强师德师风建设和制度建设，强化教育人才引育，建设专业化高素质教师队伍；深入推进义务教育"双减"试点改革，大力保障教育经费，推进教育督导建设，全面加强教育保障。

"'双减'政策篇"聚焦教育行政执法区域实践、校外培训监管行政执法、学生学业负担情况等方面的研究探索与有益经验，助推"双减"政策在广州的贯彻落实。"教师发展篇"聚焦广州市幼儿园新入职教师、中小学教师及中职学校教师专业能力开展系列调查研究，深入把握教师队伍发展现状、分析存在的问题并提出有针对性的政策建议，以更好地落实《中共中央、国务院关于全面深化新时代教师队伍建设改革的意见》精神。"调查研究篇"对广州市区域幼儿园保教质量、中小学在线教育应用情况、穗港澳姊妹学校合作机制、"国测"结果应用情况、普通高中拔尖创新人才培养效果、基础教育设施发展水平等开展实证调查研究，阐述取得的有益经验、存在问题及后续发展建议。"区域实践篇"从多角度呈现了广州市各区在教育改革与实践方面的探索，包括花都区学前教育全覆盖教研的实践探索、越秀区区域教研机制的改革创新、海珠区区域教育质量综合评价改革等。

面对城市发展战略定位、人口规模结构持续变化、新技术创新与应用、教育现代化发展带来的挑战，展望2022年，广州市需进一步加强基础教育政策顶层设计，强化制度引领；继续扩大优质学位供给，满足人民

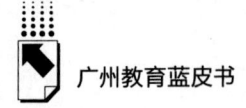

群众对优质教育资源日益增长的需求；全面加强教师队伍素养，建设更高水平、更加专业化的教师队伍；深化教育评价、招生考试制度等重点领域改革，加大教育对外开放，加速教育治理现代化进程，为城市发展提升教育服务水平。

关键词： 广州教育　"双减"政策　教师发展　区域教育

目 录

Ⅰ 总报告

B.1 2021年广州教育事业发展状况与2022年展望 ………… 杜新秀 / 001
  一 2021年广州教育发展概况 ……………………………… / 002
  二 2021年广州教育发展主要举措与经验 ………………… / 005
  三 广州教育发展面临的形势与挑战 ……………………… / 013
  四 2022年广州教育发展展望 ……………………………… / 015

Ⅱ 分报告

B.2 2021年广州学前教育发展状况与2022年展望 ………… 刘　霞 / 020
B.3 2021年广州义务教育发展状况与2022年展望 ………… 张　丹 / 035
B.4 2021年广州普通高中教育发展状况与2022年展望 …… 郭海清 / 048
B.5 2021年广州中等职业教育发展状况与2022年展望 …… 李　媛 / 062

Ⅲ "双减"政策篇

B.6 广州市教育行政执法的区域实践探索 ………… 邓素怡　胡劲松 / 074

B.7 广州市校外培训监管行政执法研究报告
　　……………………………… 杜新秀　刘　霞　彭淑华 / 087

B.8 广州市义务教育阶段学生学业负担情况调查研究报告
　　——以黄埔区为例 ………………………………… 焦非非 / 099

Ⅳ 教师发展篇

B.9 广州市幼儿园新入职教师专业能力现状调查报告……… 刘　霞 / 114

B.10 广州市中小学教师信息技术应用能力发展现状与对策建议
　　…………………………………………………………… 杨　静 / 127

B.11 广州市中职学校教师专业能力调查研究 ……………… 李　媛 / 139

Ⅴ 调查研究篇

B.12 广州市区域幼儿园保教质量现状调查报告
　　——以天河区为例 ……………… 戴双翔　关瑞珊　田美萍 / 152

B.13 广州市中小学在线教育应用情况研究报告
　　…………………………………… 简铭儿　李赞坚　罗杰明 / 168

B.14 穗港澳姊妹学校合作机制的现状与对策 ……………… 杜新秀 / 184

B.15 广州市国家义务教育质量监测结果应用情况调查报告
　　…………………………………………………………… 肖秀平 / 198

B.16 广州市普通高中拔尖创新人才培养项目评估报告
　　………………………………… 方铭琳　李建民　王轶晰 / 214

B.17 广州市基础教育设施发展水平评估与优化建议
　　………………………………… 陈晓明　李邵华　蔡泰成 / 230

Ⅵ 区域实践篇

B.18 广州市花都区学前教育全覆盖教研的实践探索 ………… 洪静翔 / 247

B.19 广州市越秀区区域教研机制改革创新的实践探索 …… 何　军 / 261

B.20 广州市海珠区区域教育质量综合评价改革实践报告
　　　 …………………………………………………… 陈兆兴 / 276

Abstract ………………………………………………………… / 290
Contents ………………………………………………………… / 292

总报告

General Report

B.1
2021年广州教育事业发展状况与2022年展望

杜新秀*

摘　要： 2021年，广州市坚持立德树人，加快构建一体化思政课体系，"五育并举"提升学生综合素养；加强规划引领，不断优化资源配置，推进各级各类教育高质量发展；加强师德师风建设和制度建设，强化教育人才引育，建设专业化高素质教师队伍；深入推进义务教育"双减"试点改革，大力保障教育经费，推进教育督导建设，全面加强教育保障。面对城市发展战略定位、人口规模结构持续变化、新技术创新与应用、教育现代化发展带来的挑战，展望2022年，广州市需继续加快学位供给，深化教育评价、招生考试制度、教师管理等重点领域改革，加强数字化转型，加大教育对外开放，以加速教育治理现代化进程，为城市发展提升服务水平。

---

* 杜新秀，广州市教育研究院教育规划与政策研究所所长，副研究员，主要研究方向为教育国际化、教育规划与政策。

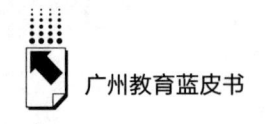

关键词： 广州教育　高质量发展　学位供给　"双减"政策

2021年是我国全面建成小康社会、开启全面建设社会主义现代化国家新征程的关键之年。广州市立足新发展阶段，坚持以习近平新时代中国特色社会主义思想为指导，全面加强党对教育工作的领导，全面贯彻党的教育方针，落实立德树人根本任务，统筹抓好疫情防控和教育改革发展工作，成功入选国家产教融合试点城市、国家人工智能助推教师队伍建设试点地区、首批全国中小学劳动教育实验区和国家智能治理社会实验基地（教育），并获评"全国青少年校园足球改革试验区"优秀单位，实现了"十四五"规划的良好开局。

一　2021年广州教育发展概况

（一）基础教育规模大幅增长，公办学位大幅增加

2021年，广州全市基础教育阶段共有学校3712所，比2019年增加了212所，增幅为6.06%。幼儿园共有2155所，比2019年增加了189所，其中民办幼儿园占比为56.06%，比2019年降低了12.82个百分点。小学共有986所，比2019年增加了6所；初中学校共有427所，比2019年增加了12所。义务教育阶段民办学校占比为23.64%，比2019年降低了0.45个百分点。普通高中学校有124所，比2019年增加了5所，其中民办普通高中学校占比为16.13%，比2019年增长了1.84个百分点。特殊教育学校有20所[①]。

2021年，广州全市基础教育阶段共有在校生237.48万人，比2019年增加了21.12万人，增幅为9.76%；其中，在园幼儿增加了10.56万人，增

---

① 本报告如无特殊说明，数据均来源于《广州市教育统计手册》（2019~2021学年度）。

幅为20.00%；义务教育阶段在校生增加了10.08万人，增幅为6.85%；普通高中在校生增加了2278人，增幅为1.43%。基础教育阶段民办学校（园）在校生共有72.76万人，占总数的30.64%，比2019年减少了7.60万人，减幅为9.46%。其中，民办幼儿园在园幼儿占比从65.48%降至46.65%，义务教育阶段民办学校在校生占比从30.33%降至26.68%。普通高中教育阶段民办学校在校生占比为7.87%，比2019年略有增长（增长0.54个百分点）（见表1）。

表1 2019~2021年广州市基础教育阶段学生变化情况

单位：人

指标		2019年	2020年	2021年
学前教育	在校生数	527648	574541	633203
	其中：民办	345514	316926	295362
小学教育	在校生数	1104714	1125103	1164403
	其中：民办	334171	316705	305770
初中教育	在校生数	366867	383753	407956
	其中：民办	112218	113653	113692
普通高中教育	在校生数	159355	159450	161633
	其中：民办	11674	12090	12726
特殊教育（含随班就读）	招生数	959	1160	1750
	在校生数	4938	5757	7571

资料来源：《广州市教育统计手册》（2019~2021学年度）。

2021年，广州全市基础教育阶段教职工共有22.73万人，比2019年增加了2.85万人，增幅为14.34%；其中专任教师有15.76万人，比2019年增加了1.45万人，增幅为10.13%。其中，幼儿园专任教师有4.42万人，比2019年增加了6294人，增幅为16.60%；小学专任教师有6.50万人，比2019年增加了4958人，增幅为8.26%；初中专任教师有3.25万人，比2019年增加了2750人，增幅为9.24%；普通高中专任教师有1.47万人，比2019年增加了238人，增幅为1.65%；特殊教育专任教师有1243人，比2019年增加了224人，增幅为21.98%。

（二）中等职业教育规模稳步增长，专任教师占比逐年提高

2021年，广州市辖中等职业学校（含技工学校）共有75所①，其中民办中等职业学校有27所，占中等职业学校总数的36.00%，比2019年下降了5.56个百分点。中等职业学校（含技工学校）在校生共有22.59万人，比2019年增加了2.72万人，增幅为13.69%；其中民办中等职业学校在校生占比为11.00%，比2019年略有下降（下降0.66个百分点）。

2021年，广州市辖中等职业学校（含技工学校）共有教职工1.27万人，其中专任教师有9795人，比2019年增加了224人，增幅为2.34%；专任教师占教职工总数的76.94%，比2019年增加了1.81个百分点。民办中等职业学校有专任教师586人，占中职学校专任教师总数的10.92%，比2019年增长了1.41个百分点（见表2）。

表2 2019~2021年广州市、区属中等职业教育阶段师生变化情况

单位：人

指标		2019年	2020年	2021年
中等职业教育	招生数	36160	35107	40102
	在校生数	92431	97367	115152
	教职工总数	7082	6967	7091
	其中:专任教师	5340	5325	5367
技工学校教育	招生数	34093	33624	31923
	在校生数	106257	110706	110744
	教职工总数	5658	5690	5640
	其中:专任教师	4231	4227	4428

资料来源：《广州市教育统计手册》（2019~2021学年度）。

（三）高等教育规模持续增长，成人在校生占比逐年降低

2021年，广州市属普通高校增加1所，总数达11所。广州市属普通高

---

① 不含广州地区的省部属中等职业学校，下同。

校有在校生（含研究生和本科及专科生）13.97万人，比2019年增加了2.10万人，增幅为17.68%。市属成人本专科教育有在校生（含普通高校成人本专科学生和成人高校本专科学生）7.83万人，比2019年减少了1.41万人，减幅为15.25%。成人本专科在校生数占高等教育总人数的比例由2019年的43.76%降至2021年的35.92%，下降了7.84个百分点（见表3）。

表3 2019~2021年广州市本级高等教育阶段学生变化情况

单位：人

指标		2019年	2020年	2021年
研究生	招生数	2671	3906	4189
	在校生数	7181	8851	10545
本科及专科生	招生数	70894	70372	66657
	在校生数	203940	212324	207474

资料来源：《广州市教育统计手册》（2019~2021学年度）。

2021年，广州市属普通高校有教职工10497人，比2019年增加了519人，增幅为5.20%；其中专任教师有6768人，比2019年增加了45人，增幅为0.67%；专任教师占教职工总数的64.48%，比2019年下降了2.90个百分点。

2021年，广州市属成人高校有教职工2279人，比2019年减少了29人，减幅为1.26%。其中专任教师有1446人，比2019年减少了10人，减幅为0.69%。专任教师占教职工总数的63.45%，比2019年增长了0.37个百分点。

二 2021年广州教育发展主要举措与经验[①]

（一）坚持立德树人，"五育并举"提升学生综合素养

1. 加快构建一体化思政课体系

广州市在全省率先成立市级大中小学思政课一体化建设指导委员会，并

---

① 本节所用数据来自广州市教育局内部资料。

推动成立了11个区级学校思政课协同创新分中心。各学校落实党委书记、校长上"思政第一课"制度，邀请了13名市委常委进基层学校上思政课。广州市第二届思政课"三百"工作中，编写了红色教育故事读本，开展"羊城时政学堂""思政讲习堂"等党史专题60余期，通过"基地+学校"合作模式开发了35个爱国主题教育地方课程和校本课程。市属高校专职辅导员、专职思政课教师配备提前达到广东省委教育工委制定的目标。

2. 引导家庭教育发展

一是政策引导。广州市出台了加强新时代学校家庭教育工作的实施意见和中小学家访工作指南，进一步规范和引导家庭教育。二是专家引领。广州市遴选出首批中小学校幼儿园家庭教育名师工作室主持人15名，举办市级家庭教育名师工作室展示交流暨研讨活动。三是活动参与。通过举办"双减"政策下的家庭教育研讨会、家庭教育促进法视频宣讲会、"童颂同悦·好家风"短视频及作文大赛、"新时代文明实践之家长学校"系列节目直播、"羊城家校共育微视频"拍摄等活动，广州市依托26个家庭教育实践基地和15个家庭教育名师工作室为家长们开展讲座1568期，受众546万人次。

3. 提升体质健康水平

通过开足开齐体育课，每天落实校内一小时体育锻炼和体育大课间活动，广州市学生体质健康水平稳步上升。一批国家级和省级体育特色学校充分发挥了辐射带动和示范引领作用。广州市在全国学生运动会上获2金1银2铜，被广东省教育厅授予先进单位荣誉称号；在"省长杯"青少年校园足球联赛总决赛中，获高中男子组冠亚季军，被评为全国青少年校园足球改革试验区优秀单位。儿童青少年近视防控改革试验区工作受邀参加教育部新闻通气会和专题研讨活动。

4. 强化美育熏陶

第六届"羊城美育节"、第三届农村和外来务工人员子女学校艺术教育成果展示等活动提升了学生审美素养。广州市加强高水平学生美育团队培养，在广东省第七届中小学生艺术展演活动中，78个作品获得一等奖，15

个作品被推荐进入全国赛,艺术表演类和艺术实践工作坊获奖数量均列全省第一。广州市加强全市美育教师队伍能力建设,参赛教师在全省首届美育教师基本功大赛中全员获奖,在第三届广东省中小学青年教师教学能力大赛中音乐、美术学科全学段获奖。

5. 加强新时代劳动教育

一是科学规划。广州市印发实施推进大中小学新时代劳动教育三年行动方案,并修订了中小学劳动教育指导纲要和中小学(幼儿园)劳动教育指导意见。二是建设课程师资。广州市开发地方和校本劳动教育课程,编写、推广和使用具有广州特色的中小学劳动教育教材;成立市、区劳动教育专家指导小组,配置专兼职劳动教育教研员,各校成立劳动教育科组,形成教学教研团队。三是整合优化资源。广州市创建认定一批劳动教育试点学校、特色学校、基地学校和教育基地;搭建校园小农田小菜园、中草药种植、高中学农、城乡学校结对等劳动实践与成果展示平台,并入选全国中小学劳动教育实验区。

(二)优化资源配置,推进各级各类教育高质量发展

1. 加强规划引领

一是研制实施教育事业规划。《广州教育现代化2035》于2021年3月3日由广州市委、市政府印发实施,提出了构建"公平卓越、活力创新、开放包容"的广州教育新体系的发展思路。《广州市教育事业发展"十四五"规划》于2021年10月26日由广州市政府办公厅印发实施,包括1个总规划和基础教育、职业教育、高等教育、教师队伍、教育对外开放等6个分规划,明确了各级各类教育"十四五"期间的发展目标与任务。二是做好教育设施空间规划。2021年编制完成的《广州市基础教育设施发展策略研究与布点规划(2019—2035年)》实现"多规合一""一张图",被纳入广州市国土空间规划体系。此外,结合城市更新工作要求、省政府学位建设任务和政策,广州市还编制了《广州市城中村改造优质中学布点方案》。

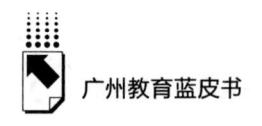

2. 扩大基础教育资源供给

一是出台集团化办学实施意见。广州市加强教育集团建设，进一步扩大优质教育资源辐射。22个教育集团被认定为广东省优质教育集团培育对象。全市各区均有已建设或规划建设的市属学校新校区，基本实现优质资源均衡配置。二是扎实推进"公参民"学校治理。广州市成立工作专班，印发治理工作方案，全面摸查"公参民"学校现状，并建立督办和月报制度，压实各区主体责任。全市"公参民"学校已有6所完成治理，42所完成更名，8所签订脱钩协议。三是多措并举增加公办学位供给。广州市继续巩固学前教育"5080"成果、推动中小学校三年提升计划及收尾工程，全市累计增加公办中小学学位18.36万个，增加公办幼儿园学位4.75万个，增加普惠性幼儿园学位6.36万个。广州市本级向有关区划拨专项转移支付经费2.92亿元，支持各区购买民办学校学位以增加公办学位供给。截至11月，全市各区随迁子女就读公办学位（含政府购买民办学校学位）比例均达到85%。

3. 推动职业教育内涵建设

一是深化产教融合。中职学校有12个项目被纳入市国家产教融合型城市建设试点重大建设项目清单。高职院校继续参与现代学徒制试点，共开展电气自动化技术、汽车检测与维修技术、市场营销等40个专业试点。职教集团和中等职业学校新增成立6个职业教育集团（联盟），实现局属中职学校职业教育集团化发展全覆盖，其中2个入选国家级示范性职业教育集团。二是加强高水平职业学校及专业群建设。10所学校入选省高水平中等职业学校建设（培育）单位，共建设20个省高水平专业群，入选校数、专业群数居全省第一。5所学校入围新一轮广东省重点中等职业学校（第一批）认定名单，新增13个省"双精准"示范专业建设项目（第三批）。9所中职学校学前教育专业转设完成改革，新增开设36个专业和专业方向。广州市以"优秀"等次顺利通过"创建广东省现代职业教育综合改革示范市"项目验收。

4. 推动高等教育类型特色发展

一是加速推进中外合作项目建设。香港科技大学（广州）校园一期基础设施建设的校园主体工程全面封顶，华南理工大学广州国际校区二期建设继续推进。二是积极推进应用型院校筹建。广州市幼儿师范高等专科学校获省政府批复同意设立并报教育部备案，于2021年秋季首次招生。广州交通大学校园用地已基本完成征拆。黄埔大学、广州市旅游职业技术学院进入筹建前期阶段，侨鑫大学、澳门城市大学（广州）等社会力量举办高校的申请被纳入广东省"十四五"高校设置规划。三是积极推进高水平大学建设。广州大学、广州医科大学成功入选广东省2021~2025年高水平大学建设计划重点建设高校。两校学科与学位点建设跃上新水平，新增ESI排名前1%的学科3个、博士学位授权点5个、硕士学位授权点13个、学士学位授予专业7个、国家级一流本科专业建设点22个，17个学科进入软科学2021年"世界一流学科"榜单。四是积极支持在穗省部属高校"双一流"建设。广州市分别补助中山大学建设经费6亿元和华南理工大学广州国际校区学科平台建设经费2亿元，另补助在穗高校建设发展财政项目经费1148万元，以支持17所在穗高校的教育教学改革和创新创业（就业）实践。

5. 提升教育对外开放水平

一是积极引进合作办学项目。广州市新增市属高校中外合作办学项目1个、基础教育阶段国际化特色民办学校3所、高中阶段中外合作办学项目1个、外籍人员子女学校1所；开办全国首家由高校指导创办的港澳子弟学校；7个区共有11所学校开设了44个港澳子弟班，共招收港澳籍学生1200人。二是拓展国际和港澳台朋友圈。全市新增国际姊妹学校17对，普通中小学校和外籍人员子女学校首次缔结姊妹学校36对，新增缔结穗港澳姊妹学校（园）32对。广州国际友城大学联盟新增4个国家的5所大学，成员大学共18所。广州市旅游商务职业学校与澳门旅游学院在澳门联合举办第三届"穗港澳台四地技能节"，广州市南沙区岭东职业技术学校与澳门旅游学院开展调酒师培训合作。三是加强指导与管理。广州市印发了高校来穗留学生和港澳台生奖学金设置与管理指导意见，加强外籍教师和外籍人员子女学校的服务与管理，培育创建教育国际化窗口学校，首批评定了20所创建单位。

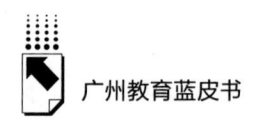

（三）注重引育结合，建设专业化高素质教师队伍

1. 加强师德师风建设和制度建设

一是严格落实师德师风第一标准。广州市印发实施年度师德师风建设工作要点和师德专题教育活动方案，开展了师德建设主题教育月系列工作，同时加大教师违反职业道德行为处理，扎实开展了中小学教师有偿补课和违规收受礼品礼金的专项整治。二是建立健全教师发展制度。广州市印发实施了关于中小学教师发展体系、培训体系、新教师培训、学历提升等系列实施方案或指导意见，编制实施了"十四五"中职教师培训体系实施意见，发布了高素质专业化特殊教育教师队伍的指导意见，为提升教师整体素质提供了制度保障。

2. 理顺中小学教师管理体制

一是深化中小学教师职称制度改革。广州市增设"教育管理"专业评审的建议被新修订的广东省中小学教师职称评审办法及评价标准采纳。二是逐步提升中小学高级岗位结构比例。11个区提前完成广州市委、市政府提出的要求。三是深化"互联网+政务服务"中小学教师资格认定改革。广州市对接市电子证照系统，实现全市无纸化通检，高中、中职（含中职实习指导）教师资格证书实现电子证照签发。

3. 强化教育人才引育

一是完善教师发展支持体系。广州市以加强市区教师发展中心内涵建设为核心，进一步健全"1+6+11+N"① 四级联动教师发展支持体系。二是实施中小学教师"三类四阶段"② 进阶式培训。广州市深入实施"百千万人才培养工程"和教师学历提升计划，遴选培养对象4355人，认定市区两级骨干教师14717人，省级名校（园）长、名教师工作室（主持人）数量居全

---

① "1+6+11+N"体系中，1是指市教育局，6是指6个市级教师发展中心，11是指11个区级教师发展中心，N是指教师发展学校及市级名校长、名教师和名班主任工作室。

② "三类四阶段"培训中，"三类"指专任教师、研训人员和中小学教育管理干部；"四阶段"指三类人员的新手/准备、胜任、骨干、专家四个阶段。

省第一。三是开展人才绩效评价。广州市对政策实施以来的高层次人才工作情况进行绩效评价，开展职业教育高层次人才引进"空中宣讲会"活动，并配套开展教育高层次人才线上见面考察活动。全市全年共引进教育高层次人才16名，赴京沪等地开展校园招聘，成功签约优秀毕业生139人。

4. 提高教师社会地位

一是加强宣传。广州市响应中宣部号召，连续四年在教师节开展"为教师亮灯"活动。二是重视表彰。2021年，全市新增中小学特级教师45名，南粤优秀教师（教育工作者）144名。60名市优秀教师、20名市优秀教育工作者、40个教育工作先进集体获得广州市政府表彰；1人入选全国"2021最美教师"，1个家庭荣获全国"教育世家"称号，1人荣获2021年"全国五一劳动奖章"和"全国道德模范"称号。

（四）深化教育改革，全面加强教育保障

1. 深入推进义务教育"双减"试点

一是健全作业管理机制。广州市出台作业管理办法，各校建立作业公示制度，控制作业时间，建立健全教学管理规程，优化教学方式，确保学生在校内学足学好。二是优化校内课后服务水平。各区各校建立健全课后服务第三方教育资源引入和管理机制，实现义务教育学校全覆盖、有需求的学生全覆盖、服务时间全部达标；同时出台公办学校托管服务财政补助办法，加大对课后服务教师和人员的激励。截至2021年12月28日，全市参与课后服务的学生人数为112.3万人，占应参与总人数的85.20%。三是从严规范校外培训机构办学行为。广州市将学科类校外培训收费纳入政府指导价管理；出台关于"营转非"、机构转型和终止办学等指引，引导机构转型或良性退出；针对机构经营困难和风险隐患建立风险防控和应急处置机制，积极协调法院、人社等部门为困难机构帮扶纾困，同时减少群众损失。广州市校外培训机构治理项目获评2020~2021年全省国家机关"谁执法　谁普法"优秀普法项目。

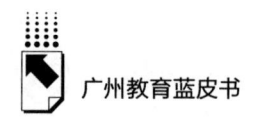

2. 保障教育经费

一是健全教育经费保障体系。广州市推进财政事权划分改革，理顺教育领域财政事权和支出责任划分，以发挥市级统管和区级主体责任。2021年广州市教育局部门预算批复收入115.21亿元，同比增长26.01%，其中市对区教育转移支付34.72亿元，同比增长42.48%；支持中国特色高水平高职学校和专业建设计划项目9500万元，广州市幼儿师范高等专科学校（筹）筹建经费2500万元。二是健全学生资助体系。广州市印发健全学生资助政策体系的实施意见，归口整合各学段资助政策。全年市财政共下达学生资助资金2.35亿元，受助学生31万人次；大力开展助学贷款宣传，共签订贷款合同2000余份，贷款金额逾2000万元。三是促进教育基金会发展。广州市印发关于促进教育基金会发展的实施意见，建立教育基金会捐赠公办学校奖励激励机制等办法，促进社会力量参与教育公益事业。四是推进教育帮扶。广州市健全对口协作方式，筹集投入1245万元用于改善各地教育设备设施，动员社会力量捐款捐物达1500余万元。

3. 推进教育督导发展

一是完善机构设置。广州市政府教育督导委员会成员单位进行调整，扩充到市委组织部、市委宣传部、市委政法委、市委编办、市发展和改革委员会等21个成员单位。各区调整区督导委员会成员和职责，完善市区联动、架构合理的教育督导工作体系。二是加强制度建设。广州市印发《广州市深化新时代教育督导体制机制改革的实施方案》《广州市督学聘任管理办法》等文件，提升教育督导制度化、规范化水平。三是优化督学队伍。第七届市政府督学完成换届工作，共聘任市政府督学131名、特约教育督导员15名，并组织线上线下督学培训，提升履职能力和专业水平。四是推进"督政、督学、评估监测"督导体系建设。广州市逐项推动政府履行教育职责问题的整改落实，实现中小学、幼儿园责任督学挂牌督导全覆盖；组织市级责任督学开展"双减"督查；建设"统一管理、入口多元、出口唯一、科学客观、广州特色"的教育评估监测机制。

4. 加强平安校园建设

一是出台法规。《广州市学校安全管理条例》于 2021 年 12 月 14 日通过广州市第十五届人大常委会第六十一次会议表决审议。该条例为幼儿园、普通中小学校、中等职业学校、技工学校、特殊教育学校和专门学校细化了学校开放或关闭、教职员工招录、学生到校或离校、校园欺凌处理、校车管理、突发事件处理等规定。二是开展专项行动。广州市以"强化校园安全"被列入市十大民生实事为契机，开展中小学幼儿园整体安全水平提升专项行动。全市中小学幼儿园校园封闭式管理、专职保安配备、一键报警装置、视频监控联网等 33 项指标全部达标，并作为经验推广；抓好重点领域风险防范，完成 30.4 万名接触学生工作人员背景审查；集中开展四轮涉校安全隐患大排查、大整治专项行动；做好预防学生溺水、中小学生欺凌防治、防范电信网络新型违法犯罪工作、灾害事故防范应对、上下学交通安全等专项工作。

三 广州教育发展面临的形势与挑战

广州教育底蕴深厚，教育体系完备，教育资源丰富，全省教育中心功能突出，教育高质量发展具有多方面的优势和条件。但广州教育发展不平衡不充分的问题仍然突出，有利于教育高质量发展的体制机制还不健全；教育资金投入仍存在较大缺口，学前教育、义务教育公办学位保障能力仍需提升；优质教育资源供给依然不能完全满足人民群众日益增长的需求；职业教育校企合作、产教融合的政策体系有待完善；教师总量难以适应学位增长需要；教育发展水平和影响力与国家中心城市地位尚不相匹配。同时，广州教育还要面对新环境新形势提出的新要求和新挑战。

（一）城市发展战略定位要求教育增强支撑能力

广州市正加快科技创新城市、先进制造业强市、现代服务业强市、人才强市、文化强市和国际大都市建设，以提升城市发展能级和核心竞争力。面

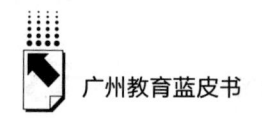

对现代产业新体系建设，广州教育迫切需要创新人才培养模式改革，深化产教融合和校企合作协同创新机制，主动对接重点产业、战略性新兴支柱产业和优势产业，培育更多青年骨干、国际一流科技领军人才、战略管理者、科学家和创新团队，强化人才支撑和智力支撑，主动服务城市战略发展。

（二）人口规模结构变化要求教育丰富服务供给

一方面，广州市作为人口导入城市，每年超过40万人来到广州就业，同时新生婴幼儿和老年人数量不断增加，城市人口规模持续增长，人口结构发生变化，基本公共服务不断由户籍人口覆盖转向常住人口全覆盖和区域全保障。广州教育需要适应人口规模结构变化需求，科学合理规划各区域和各级各类教育资源，以满足全龄教育服务需求。另一方面，民众对高品质生活的追求更加个性化和多样化，对教育服务的要求也更加多元。广州教育需要突破教育体制机制瓶颈制约，充分激发各级各类学校的办学活力，不断丰富优质教育供给，增强民众对教育的实际获得感。

（三）新技术创新与应用要求教育变革发展模式

广州市正全力推进人工智能与数字经济试验区建设，以人工智能与数字经济重构产业新动能，加快数字产业化和产业数字化、智能化，建设数产融合标杆城市，打造国际一流智慧城市。[①] 广州教育要把握这个重大战略机遇，快速发展以云计算、大数据、人工智能、虚拟现实等新兴技术为依托的未来教育，同时利用新技术系统性改革现有教学环境、教学内容、教学模式与手段、管理与评价方式等，推动理念更新、模式变革、体系重构，构建教育新生态。

（四）教育现代化发展要求教育加强自身建设

教育现代化是社会主义现代化建设的重要组成部分，是建设教育强国、

---

① 郭永航：《政府工作报告》，http://m.mp.oeeeee.com/a/BAAFRD000020220125647110.html，最后检索时间：2022年4月22日。

实现中华民族伟大复兴的基石。我国正加快推进教育现代化。加快教育现代化，基本任务是解决教育在发展中遇到的矛盾和问题。[①]《中国教育现代化2035》聚焦教育发展的突出问题和薄弱环节，提出了学习习近平新时代中国特色社会主义思想、发展中国特色世界先进水平的优质教育、推动各级教育高水平高质量普及、实现基本公共教育服务均等化、构建服务全民的终身学习体系、提升一流人才培养与创新能力、建设高素质专业化创新型教师队伍、加快信息化时代教育变革、开创教育对外开放新格局、推进教育治理体系和治理能力现代化等十大战略任务。广州教育要自觉对应现代化发展的要求，大力推进教育理念、体系、制度、内容、方法、治理现代化，优化教育结构，促进教育公平，着力提高教育质量，培养德智体美劳全面发展的社会主义建设者和接班人。

四 2022年广州教育发展展望

2022年，是党的二十大召开之年，也是广州充分发挥国家中心城市和综合性门户城市引领作用，着力建设国际大都市，全面增强国际商贸中心、综合交通枢纽功能，培育提升科技教育文化中心功能的关键期。广州教育必须坚持稳中求进，继续坚持以人民为中心的发展思想，优化公共教育服务供给，为国家中心城市和综合性门户城市建设再上新水平、推动实现老城市新活力、"四个出新出彩"做出贡献。

（一）扩大学位供给，促进基本公共教育服务均等化

1. 统筹规划常住适龄儿童入学

针对入学需求的不断增长，广州市及各区政府应提高站位，从保障教育公平、促进城市和谐发展的高度出发，以常住人口为基准，继续加大以公办

---

① 邬大光：《大势所趋：加快教育现代化是建设教育强国的关键》，http：//theory.people.com.cn/n1/2018/0715/c40531-30147559.html，最后检索时间：2022年4月29日。

学位为主的基础教育各学段学位供给力度。同时，因应区域间学位需求数量的差异以及各区现有资源的局限，市级层面要加强对新校的统筹建设，特别是针对白云区、天河区、番禺区等学位缺口较大的区域，要予以重点支持，优先保证学位供给。

2. 多渠道增加公办学位供给

广州市政府要切实履行教育发展主体责任，通过实施新一轮基础教育设施建设行动计划，持续增加公办学位供给；同时要结合城市更新，盘活现有资源，通过改建、扩建、合并、委托管理等举措挖掘现有教育资源的潜力，持续推进城乡教育服务均等化，构建优质均衡的公共教育服务体系。

3. 增加投入保障学位供给

广州市一方面要加大教育财政投入力度，统筹保障基本公共教育服务需求及各项重点项目投入。针对疫情背景下财政紧缩状况，更需要优化教育经费投入结构，优先支持新校建设以保障学位供给，支持新校教师队伍建设以保证教学质量，充分发挥财政经费的支撑和引导作用。另一方面，要充分利用各类各级教育基金会，吸纳社会力量、个人、企业等捐资助学，积极参与、支持教育事业发展。

（二）深化重点领域改革，加速教育治理现代化进程

1. 深入推进教育评价改革

广州市应全面落实深化新时代教育评价改革重点工作任务，推进试点市工作，扭转不科学的教育评价导向。把立德树人成效作为根本标准，探索开展学生学习情况全过程纵向评价、德智体美劳全要素横向评价。加快完善各级各类学校评价标准，坚决克服重智轻德、重分数轻素质等片面办学行为。严格控制教育评价活动数量和频次，减少多头评价、重复评价，切实减轻学校和教师负担。构建政府、学校、社会等多元参与的评价体系，建立健全教育督导部门统一负责的教育评估监测机制，发挥专业机构和社会组织作用。

2. 完善招生考试制度改革

按照国家推进中考、高考改革要求，广州市应进一步优化随迁子女入学

政策，继续完善"分类考试、综合评价、多元录取"的高中招生政策，梳理总结高考、中考成功举措与经验，为全省高考、中考改革提供示范引领，同时协调成立大湾区学考联盟，共建共享学考命题和题库资源①。利用人工智能、大数据等现代信息技术，探索网上征题和题库合作共享等方式建设学考题库，增强试题的开放性，并建立命题新机制。

3. 深化教师管理改革

广州市应严格落实师德师风要求，建设一批师德建设示范校，推动师德师风建设常态化、长效化。优化义务教育学校校长、教师交流轮岗政策，建立与新高考选课走班相适应的学科教师统筹调配机制，合理配置与使用师资。以中职学校教师职称制度改革为契机，深化教师资格认定"放管服"管理改革。完善教育人才引进政策体系，健全教师荣誉制度，发挥榜样示范引领作用。全面实施公办学校教职工备案制管理，推进民办学校教师从教与支教、资格与职称、流动及诚信等管理机制改革。

4. 深入推进依法治教

建立健全广州市学校管理、校外培训机构管理与监督等法规或管理意见。修订教育行政执法自由裁量权管理文件，加强教育行政执法。统筹规范民办教育分类管理，完成公办学校举办或者参与举办民办义务教育学校的治理，加快优化义务教育结构。推动广州市深化新时代教育督导体制机制改革，积极创建义务教育优质均衡发展区和县域学前教育普及普惠区，强化监测结果运用。

（三）加强教育数字化转型，支撑教育高质量发展②

1. 推进教育智能治理

广州市应推进市教育政务数字化转型、教育数据中心建设，探索区块链技术在教育平台中的实践应用；开展教育专网骨干网络管理升级改造、

---

① 广州市招生考试委员会办公室：《广州市招生考试委员会办公室2021年工作情况及2022年工作计划》。
② 广州市电化教育馆：《广州市电化教育馆2021年工作情况及2022年工作计划》。

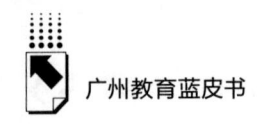

"5G+"、IPv6校园网无线覆盖试点和IPv6规模化部署。探索智能教育技术支持下的教育集团化发展与智能治理体系建设。以国家智能社会治理实验基地（教育）建设为契机，探索教育及与其关联领域的基础数据共享和应用新机制，构建基于边缘分析的数字决策支撑体系，推动教育决策的数字化转型。

2. 推进智慧教育示范区建设

一是立足智慧教育技术在教学全过程的普及化应用，开展多样态、分层次、有特色的智慧课堂教学普及工程；二是开展教育技术应用人才培育工程，建设"教育技术应用人才工作室"，培育一批教育技术应用拔尖人才和领军团队；三是开展实践研究，形成一批有广州特色、辐射全国的智慧教育和人工智能教育技术应用优秀实践成果和案例；四是举办智慧教育和人工智能教育成果展示活动，创新展示内容与形式，力争在全国有示范性和影响力。

3. 推进数字教育资源建设

一是升级改造广州智慧教育公共服务平台建设，大力推进各区、校的常态化应用，形成全市教育教学资源"共建共享、多向联通、优势互补"体系；二是大力开发优质数字教育资源，集合全市优秀教师或骨干教师推进优质课例库、优秀作业设计案例库、试题库等建设，并通过"互联网+"师资培训、教学研讨、教育帮扶等，为薄弱学校或地区师生提供优质教育资源，推动教育优质均衡发展。

（四）加大对外开放力度，服务城市国际化发展

1. 完善制度设计

应进一步建立健全有关制度和配套文件，包括广州市外籍人员子女学校及其他类型国际学校发展与管理制度、外籍教师聘用制度、留学生及港澳学生招收制度、中外合作项目或机构管理等制度，加强教育国际交流与合作规范化管理，促进教育国际交流与合作健康有序发展。

2. 深化内涵发展

基础教育应以教育国际化窗口学校创建、中小学国际理解教育推进为重点，着力提升广州市中小学生的国际视野与本土认同，培养学生人类命运共同体意识。职业教育应以高职院校境外办学示范、海外"鲁班工坊"项目为抓手，积极响应共建"一带一路"倡议，不断提升广州职业教育国际化水平和国家服务能力。高等教育应以香港科技大学（广州）、华南理工大学广州国际校区二期建设为起点，探索有效利用国际优质高等教育资源的途径与模式。

3. 拓宽国际交流

利用广州国际友好城市、领事馆等国际资源以及毗邻港澳地理优势，推动缔结更多的国际友城姊妹学校和穗港澳姊妹学校。国际友城大学联盟应努力吸纳更多国际友城大学加盟，加强彼此间交流与合作，向世界讲好"广州故事"。要创新方式，打造国际及港澳台教育交流活动品牌与平台。探索放宽国际学校如外籍人员子女学校举办者市场准入，允许内资企业和中国公民等开办外籍人员子女学校，丰富广州教育供给，优化广州营商环境。

参考文献

冯建军：《论新时代中国特色社会主义教育理论》，《南京社会科学》2021年第10期。

闵永新：《坚持"以人民为中心"开启教育新征程》，《红旗文稿》2018年第24期。

穆铭：《教育改革发展是有效落实"双减"的根本之策》，《领导科学论坛》2022年第1期。

分 报 告
Topical Reports

B.2
2021年广州学前教育发展状况与2022年展望

刘霞[*]

摘 要： 2021年，广州市通过立法保障幼有优育、巩固学前教育"5080"成果、完善幼儿园成本分担机制、提升幼儿园保教质量等举措，学前教育规模不断扩大，幼儿园专任教师数量不断增加，但仍存在幼儿园办园条件发展不均衡，幼儿园学位供给量、专任教师配备及办园条件区域差距大等问题。为了促进学前教育更加健康发展，广州市应进一步加强学前教育政策顶层设计，完善学前教育财政投入政策，优化学前教育师资结构，持续推进学前教育普惠发展。

关键词： 学前教育 教育供给 广州市

---

[*] 刘霞，广州市教育研究院教育规划与政策研究所教育战略研究室主任，研究员，主要研究方向为学前教育基本理论、学前教育规划与政策等。

2021年，广州市委市政府把学前教育工作作为重点工作，多次召开学前教育专题工作会议，全面统筹推进学前教育普惠优质发展。广州市学前教育规模、教师数量和素质、办园条件都得到进一步发展，学前教育供给能力不断提升。

一 广州市学前教育发展概况

（一）学前教育规模不断扩大

2021年，全市幼儿园共有2155所，在园幼儿数约有63.32万人，园均规模为294人，班额为30.91人。2019~2021年，全市幼儿园共增加了189所，在园幼儿数增长10.56万人，学前教育资源供给能力显著提升（见表1）。

表1 2019~2021年广州市学前教育规模情况

年份	幼儿园数（所）	班数（个）	在园幼儿数（人）	园均规模（人）	班额（人）
2019	1966	17332	527648	268	30.44
2020	2068	18843	574541	278	30.49
2021	2155	20484	633203	294	30.91

资料来源：《广州市教育统计手册》（2019~2021学年度）。

2021年，全市公办幼儿园共有947所，比2019年增加了335所，增幅为54.74%。公办幼儿园在园幼儿数为33.78万人，比2019年增加了15.57万人，增幅为85.49%；在园幼儿数占比为53.35%，比2019年增长了18.83个百分点。2019~2021年，公办幼儿园园均规模和班额呈逐年扩大的态势。2021年公办幼儿园园均规模为357人，比2019年增加了59人；班额为31.97人，比2019年增加了0.72人（见表2）。

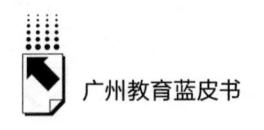

表2 2019~2021年广州市公办幼儿园规模情况

年份	幼儿园数及占比		在园幼儿数及占比		园均规模（人）	班数（个）	班额（人）
	园数（所）	占比（%）	人数（人）	占比（%）			
2019	612	31.13	182134	34.52	298	5828	31.25
2020	770	37.23	257615	44.84	335	8099	31.81
2021	947	43.94	337841	53.35	357	10567	31.97

资料来源：《广州市教育统计手册》（2019~2021学年度）。

全市民办幼儿园共有1208所，比2019年减少了146所，占幼儿园总数的56.06%。民办幼儿园在园幼儿数为29.54万人，占比为46.65%。2021年民办幼儿园园均规模为245人，比2019年减少了10人；班额为29.78人，比2019年减少了0.25人（见表3）。全市普惠性民办幼儿园共有808所，比2019年减少了115所，占幼儿园总数的37.49%。普惠性民办幼儿园在园幼儿数为20.28万人，比2019年减少了3.47万人，在园幼儿数占比为32.02%。2021年普惠性民办幼儿园园均规模为251人，比2019年减少了6人；班额为30.84人，比2019年减少了0.21人（见表4）。

表3 2019~2021年广州市民办幼儿园规模情况

年份	幼儿园数及占比		在园幼儿数及占比		园均规模（人）	班数（个）	班额（人）
	园数（所）	占比（%）	人数（人）	占比（%）			
2019	1354	68.87	345514	65.48	255	11504	30.03
2020	1298	62.77	316926	55.16	244	10744	29.50
2021	1208	56.06	295362	46.65	245	9917	29.78

资料来源：《广州市教育统计手册》（2019~2021学年度）。

表4 2019~2021年广州市普惠性民办幼儿园规模情况

年份	幼儿园数及占比		在园幼儿数及占比		园均规模（人）	班数（个）	班额（人）
	园数（所）	占比（%）	人数（人）	占比（%）			
2019	923	46.95	237523	45.02	257	7649	31.05
2020	907	43.86	226597	39.44	250	7414	30.56
2021	808	37.49	202776	32.02	251	6576	30.84

资料来源：《广州市教育统计手册》（2019~2021学年度）。

（二）幼儿园专任教师数量不断增加

2021年，全市幼儿园专任教师为4.42万人，比2019年增加了6294人，增幅为16.60%；生师比为14.32，比2019年增加了0.40；专科毕业及以上学历专任教师占比为93.24%，比2019年增长了7.40个百分点；学前教育专业毕业教师占比为95.78%，比2019年增长了9.20个百分点（见表5）。2021年，全市公办幼儿园专任教师为2.37万人，占比为53.64%；普惠性民办幼儿园专任教师为1.34万人，占比为30.28%；非普惠性民办幼儿园专任教师0.71万人，占比为16.08%。从生师比情况来看，普惠性民办幼儿园生师比最高，为15.15。公办、民办幼儿园专任教师配备不均衡，普惠性民办幼儿园专任教师配备最不充足，教师数量缺口最大（见表6）。

表5　2019~2021年广州市幼儿园专任教师配备情况

年份	专任教师数（人）	生师比	专科毕业及以上学历专任教师数及占比		学前教育专业毕业教师数及占比	
			总数（人）	占比（%）	总数（人）	占比（%）
2019	37912	13.92	32544	85.84	32823	86.58
2020	41019	14.01	36834	89.80	34947	85.20
2021	44206	14.32	41218	93.24	42341	95.78

资料来源：《广州市教育统计手册》（2019~2021学年度）。

表6　2021年广州市公办、民办幼儿园专任教师配备情况比较

幼儿园类型		专任教师数及占比		在园幼儿数（人）	生师比
		人数（人）	占比（%）		
公办幼儿园		23710	53.64	337841	14.25
民办幼儿园	普惠性民办幼儿园	13387	30.28	202776	15.15
	非普惠性民办幼儿园	7109	16.08	92586	13.02
	小计	20496	46.36	295362	14.42

资料来源：《广州市教育统计手册》（2019~2021学年度）及广东省教育信息平台。

（三）幼儿园办园条件发展不均衡

2021年，全市幼儿园生均建筑面积为9.69平方米，比2019年（下同）减少了0.13平方米；生均占地面积为11.61平方米，减少了0.24平方米；生均运动场地面积为5.30平方米，增加了0.26平方米；生均图书11.95册，增加了0.30册（见表7）。2021年，公办、民办幼儿园的办园条件不均衡。非普惠性民办幼儿园的办园条件最优，其生均建筑面积、生均占地面积、生均运动场地面积、生均图书分别是普惠性民办幼儿园的1.43倍、1.50倍、1.46倍、1.07倍；分别是公办幼儿园的1.42倍、1.35倍、1.36倍、1.11倍（见表8）。

表7　2019~2021年广州市幼儿园办园条件

年份	生均建筑面积（平方米）	生均占地面积（平方米）	生均运动场地面积（平方米）	生均图书（册）
2019	9.82	11.85	5.04	11.65
2020	9.71	12.15	5.14	12.01
2021	9.69	11.61	5.30	11.95

资料来源：《广州市教育统计手册》（2019~2021学年度）。

表8　2021年广州市公办、民办幼儿园办园条件比较

幼儿园类型		生均建筑面积（平方米）	生均占地面积（平方米）	生均运动场地面积（平方米）	生均图书（册）
公办幼儿园		9.16	11.39	5.14	11.62
民办幼儿园	普惠性民办幼儿园	9.06	10.26	4.79	12.05
	非普惠性民办幼儿园	12.97	15.36	6.98	12.92
	小计	9.69	11.61	5.30	11.95

资料来源：《广州市教育统计手册》（2019~2021学年度）及广东省教育信息平台。

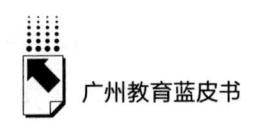

二　广州市学前教育发展的区域比较

（一）幼儿园学位供给量区域差距大

从幼儿园学位供给的绝对规模来看，白云区（18.07%）、番禺区

（15.46%）的在园幼儿数占比居前两位，说明这两个区供给的幼儿园学位较多。在园幼儿数占比靠后的两个区分别是荔湾区（5.04%）和从化区（5.14%），说明这两个区学前教育发展的绝对规模较小。幼儿园学位数最多区（白云区）是最少区（荔湾区）的3倍多（见表9）。

表9 2021年广州市幼儿园学位供给的区域比较

区域	常住人口数及占比		在园幼儿数及占比		千人学位指标现状（位/千人）	应提供学位数（位）	学位缺口（位）
	人数（万人）	占比（%）	人数（人）	占比（%）			
荔湾区	112.96	6.01	31930	5.04	28	45184	-13254
越秀区	104.90	5.58	33963	5.36	32	41960	-7997
海珠区	182.18	9.68	48397	7.64	27	72872	-24475
天河区	223.86	11.90	57319	9.05	26	89544	-32225
白云区	368.91	19.61	114390	18.07	31	147564	-33174
黄埔区	119.79	6.37	44328	7.00	37	47916	-3588
番禺区	281.83	14.98	97873	15.46	35	112732	-14859
花都区	170.93	9.09	53583	8.46	31	68372	-14789
南沙区	90.04	4.79	38913	6.15	43	36016	2897
从化区	72.74	3.87	32566	5.14	45	29096	3470
增城区	152.92	8.13	79941	12.62	52	61168	18773

资料来源：《广州市教育统计手册》（2021学年度）、《2021年广州市人口规模及分布情况》。

从幼儿园千人学位指标的视角分析，广州市各区的幼儿园千人学位指标现状差异较大。天河区幼儿园千人学位指标最低，仅为26位/千人；增城区最高，为52位/千人。按40位/千人的标准，结合各区常住人口进行测算可以发现，广州市各区的幼儿园学位缺口差异较大。按幼儿园学位缺口数，可将11个区分为四个等级：第一等级是幼儿园学位缺口居前的两个区——白云区和天河区，其学位缺口都在3万人以上；第二等级为幼儿园学位缺口在10000~29999人的区，分别为荔湾区、海珠区、番禺区、花都区；第三等级是幼儿园学位缺口在10000人以下的区，分别为越秀区、黄埔区；第四等级为幼儿园学位供给相对充足的区，包括南沙区、从化区、增城区，其幼儿园

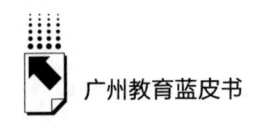

学位不存在缺口且有富余。由上可见，广州市各区幼儿园学位供给量区域差距大。

（二）幼儿园专任教师配备区域差距大

从绝对规模来看，幼儿园专任教师数占比居前的两个区分别是白云区（17.05%）和番禺区（16.75%），说明这两个区实际配备的幼儿园专任教师数较多。幼儿园专任教师占比靠后的两个区分别是从化区（4.58%）和荔湾区（5.00%），说明这两个区实际配备的幼儿园专任教师数较少。幼儿园专任教师绝对规模最大区（白云区）是绝对规模最小区（从化区）的近4倍（见表10）。

表10 2021年广州市幼儿园专任教师配备数的区域比较

区域	专任教师数及占比		在园幼儿数（人）	实际生师比	应配教师数（人）	教师缺口（人）
	人数（人）	占比（%）				
荔湾区	2212	5.00	31930	14.43	3193	-981
越秀区	2462	5.57	33963	13.79	3396	-934
海珠区	3511	7.94	48397	13.78	4840	-1329
天河区	4151	9.39	57319	13.81	5732	-1581
白云区	7536	17.05	114390	15.18	11439	-3903
黄埔区	3135	7.09	44328	14.14	4433	-1298
番禺区	7404	16.75	97873	13.22	9787	-2383
花都区	3578	8.09	53583	14.98	5358	-1780
南沙区	2753	6.23	38913	14.13	3891	-1138
从化区	2024	4.58	32566	16.09	3257	-1233
增城区	5440	12.31	79941	14.70	7994	-2554

资料来源：《广州市教育统计手册》（2021学年度）。

幼儿园专任教师配备数按教育部《幼儿园教职工配备标准（暂行）》规定，生师比应在10~15之间（以30人/班的标准班额计）。作为粤港澳大湾区教育科技中心，广州市应努力按照国家规定的最高标准（生师比为10）

配备教师。从生师比的视角分析，从化区、白云区的生师比没有达到国家规定的最低标准，说明这两个区的专任教师配备严重不足。如果按最高标准配备教师，各区幼儿园专任教师配备均存在缺口。需要注意的是，各区幼儿园专任教师缺口数差异较大，缺口最大的区是白云区，2021年专任教师缺口数为3903人；其次是增城区，教师缺口数为2554人；荔湾区、越秀区的缺口数相对较小，在1000人以下。由此可见，广州市幼儿园专任教师配备数存在区域结构失衡。

（三）幼儿园办园条件区域差距较大

办园条件的极差率（Range Ratio）是指某项指标的最大值与最小值之比，一般该比值越大，说明该项指标方面的差距程度越大。《广州市社区公共服务设施设置标准（修订）》中规定，幼儿园生均建筑面积为8平方米；幼儿园户外活动场地生均运动面积不低于4平方米；中心城区幼儿园生均占地不低于10平方米，外围地区幼儿园生均用地不低于13平方米。[①] 对照这一标准，海珠区的生均建筑面积未达标，中心城区的荔湾区、越秀区、海珠区、天河区及外围地区的番禺区、花都区的生均占地面积未达标，荔湾区、越秀区的生均运动场地面积未达标。由表11可见，在办园条件各项指标中，生均占地面积和生均运动场地面积的区域差距较大，生均建筑面积的区域差距相对较小。南沙区生均占地面积（15.13平方米）是荔湾区（8.55平方米）的1.77倍，从化区生均运动场地面积（6.47平方米）是荔湾区（3.65平方米）的1.77倍，可见广州市幼儿园办园条件的区域差距较大。值得注意的是，2019年，广州市各区生均建筑面积、生均占地面积、生均运动场地面积的极差率分别为1.52、1.96、1.93。[②] 与2019年相比，2021年广州市幼儿园办园条件的区域差距在缩小。

---

① 中心城区界定为：越秀区、荔湾区、海珠区、天河区、黄埔区、白云区北二环以南、萝岗区南部地区（除知识城和九龙镇区）。其他地区界定为中心城区以外地区。
② 刘霞：《广州学前教育发展状况分析与展望》，载方晓波、查吉德主编《广州教育发展报告（2020~2021）》，社会科学文献出版社，2021，第20页。

表 11　2021年广州市幼儿园办园条件的区域比较

区域	生均建筑面积（平方米）	生均占地面积（平方米）	生均运动场地面积（平方米）	生均图书（册）
荔湾区	8.04	8.55	3.65	12.86
越秀区	9.07	9.66	3.79	13.03
海珠区	7.92	9.18	4.10	10.71
天河区	8.11	9.78	4.16	10.43
白云区	9.46	10.68	4.72	11.11
黄埔区	9.38	12.22	5.36	9.94
番禺区	10.68	12.38	6.41	12.12
花都区	10.52	12.14	5.76	16.55
南沙区	11.65	15.13	6.36	13.29
从化区	9.28	14.38	6.47	11.93
增城区	10.75	13.28	6.28	11.35
极差率	1.47	1.78	1.77	1.66

资料来源：《广州市教育统计手册》（2021学年度）。

三　广州市学前教育发展的举措与经验

（一）通过立法保障幼有优育

2021年3月18日，《广州市幼儿园条例》（以下简称《条例》）通过广东省第十三届人民代表大会常务委员会第三十次会议批准，并自2021年6月1日起施行。《条例》坚持问题导向，为促进广州市学前教育事业健康发展提供了有力的法治保障。[1] 一是以地方立法形式突出了幼儿园的公益普惠导向。《条例》第三条明确幼儿园"以政府举办为主"，第十条要求"逐

---

[1] 刘霞：《坚持问题导向　为促进学前教育健康发展提供法治保障》，《强音》2021年第4期，第24页。

步增加我市公办幼儿园学位数量""任何单位和个人不得擅自出售、出租公办幼儿园，不得擅自改变其性质"，第十二条明确"新建的居住区应当按照规划要求配套建设公办幼儿园"等。二是体现了时代性和新要求。《条例》融入了国家对学前教育深化改革、规范发展以及规范居住区配套幼儿园建设的新要求，如第九条和第十条的用地，第十二条的配套幼儿园，第十六条的幼儿园设立，第二十一条的工资待遇，第三十四条对聘任人员的具体要求，第四十二条的传染病预防和管控等，特别是第七章的"法律责任"，使禁止性条款的执行落到了实处。三是强调了幼儿园的财政保障。《条例》第十八条要求"市、区人民政府应当保障幼儿教育经费，合理安排相关财政预算，新增财政性教育经费优先向幼儿教育倾斜"，第二十二条要求"市教育行政部门应当建立普惠性和非营利性民办幼儿园生均定额补助机制和动态调整机制，定期对生均定额补助标准进行评估，并及时作相应调整"。四是细化了相应的法律责任。对建设单位违反相关规定的情况，《条例》除原来的限期改正外，新增罚款要求。五是在全国率先明确了公办幼儿园、普惠性民办幼儿园和非营利性幼儿园的概念界定。

（二）巩固学前教育"5080"成果

2021年，广州市多途径增加公办和普惠性幼儿园学位，巩固学前教育"5080"[①]成果。一是指导11个区在巩固"5080"任务的基础上，合理制定2021年新增普惠性幼儿园（包括公办幼儿园和普惠性民办幼儿园）学位计划。二是分解任务，每月督办。广州市教育局印发了《关于落实2021年省民生实事任务 巩固"5080"成果的通知》，下达2021年全市新增公办幼儿园学位3.27万个、新增普惠性幼儿园学位4.39万个的任务目标。建立学前教育"5080"巩固情况的月报制度，每月对各区推进情况进行督办。2021年，全市累计增加公办幼儿园学位4.75万个，增加普惠性幼儿园学位

---

① "5080"指公办园在园幼儿占比达到50%，普惠性幼儿园覆盖率（公办园和普惠性民办园在园幼儿占比）达到80%。

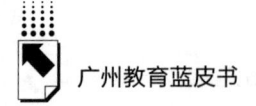

6.36万个，超额完成新增学位计划任务目标。截至2021年12月，全市公办幼儿园在园幼儿数占比为53.43%，普惠性幼儿园在园幼儿数占比为88.18%。

（三）完善幼儿园成本分担机制

广州市教育局立足公办幼儿园均衡普惠发展，着力解决公办幼儿园因评估等级低导致低收费和低质量运作难以发展的问题，加大了公办幼儿园管理改革试点力度。2021年7月，《广州市教育局关于在全市开展公办幼儿园管理改革试点并延长改革试点期的通知》印发，明确按照均衡普惠、成本分担的原则，探索推进各级各类幼儿园均衡发展和普惠性发展，保教费标准不与幼儿园等级挂钩；以建立与幼儿园管理体制相适应的财政拨款、收费、资助一体化的学前教育经费投入机制为基础，参照非义务教育阶段成本分担机制，建立社会、家长、财政对学前教育培养成本的合理分担机制。全市推行公办幼儿园管理改革试点，由各区结合实际开展试点。同时，广州市教育局配合广州市发展和改革委员会，全力推进公办幼儿园保育教育费调整工作，完成了《广州市公办幼儿园保教费收费标准调整听证方案》《广州市公办幼儿园幼儿教育培养成本监审报告》呈报广州市政府。

（四）提升幼儿园保教质量

一是加强幼儿园课程建设。广州市教育局、广州市教育研究院牵头研制了《广州市幼儿园课程指南》和《广州市幼儿园园长课程管理指导意见》。2021年6月，广州市教育局印发《关于开展〈广州市幼儿园课程指南〉和〈广州市幼儿园园长课程管理指导意见〉试点工作的通知》，确定海珠区、荔湾区、天河区、南沙区为试点区域，要求试点区域针对本区课程建设和管理现状开展自查，制定区试点方案并积极落实。二是积极推进广东省学前教育项目的开展。2021年，广州市33个广东省学前教育"新课程"科学保教示范立项项目全部完成开题工作，以项目研究带动了园际质量提升。全市各区积极参加广东省高质量发展实验区项目。2021年8月,越秀区、海珠区被认定为广东省学前教育"幼儿园与小学科学衔接项目"高质量发展实验区,南沙区被认定为广东省学前教育"岭南幼儿园自主游戏项目"高质量发展实验区。三是加强幼小衔接工作。2021年7月,广州市教育局印发了《广州市推进幼儿园与小学科学衔接攻坚行动实施方案》[①],提出建立管理双向衔接、做好教学内容衔接、加强多方协同衔接等重点任务,推进幼儿园做好入学准备教育、小学实施入学适应教育、建立市区联合教研制度、完善家园校共育机制、加大综合治理力度等主要举措。

四 广州市学前教育发展的展望与建议

(一)加强学前教育政策顶层设计

教育政策发文机构的层级直接影响到教育政策的影响力和执行力。以穗京津沪渝等国家中心城市学前教育三期行动计划为例,穗京津沪渝第一期学前教育行动计划的发文机构均是市级人民政府(办公厅);广州市第二期行动计划发文机构为广州市教育局等3个部门,机构层级低于京沪;广州市第三期行动计划发文机构为广州市教育局等7个部门,机构层级低于京津沪渝。[②] 总体上看,广州市学前教育三期行动计划发文机构层级低于京津沪渝,这在一定程度上影响了学前教育相关政策的影响力和执行力。学前教育作为社会系统中的一个子系统,需要社会多方面的政策资源、人力资源、物力资源和财力资源等支持。为此,广州市应尽可能提高学前教育重要政策发文机构层级,以便更好地统筹资源,理顺相关部门之间的关系,促成相关部

---

① 广州市教育局:《关于印发〈广州市推进幼儿园与小学科学衔接攻坚行动实施方案〉的通知》(穗教基教〔2021〕4号),http://jyj.gz.gov.cn/yw2/jyfw/xqjy/content/post_7393436.html,最后检索时间:2021年3月30日。

② 刘霞:《国家中心城市比较视角下的广州市学前教育发展状况分析》,载广州市教育研究院编《教育决策参考》(内刊)2022年第7期(总第115期)。

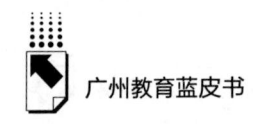

门之间的精诚合作，提高政策执行力度。

工程项目是实施教育规划的有力抓手，对牵引和带动相关教育领域及解决教育发展问题具有非常重大的意义和作用。以穗京津沪渝等国家中心城市"十四五"教育事业发展规划为例，北京市单列了"学前教育质量提升项目"，天津市单列了"学前教育普及普惠区创建工程"，上海市单列了"实施优质幼儿园创建工程"，重庆市单列了"学前教育普惠优质发展计划"，但广州市未单列学前教育方面的工程项目。① 建议广州市系统思考推进学前教育普及普惠优质发展的政策措施，明确目标、任务、路径，并细化成为工程项目或计划，加大工作力度。

（二）完善学前教育财政投入政策

2019~2021年，广州市幼儿园生均建筑面积、生均占地面积有所降低。幼儿园办园条件的持续改善，需要广州市继续加大对学前教育财政投入。此外，与京津沪比较，广州市幼儿园生均教育经费远低于京津沪。2020年，广州市幼儿园生均一般公共预算教育经费分别仅为北京、天津和上海的32.67%、61.36%、44.95%，生均一般公共预算教育事业费支出分别仅为北京、天津和上海的32.53%、55.72%、46.79%，生均一般公共预算公用经费支出分别仅为北京、天津和上海的36.69%、67.75%、58.07%。② 与此同时，广州市各区学前教育财政性投入不均衡。2020年，各区幼儿园生均一般公共预算教育经费差距较大，且各区学前教育财政性投入占比也不均衡，如天河区占比为10.62%，而荔湾区占比仅为7.35%，低于全国水平。③《中共中央 国务院关于学前教育深化改革规范发展的若干意见》中明确提出"县级政府对本县域学前教育发展负主体责任"，建议广州市要进

---

① 刘霞：《国家中心城市比较视角下的广州市学前教育发展状况分析》，载广州市教育研究院编《教育决策参考》（内刊）2022年第7期（总第115期）。
② 上述数据根据教育部《2020年全国教育经费执行情况统计表》《2020年广东省全省教育经费执行情况统计表》中的相关数据计算得出。
③ 据《2020年全国教育经费执行情况统计公告》，2020年全国学前教育经费总投入为4203亿元，占全国教育经费总投入（53014亿元）的7.93%。

一步健全投入机制，明确区级政府财政分担责任，完善相关财政投入政策措施并加以落实。

（三）优化学前教育师资结构

在穗京津沪等国家中心城市对比中，广州市幼儿园专任教师配备数不够充足，学前教育师资学历和职称层次排位靠后。根据2020年全国教育统计数据，广州市学前教育高学历师资（本科及研究生毕业）占比为31.93%，远低于上海（80.27%）、天津（52.40%）、北京（51.16%）。广州市学前教育高级职称教师占比为0.65%，低于天津（4.45%）、北京（3.43%）、上海（2.53%）。广州市未定职级学前教育师资占比为73.51%，高于上海（27.99%）、北京（51.45%）、天津（63.66%）。[①] 为此，广州市要努力增加幼儿园专任教师配备数，降低生师比；继续推动幼儿园在职教师参加学历提升类学习进修，并给予更加优惠的扶持政策，提高本科学历以上专任教师占比。市区两级教育、人力资源和社会保障、机构编制、财政等部门应合力完善幼儿园教师职称评聘制度，有效推动幼儿园教师参与职称评审及晋升，降低未定职级教师占比，加快提高高级教师占比。

（四）持续推进学前教育普惠发展

2021年，广州市超前完成"5080"目标，说明广州市学前教育普惠发展取得了较好成绩。但在《广州市教育事业发展"十四五"规划》中，广州市未进一步提出更高的普惠发展目标。2021年12月9日，教育部等九部门印发的《"十四五"学前教育发展提升行动计划》提出了"到2025年，全国普惠性幼儿园覆盖率达到85%以上，公办园在园幼儿占比达到50%以上"的发展目标。[②]

---

① 上述学前教育师资职称和学历数据根据《广州市教育统计手册（2020学年度）》、教育部《2020年教育统计数据》中的相关数据计算得出。
② 教育部等九部门：《关于印发〈"十四五"学前教育发展提升行动计划〉和〈"十四五"县域普通高中发展提升行动计划〉的通知》（教基〔2021〕8号），http://www.moe.gov.cn/srcsite/A06/s7053/202112/t20211216_587718.html?xxgkhide=1，最后检索时间：2022年4月1日。

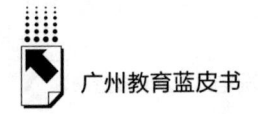

北京市提出"到2025年，普惠性幼儿园覆盖率达到90%",① 上海市提出"到2021年普惠性学前三年教育覆盖率（公办园和普惠性民办园在园幼儿占比）达到85%"的普惠发展目标。② 对比可见，广州市应有适度的超前意识，持续推进学前教育普惠发展；应督促各区多途径增加普惠性学前教育资源，在幼儿园学位紧缺、新开发片区及城市更新区域，通过新建、改扩建等多种方式增加幼儿园学位；推进小区配套幼儿园建设移交，按时完成2022年新增公办幼儿园学位任务，巩固学前教育公益普惠发展成果。

参考文献

付卫东、周威：《"十四五"时期我国学前教育教师队伍建设：主要形势与重点任务》，《现代教育管理》2021年第4期。

姜勇、庞丽娟：《我国普惠性学前教育公共服务体系建设的突出问题与破解思路——基于ROST文本挖掘系统的分析》，《湖南师范大学教育科学学报》2019年第4期。

姜勇、赵颖、刘鑫鑫等：《普惠有多远？——中国学前教育发展报告（2018-2019）》，华东师范大学出版社，2021。

刘霞：《论我国学前教育财政投入体制的改革创新——基于广州市123所幼儿园政府财政投入的实证研究》，《广东第二师范学院学报》2020年第1期。

刘焱、郑孝玲：《关于普惠性学前教育公共服务属性定位的探讨》，《教育研究》2020年第1期。

庞丽娟、洪秀敏、孙美红：《高位入手 顶层设计我国学前教育政策》，《教育研究》2012年第10期。

---

① 北京市教育委员会：《北京市"十四五"时期教育改革和发展规划（2021—2025年）》，http://www.beijing.gov.cn/zhengce/zhengcefagui/202110/t20211008_2507725.html，最后检索时间：2022年5月28日。

② 上海市教育委员会等12部门：《关于印发〈上海市学前教育三年行动计划（2019—2021年）〉的通知》，http://edu.sh.gov.cn/zcjd_area_3856/20200706/0015-xw_103622.html，最后检索时间：2022年3月20日。

B.3
2021年广州义务教育发展状况与2022年展望

张 丹*

摘　要： 2021年，广州市通过增加义务教育学位供给、优化校内课后服务水平、深化校外培训机构治理、践行"五育"并举等举措，推动义务教育稳步发展。但通过区域比较发现，广州市义务教育发展不平衡不充分现象依然突出。为此，在未来的发展中，广州市需深入推进义务教育优质均衡发展，继续全力开展义务教育"双减"工作，全面加强教师队伍建设，不断满足广大人民群众对优质教育资源日益增长的需求。

关键词： 义务教育　"双减"政策　广州市

一　广州市义务教育发展概况

（一）义务教育发展规模持续增长

2021年，广州市义务教育学校共有1413所，其中小学986所、初中427所。义务教育公办学校总数为1079所，占比76.36%；民办学校总数为334所，占比23.64%。2019~2021年，全市义务教育学校数量逐年递增，2021年较2019年增加了18所。其中，公办学校数量逐年递增，2021年较

---

* 张丹，广州市教育研究院教育规划与政策研究所助理研究员，主要研究方向为教育政策、中小学教育等。

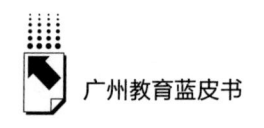

2019年增加了20所；民办学校数量逐年递减，2021年减少到334所，占比下降了0.45个百分点（见表1）。

表1 2019~2021年广州市义务教育学校规模情况

单位：所，%

年份	学校总数	公办学校数及占比		民办学校数及占比	
		学校数	占比	学校数	占比
2019	1395	1059	75.91	336	24.09
2020	1411	1070	75.83	341	24.17
2021	1413	1079	76.36	334	23.64

资料来源：《广州市教育统计手册》（2019~2021学年度）。

2021年，广州市义务教育阶段在校生总数为157.24万人，其中小学116.44万人，初中40.80万人；公办学校在校生总数为115.29万人，占比73.32%；民办学校在校生总数为41.95万人，占比26.68%。2019~2021年，全市义务教育阶段在校生数量逐年递增，2021年较2019年增加10.08万人。其中，公办学校在校生数逐年递增，2021年较2019年增加12.77万人，占比增长3.65个百分点；民办学校在校生数逐年递减，2021年较2019年减少2.69万人，下降3.65个百分点（见表2）。

表2 2019~2021年广州市义务教育学校在校学生数情况

单位：人，%

年份	在校学生总数	公办学校在校学生数及占比		民办学校在校学生数及占比	
		人数	占比	人数	占比
2019	1471581	1025192	69.67	446389	30.33
2020	1508856	1078498	71.48	430358	28.52
2021	1572359	1152897	73.32	419462	26.68

资料来源：《广州市教育统计手册》（2019~2021学年度）。

（二）义务教育师资队伍不断壮大

2021年，广州市义务教育阶段专任教师总数为9.75万人，其中小学

6.50万人，初中3.25万人；公办学校专任教师总数为7.13万人，占比73.21%；民办学校专任教师总数为2.61万人，占比26.79%。2019~2021年，全市义务教育阶段专任教师数量逐年递增，2021年较2019年增加0.77万人。其中，公办学校专任教师数逐年递增，2021年较2019年增加0.71万人，增长1.59个百分点；民办学校专任教师数逐年递增，2021年较2019年增加634人，但占比下降1.59个百分点（见表3）。

表3　2019~2021年广州市义务教育学校专任教师公民办情况

单位：人，%

年份	专任教师总数	公办学校专任教师数及占比		民办学校专任教师数及占比	
		总数	占比	总数	占比
2019	89739	64268	71.62	25471	28.38
2020	93244	67573	72.47	25671	27.53
2021	97447	71342	73.21	26105	26.79

资料来源：《广州市教育统计手册》（2019~2021学年度）。

2021年，广州市小学阶段生师比为17.92，初中阶段生师比为12.57。2019~2021年，全市小学阶段生师比逐年递减，初中阶段生师比逐年递增。全市小学专任教师中具有本科及以上学历的占比逐年递增，2021年较2019年增长8.27个百分点；初中专任教师中具有本科及以上学历的占比也逐年递增，2021年较2019年增长2.72个百分点（见表4）。

表4　2019~2021年广州市义务教育学校专任教师配备情况

单位：%

年份	小学		初中	
	生师比	具有本科及以上学历占比	生师比	具有本科及以上学历占比
2019	18.40	77.38	12.35	93.63
2020	17.97	80.82	12.53	94.69
2021	17.92	85.65	12.57	96.35

资料来源：《广州市教育统计手册》（2019~2021学年度）。

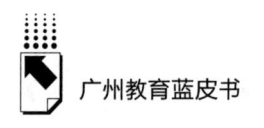

（三）义务教育学校办学条件保持稳步发展

2021年，义务教育阶段学校办学条件中，小学、初中学校生均占地面积分别为13.28平方米和32.13平方米，生均建筑面积分别为7.04平方米和19.27平方米，生均藏书分别为23.61册和44.71册。2019~2021年，全市小学办学条件总体上前升后降，2020年的值最高；具体来看，生均占地面积和生均建筑面积总体增加，2021年较2019年分别增加了0.04平方米和0.24平方米；生均藏书2021年较2019年减少了0.05册。全市初中生均占地面积和生均建筑面积逐年递增，2021年较2019年分别增加了0.51平方米和1.12平方米；生均藏书量逐年递减，2021年较2019年减少了1.22册（见表5、表6）。

表5 2019~2021年广州市小学办学条件情况

年份	生均占地面积（平方米）	生均建筑面积（平方米）	生均藏书（册）
2019	13.24	6.80	23.66
2020	13.70	7.18	23.98
2021	13.28	7.04	23.61

资料来源：《广州市教育统计手册》（2019~2021学年度）。

表6 2019~2021年广州市初中学校办学条件情况

年份	生均占地面积（平方米）	生均建筑面积（平方米）	生均藏书（册）
2019	31.62	18.15	45.93
2020	31.98	18.63	45.06
2021	32.13	19.27	44.71

资料来源：《广州市教育统计手册》（2019~2021学年度）。

（四）义务教育阶段进城务工人员随迁子女入读公办学校占比逐年递增[①]

2021年，广州市义务教育阶段进城务工人员随迁子女总数为31.59万

---

① 数据来自广州市教育局内部资料。

人,占在校生总数的20.10%。其中,在公办学校就读的进城务工人员随迁子女总数为13.72万人,占比43.44%;在民办学校就读的进城务工人员随迁子女总数为17.87万人,占比56.56%。2019~2021年,全市义务教育阶段进城务工人员随迁子女总数逐年递减,2021年较2019年减少4.80万人,占比降低4.63个百分点。在公办学校和民办学校就读的进城务工人员随迁子女总数均呈减少趋势,但在公办学校就读占比逐年递增,2021年较2019年增长3.6个百分点。

二 广州市义务教育发展的区域比较

(一)义务教育阶段办学规模区域不均衡

在小学阶段,白云区是小学学校数量最多的区,越秀区最少,占比分别为17.75%和4.67%。白云区小学在校生数最多,南沙区最少,占比分别为14.65%和5.04%。全市小学校均规模为1180.94人,其中校均规模最大的是越秀区(1569.61人),最小的是南沙区(962.85人)。全市小学总体班均学生为40.34人,其中最多的是越秀区(41.90人),最少的是荔湾区(39.06人)(见表7)。

表7 2021年广州市小学办学规模区域比较

区域	学校数(所)	在校生数(人)	校均规模(人)	班均学生(人)
全市合计	986	1164403	1180.94	40.34
荔湾区	52	69297	1332.63	39.06
越秀区	46	72202	1569.61	41.90
海珠区	82	91898	1120.71	40.04
天河区	76	119001	1565.80	40.78
白云区	175	170535	974.49	41.28
黄埔区	62	79866	1288.16	39.77
番禺区	141	165472	1173.56	40.33

续表

区域	学校数(所)	在校生数(人)	校均规模(人)	班均学生(人)
花都区	104	145917	1403.05	39.85
南沙区	61	58734	962.85	41.66
从化区	67	64797	967.12	39.88
增城区	120	126684	1055.70	39.43

资料来源：《广州市教育统计手册》(2021学年度)及广东省教育信息平台。

在初中阶段，花都区是初中学校数量最多的区，从化区最少，占比分别为17.10%和4.22%。番禺区初中在校生数最多，南沙区最少，占比分别为13.51%和5.16%。全市初中校均规模为955.40人，其中校均规模最大的是越秀区（2002.89人），最小的是花都区（645.00人）。全市初中总体班均学生为42.48人，其中最多的是从化区（44.67人），最少的是荔湾区（40.25人）（见表8）。

表8 2021年广州市初中办学规模区域比较

区域	学校数(所)	在校生数(人)	校均规模(人)	班均学生(人)
全市合计	427	407956	955.40	42.48
荔湾区	32	29622	925.69	40.25
越秀区	19	38055	2002.89	43.94
海珠区	27	33872	1254.52	42.39
天河区	38	39381	1036.34	41.54
白云区	56	50588	903.36	43.46
黄埔区	31	29171	941.00	40.57
番禺区	61	55124	903.67	43.07
花都区	73	47085	645.00	42.12
南沙区	23	21068	916.00	43.17
从化区	18	23319	1295.50	44.67
增城区	49	40671	830.02	42.19

资料来源：《广州市教育统计手册》(2021学年度)及广东省教育信息平台。

（二）师资队伍配备水平区域差距较大

在小学阶段，番禺区是小学专任教师数量最多的区，南沙区最少，分别为 9348 人和 3134 人。全市小学生师比为 17.92，其中从化区小学生师比最高，黄埔区最低，分别为 20.10 和 16.65。全市小学专任教师中具有本科及以上学历占比为 85.65%，其中番禺区最高，荔湾区最低，分别为 91.20% 和 78.58%。在初中阶段，番禺区是初中专任教师数量最多的区，南沙区最少，分别为 4386 人和 1682 人。全市初中生师比为 12.57，其中花都区最高（12.98），黄埔区和增城区最低，均为 11.92。全市初中专任教师中具有本科及以上学历的占比为 96.35%，其中越秀区最高，花都区最低，分别为 99.26% 和 93.74%（见表9）。

表9　2021年广州市义务教育学校师资队伍区域比较

区域	小学			初中		
	专任教师数（人）	生师比	具有本科及以上学历占比(%)	专任教师数（人）	生师比	具有本科及以上学历占比(%)
全市合计	64993	17.92	85.65	32454	12.57	96.35
荔湾区	3725	18.60	78.58	2393	12.38	94.48
越秀区	4074	17.72	89.99	2967	12.83	99.26
海珠区	4960	18.53	86.59	2655	12.76	98.04
天河区	6685	17.80	89.20	3080	12.79	95.55
白云区	9222	18.49	80.36	3912	12.93	95.81
黄埔区	4798	16.65	88.70	2448	11.92	97.79
番禺区	9348	17.70	91.20	4386	12.57	97.49
花都区	8301	17.58	80.51	3628	12.98	93.74
南沙区	3134	18.74	89.18	1682	12.53	96.55
从化区	3223	20.10	84.02	1891	12.33	94.24
增城区	7523	16.84	85.60	3412	11.92	96.54

资料来源：《广州市教育统计手册》（2021学年度）及广东省教育信息平台。

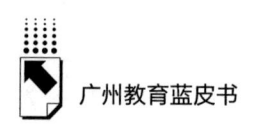

（三）初中学校办学条件区域差距大

办学条件的极差率（Range Ratio）是指某项指标的最大值与最小值之比，一般该比值越大，说明该项指标方面的差距程度越大。2021年，小学阶段生均占地面积最大的是从化区，最小的是越秀区，分别为23.88平方米和5.05平方米；生均建筑面积最大的是南沙区，最小的是天河区，分别为8.64平方米和5.24平方米；生均藏书最多的是南沙区，最少的是花都区，分别为29.28册和18.17册。初中阶段生均占地面积最大的是增城区，最小的是越秀区，分别为57.21平方米和5.71平方米；生均建筑面积最大的是增城区，最小的是越秀区，分别为32.77平方米和5.30平方米；生均藏书最多的是花都区，最少的是越秀区，分别为69.51册和26.91册（见表10）。

表10 2021年广州市义务教育学校办学条件区域比较

区域	小学			初中		
	生均占地面积（平方米）	生均建筑面积（平方米）	生均藏书（册）	生均占地面积（平方米）	生均建筑面积（平方米）	生均藏书（册）
全市合计	13.28	7.04	23.61	32.13	19.27	44.71
荔湾区	7.01	5.88	23.10	15.41	12.28	40.74
越秀区	5.05	5.52	27.56	5.71	5.30	26.91
海珠区	8.02	6.36	26.98	13.52	10.11	34.63
天河区	7.32	5.24	19.46	14.77	9.67	35.01
白云区	13.58	8.21	27.88	31.07	21.65	39.76
黄埔区	14.13	7.57	19.80	35.74	23.63	42.10
番禺区	14.91	7.56	24.98	42.15	25.35	55.81
花都区	12.24	6.42	18.17	43.94	25.54	69.51
南沙区	22.36	8.64	29.28	54.49	26.96	37.97
从化区	23.88	7.96	27.43	39.17	12.26	38.87
增城区	19.35	7.58	19.63	57.21	32.77	53.15
极差	18.83	3.40	11.11	51.50	27.47	42.60
极差率	4.73	1.65	1.61	10.02	6.18	2.58

资料来源：《广州市教育统计手册》（2021学年度）及广东省教育信息平台。

三 广州市义务教育发展的举措与经验

(一)增加义务教育学位供给,扩大优质教育资源辐射

2021年,广州市研制《关于深化改革推动基础教育高质量发展的实施意见》《广州市基础教育发展"十四五"规划》等文件,聚焦深化改革和高质量发展,提出了一系列改革任务和工作举措。广州市教育局出台了《广州市中小学校基础设施建设三年行动计划(2022—2024年)》(穗教发〔2022〕4号),新增基础教育公办学位,优化教育资源供给。截至2021年底,全市累计增加公办中小学学位18.36万个,计划实施项目267个,总投资167.78亿元,拟新增公办中小学学位20万个,编制基础教育公办学位建设专项规划,通过新改扩建等方式加大公办义务教育学位供给,增加优质学位供给。同时,市本级财政向有关区划拨2.92亿元专项转移支付经费,支持各区通过购买民办学校学位方式,增加公办学位供给。

2021年9月,广州市教育局、中共广州市委机构编制委员会办公室、广州市财政局、广州市人力资源和社会保障局等四部门印发的《关于进一步深入推进我市基础教育阶段集团化办学的实施意见》(穗教基教〔2021〕6号)提出,到2025年,全市形成基础教育阶段集团化办学的良性发展态势,每个市属教育集团重点在2~3个区进行布局,发挥辐射带动作用;每个区打造一批优质教育集团,重点创建3~5个有特色、有水平、有影响力、辐射面广的优质特色教育集团。截至2021年底,全市教育集团数量达到111个,比2020年增加25个,有22个教育集团被认定为省优质教育集团培育对象,促进集团化办学规范发展和提质培优。全市11个区均有意向建设或规划市属学校新校区,基本实现均衡配置。

同时,广州市教育局制定并规范民办义务教育发展工作方案,大力推进"公参民"规范工作,提出购买民办义务教育学校学位工作方案,加强规范民办义务教育工作统筹。截至2021年底,广州市及各区进城务工人员随迁

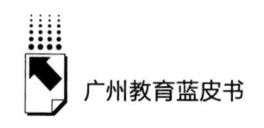

子女就读义务教育阶段公办学位比例（含政府购买民办学校学位）达到85.60%，继续实施做好进城务工人员随迁子女入学工作，促进全市义务教育的均衡发展。

（二）优化校内课后服务水平，确保"双减"政策全面落地

2021年7月，中共中央办公厅、国务院办公厅印发了《关于进一步减轻义务教育阶段学生作业负担和校外培训负担的意见》。政策实施以来，广州市作为国家"双减"工作的试点城市，全力落实和推进义务教育"双减"试点工作。2021年12月23日，中共广州市委办公厅、广州市人民政府办公厅印发《关于进一步减轻义务教育阶段学生作业负担和校外培训负担的若干措施》（穗厅字〔2021〕30号）的通知。广州市教育局相继出台了《关于进一步减轻义务教育阶段学生作业负担和校外培训负担的若干措施》《广州市教育局关于切实减轻义务教育阶段学生作业负担提高教学质量的通知》《广州市教育局关于进一步加强义务教育学校考试管理提升教育教学质量的通知》等文件。市教育局通过建立健全工作机制，推动学校教育主阵地提质增效，全面优化校内课后服务水平，确保"双减"政策全面落地。

首先，广州市建立健全了"双减"工作机制。全市11个区全部成立以区委书记为组长的"双减"工作领导小组，形成了"党委政府领导、教育牵头、部门协同、纪委监委监督、上下联动"的工作机制；全面做强学校育人主阵地，以"三提两优一减"①为主要举措，全面强化学校主阵地作用，实现作业管理制度和课后服务"两个全覆盖"。通过专题培训和专题部署，确保中小学"五项管理"和"考试管理"工作全面落地。

其次，广州市在全省率先组织暑期托管。全市结合"双减"工作要求，在秋季学期部署各区各校建立健全课后服务第三方教育资源引入和管理机制，全面开展课后服务，实现义务教育学校全覆盖、有需求的学生全

---

① "三提"即提高课堂教学质量、作业设计质量和学生身体素质；"两优"即优化校内课后服务和作息安排、创设午休平躺睡条件；"一减"即减少考试次数。

覆盖、服务时间全部达标。截至2022年初，全市义务教育阶段校内课后服务参与学生112.3万人，占应开展课后服务学生总数的85.2%，较学期初增长了2.02倍；参加午休托管学生85.5万人，其中午休能躺睡的学生达68.6万人，占参加午休托管学生数的80.2%，在全国率先探索推行午休"平躺睡"。

（三）深化校外培训机构治理，落实"双减"工作要求

广州市通过做好校外培训机构治理顶层设计，加强指引，从严规范校外培训机构的办学行为和培训行为。2021年11月，广州市开始实施《广州市校外培训机构预收费资金监管办法（试行）》，《广州市校外培训机构监督管理条例》已被列入2022年立法正式项目。市教育局制定了《广州市校外培训机构预收费监管办法》等16份政策文件及若干措施，建立"审批、监管、处罚、退出"闭环管理机制，全市1153家义务教育阶段学科类线下校外培训机构实现机构总量、培训课时、参培人数、招生规模和预收费减少，且减少比例均超过98%。义务教育阶段学科类校外培训机构"营转非"、持证机构预收费资金监管、出台学科类培训政府指导价三项工作均提前完成。广州市主动宣传，回应群众关切的问题，公布市、区监督举报电话，在"穗好办"上线校外培训机构专区，服务广大市民。人民网、新浪网等主流媒体纷纷报道了广州市开展校外培训机构执法检查情况，从严规范校外培训行为。

四 广州市义务教育发展的展望与建议

（一）深入推进义务教育优质均衡发展

2022年1月，广州市政府印发的《关于深化改革推动基础教育高质量发展的实施意见》（穗字〔2022〕1号）提出，到2025年，具有广州特色的基础教育发展新生态初步形成，在市域范围内实现义务教育优质均衡发

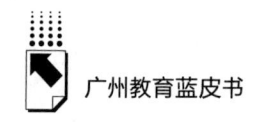

展。因此，要继续深入推进义务教育高质量发展，着力构建遵循规律、充满活力、公平优质、开放包容的基础教育体制机制，实现全面、协调、高质量发展的新格局。落实好全市各区实施义务教育的主体责任，推动义务教育优质均衡和城乡一体化发展，推进教育公共服务均等化。目前，广州市南沙区已成为全国义务教育优质均衡先行创建区，接下来广州市要充分发挥创建示范引领作用，进一步完善政策措施，加强制度创新，强化条件保障，加快实现义务教育优质均衡发展。同时，广州市要通过新改扩建等方式加大公办义务教育学位供给，继续优化义务教育资源配置，大力促进集团化办学规范管理和质量提升，不断规范民办义务教育发展专项工作，要深化教育保障体系改革，加快优化义务教育结构，加大财政投入，坚持以义务教育公办学校为主安排随迁子女就学，巩固进城务工人员随迁子女就读公办学校（含购买民办学校学位）比例达85%以上。

（二）继续扎实推进"双减"试点工作

广州市要继续加强指导和监督，按要求推进义务教育"双减"工作，协同完善课后服务收费管理和财政补助机制，做好校内减负提质增效。全市要加强统筹，推动各有关部门协调联动、各司其职，落实各区属地责任，形成强大治理合力。强化学校育人主阵地功能，提升作业设计与教育教学质量，丰富课后服务课程资源，满足学生多样化需求，为促进学生身体健康，把提供舒适午休、扩大午休"平躺睡"服务面作为广州市开展校内课后服务的特色举措，打造更加优质的课后服务。完善校外培训法律制度设计，出台校外培训机构管理条例与培训机构监督管理办法。通过加强教育行政执法，加大违规培训行为的查处力度，加强政策解读和宣传引导，缓解家长和学生焦虑，全力推进试点工作取得更大进展，确保"双减"工作走在全国前列。

（三）全面加强义务教育师资队伍建设

教师队伍作为教育发展的第一资源，对义务教育高质量发展具有重要意义，那么，构建高质量教师发展体系，持续加大义务教育教师队伍建设力度更是意义深远。广州市义务教育师资队伍还存在诸多问题，比如小学阶段从化区的生师比较高，荔湾区具有本科及以上学历的专任教师占比较低；初中阶段花都区的生师比较高，专任教师中具有本科及以上学历占比相对较低等问题。因此，为提高广州市义务教育阶段师资队伍的整体素质，要继续优化义务教育阶段教师队伍结构，不断完善义务教育阶段教师招聘体系，从源头对教师的来源和质量严格把关。不断创新教师继续教育培训模式，鼓励义务教育阶段教师积极参加学历提升类学习进修，鼓励广大教师通过多种形式提高学历水平。市区两级教育、人力资源和社会保障、机构编制、财政等部门要合力继续完善中小学教师职称评聘政策，有效提高广州市义务教育阶段专任教师职称层次。同时，作为教育行政部门要不断加强政策规范指引，落实好义务教育阶段教师待遇，推进中小学教师减负工作。

参考文献

广州市教育局：《广州市教育局2021年工作情况及2022年工作计划》，广州市教育局内部资料。

刘霞：《国家中心城市比较视角下的广州市义务教育发展状况分析》，载广州市教育研究院编《教育决策参考》（内刊）2022年第8期（总第116期）。

B.4
2021年广州普通高中教育发展状况与2022年展望

郭海清*

摘　要： 2021年，广州市普通高中教育的总体规模、师资队伍保持增长，办学条件得到不断改善；通过推进示范性高中学校建设、引进优质教育资源等措施加大优质学位的供给；通过招生考试改革、深化课程教学改革与拔尖创新人才培养，探索普通高中学校的多样化特色化发展；但仍存在区域差异大等问题。未来广州应围绕"优质""特色"发力，系统推动普通高中学校多样化特色发展，优化优质教育资源供给，进一步推进课程教学改革，建设高水平专业化的教师队伍。

关键词： 高中教育　优质特色　教育改革　广州市

2021年，广州市全面推进普通高中学校多样化特色发展，全市普通高中教育规模、教师数量和素质、办学条件都得到进一步发展，优质学位供给能力得到提升。

一　广州市普通高中教育发展概况

（一）普通高中教育规模不断扩大

2021年，广州市有普通高中学校124所，其中民办高中学校有20所；高

---

* 郭海清，广州市教育研究院教育规划与政策研究所教育政策研究室副主任、副研究员，主要研究方向为基础教育政策、教育史。

级中学有22所，完全中学有91所，十二年制学校有11所。全市有普通高中在校学生161633人，有教学班级3798个，校均规模为1303.49人，平均班额为42.56人。2019~2021年，全市普通高中学校增加了5所，增幅为4.20%。在校学生增加了2278人，增长了1.43%。教学班级增加了59个，增长了1.58%（见表1）。2021年，74所普通高中学校成功创建示范性普通高中，示范性普通高中学校在校学生数占普通高中教育在校学生总数的85%以上。

表1 2019~2021年广州市普通高中教育发展的总体情况

年份	学校数(所)		班级数（个）	在校学生数(人)		平均班额（人）
	学校总数	其中:民办学校数		在校生总数	其中:民办学校数	
2019	119	17	3739	159355	11674	42.62
2020	120	18	3752	159450	12090	42.50
2021	124	20	3798	161633	12726	42.56

资料来源：《广州市教育统计手册》（2019~2021学年度）及广东省教育信息平台。

（二）普通高中教育专任教师数量不断增加

2021年，广州市有普通高中教育专任教师14713人，学历（本科及以上学历）达标率为99.85%。2019~2021年，全市普通高中教育专任教师增加了238人，增长了1.64%；具有研究生学历的专任教师占比有较大增幅，2021年比2019年增加了7.26个百分点。2021年，具有中学高级职称的教师占教师总数的35.81%，比2019年增长了1.77个百分点。2021年，普通高中教育的生师比为10.99，比2019年下降了0.02（见表2）。

（三）毕业生升（大）学率总体上升

2021年，广州市普通高中毕业生数为51850人，比2019年减少4634人，减幅为8.20%。2021年毕业率为99.67%，比2019年增加1.09个百分点。2021年，毕业生升（大）学率为98.87%，比2019年增长了6.34个百分点（见表3）。

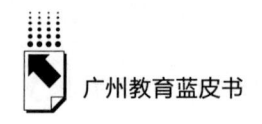

表2 2019~2021年广州市普通高中教育教师情况

年份	专任教师数（人）	生师比	研究生学历教师数（人）	研究生学历教师数占比（%）	具有中学高级职称教师数（人）	具有中学高级职称教师占比（%）
2019	14475	11.01	2485	17.17	4928	34.04
2020	14620	10.91	2880	19.70	5022	34.35
2021	14713	10.99	3595	24.43	5269	35.81

资料来源：《广州市教育统计手册》（2019~2021学年度）及广东省教育信息平台。

表3 2019~2021年广州市普通高中教育学生毕业与升学情况

年份	毕业生数（人）	毕业率（%）	毕业生已升学（本、专）人数（按毕业人数报）（人）	毕业生升（大）学率（%）
2019	56484	98.58	52262	92.53
2020	53845	99.78	51425	95.51
2021	51850	99.67	51265	98.87

资料来源：《广州市教育统计手册》（2019~2021学年度）及广东省教育信息平台。

（四）普通高中学校办学条件不断改善

2021年，广州市普通高中生均占地面积为61.41平方米，比2019年增加了7.12平方米，增长了13.11%；生均校舍建筑面积为41.77平方米，比2019年增加了5.27平方米，增长了14.44%；生均藏书（不含音像）为87.93册，比2019年增加了0.02册，增长了0.02%；百生均计算机数为68.73台，比2019年增加8.73台，增长了14.55%（见表4）。

表4 2019~2021年广州市普通高中学校办学条件情况

年份	生均学校占地面积（平方米）	生均校舍建筑面积（平方米）	生均藏书（不含音像）（册）	百生均计算机数（台）
2019	54.29	36.50	87.91	60.00
2020	58.86	40.66	86.56	65.13
2021	61.41	41.77	87.93	68.73

资料来源：《广州市教育统计手册》（2019~2021学年度）及广东省教育信息平台。

二 广州市普通高中教育发展的区域比较

（一）普通高中教育办学规模区域差距大

从表 5 可见，从普通高中学校学位供给的绝对规模来看，在校学生数占比居前的两个区分别为越秀区（16.00%）、番禺区（15.04%），说明这两个区普通高中学生较多。在校人数占比靠后的两个区分别是南沙区（4.53%）、黄埔区（5.11%），说明这两个区普通高中的绝对规模较小。普通高中在校学生数最多的区（越秀区）是最小区（南沙区）的 3.53 倍。

表 5　2021 年广州市普通高中教育办学规模区域比较

区域	常住人口数及占比		在校学生数及占比		千人学位指标现状（位/千人）	应提供学位数（人）	学位缺口（人）	校均规模（人）	班均学生（人）
	人数（万人）	占比（%）	人数（人）	占比（%）					
荔湾区	112.96	6.01	14415	8.92	12.76	22592	-8177	2059.29	44.63
越秀区	104.90	5.58	25861	16.00	24.65	20980	4881	1727.07	44.21
海珠区	182.18	9.68	12773	7.90	7.01	36436	-23663	1161.18	42.16
天河区	223.86	11.90	14441	8.93	7.93	44772	-30331	1110.85	36.19
白云区	368.91	19.61	15138	9.37	4.10	73782	-58644	1164.46	40.48
黄埔区	119.79	6.37	8257	5.11	6.89	23958	-15701	917.44	40.67
番禺区	281.83	14.98	24306	15.04	8.62	56336	-46152	1736.14	43.95
花都区	170.93	9.09	12364	7.65	7.23	34186	-21882	1373.77	45.12
南沙区	90.04	4.79	7326	4.53	8.14	18008	-10882	814.00	39.82
从化区	72.74	3.87	10887	6.73	14.97	14548	-3661	1360.88	44.08
增城区	152.92	8.12	15865	9.82	10.37	30584	-14719	1057.67	44.94

资料来源：《广州市教育统计手册》（2021 学年度）、《2021 年广州市人口规模及分布情况》及广东省教育信息平台。

从普通高中千人学位指标（20位/千人）的视角分析①，广州市各区普通高中千人学位指标的现状差异较大，白云区普通高中千人学位指标最低，仅为4.10位/千人，越秀区最高，为24.65位/千人。结合各区常住人口进行测算可以发现，广州市各区普通高中学位缺口差异较大。按普通高中学位缺口数，可以将11个区分为五个等级：第一等级是普通高中学位缺口数居前的三个区，分别为番禺区、白云区、天河区，学位缺口都在3万人以上；第二等级是普通高中学位缺口在20000~29999人的区，分别为海珠区、花都区；第三等级是普通高中学位缺口在10000~19999人的区，分别为黄埔区、增城区、南沙区；第四等级是普通高中学位缺口在10000人以下的区，分别为从化区和荔湾区；第五等级是普通高中学位不存在缺口且有富余的区，越秀区普通高中学位富余4881人。由上可见，广州市11个区的普通高中学位供给量区域差距大。

从普通高中校均规模分析，广州市各区普通高中校均规模相差较大，荔湾区的校均规模最大，为2059.29人；南沙区的校均规模仅为814人，两区相差1.53倍。从普通高中班均学生来看，花都区的班均学生最多，为45.12人；天河区的班均学生最少，为36.19人。

（二）普通高中教育专任教师配备区域差别大

从表6可见，从绝对规模来看，普通高中教育专任教师数占比居前的两个区分别是越秀区（15.12%）、番禺区（14.29%），说明这两个区实际配备的普通高中教育专任教师数较多。普通高中教育专任教师占比靠后的区分别是南沙区（4.89%）、黄埔区（5.17%）、从化区（6.19%）三个区，说明这三个区实际配备的普通高中教育专任教师绝对规模较少。普通高中专任教师绝对规模最大的区（越秀区）是绝对规模最小的区（南沙区）的3.09倍。

---

① 刘霞：《广州市基础教育学位供给分析报告》，载广州市教育研究院编《教育决策参考》（内刊）2021年第18期（总第92期）。

表6　2021年广州普通高中专任教师配备数的区域比较

区域	专任教师数及占比		生师比	高级职称占比（%）	研究生学历占比（%）
	人数（人）	占比（%）			
荔湾区	1252	8.51	11.51	41.45	24.12
越秀区	2224	15.12	11.63	42.36	37.32
海珠区	1109	7.54	11.52	26.96	32.46
天河区	1503	10.21	9.61	31.93	31.87
白云区	1451	9.86	10.43	30.60	18.06
黄埔区	761	5.17	10.85	38.90	26.68
番禺区	2103	14.29	11.56	37.47	24.11
花都区	1157	7.86	10.69	28.95	21.43
南沙区	719	4.89	10.19	33.66	24.48
从化区	910	6.19	11.96	31.54	12.64
增城区	1524	10.36	10.41	37.80	11.42

资料来源：《广州市教育统计手册》（2021学年度）及广东省教育信息平台。

从普通高中生师比来看，生师比最高的是从化区（11.96），其次是越秀区（11.63），生师比最低的是天河区（9.61）。

从高级职称占比来看，高级职称占比居前的两个区是越秀区（42.36%）、荔湾区（41.45%），超过40%；靠后的两个区是海珠区（26.96%）、花都区（28.95%）；越秀区高级职称占比比海珠区高15.40个百分点。

从研究生学历占比来看，研究生学历占比居前的3个区是越秀区（37.32%）、海珠区（32.46%）、天河区（31.87%），研究生学历占比均超过30%；靠后的三个区是增城区（11.42%）、从化区（12.64%）、白云区（18.06%），都低于20%；越秀区研究生学历占比比增城区高25.90个百分点。

（三）普通高中学校办学条件区域差距大

从表7可见，从生均占地面积来看，生均占地面积居前的两个区是南沙区（160.30平方米）、黄埔区（85.68平方米），生均占地面积最低的是海珠区，仅为30.97平方米。生均占地面积最高区（南沙区）是生均占地面积最低的区（海珠区）的5.18倍。

表7　2021年广州普通高中学校办学条件的区域比较

区域	生均占地面积（平方米）	生均建筑面积（平方米）	生均图书（册）	百生均计算机（台）
荔湾区	49.51	35.10	82.64	68.73
越秀区	47.58	37.90	92.16	76.26
海珠区	30.97	27.46	93.20	77.82
天河区	65.04	56.08	88.78	72.95
白云区	61.57	38.90	99.82	56.12
黄埔区	85.68	58.55	99.00	67.87
番禺区	41.23	32.36	79.70	56.88
花都区	62.01	39.89	71.78	37.44
南沙区	160.30	79.10	125.96	167.19
从化区	52.26	32.42	79.50	40.93
增城区	57.21	51.75	77.12	60.12

资料来源：《广州市教育统计手册》（2021学年度）及广东省教育信息平台。

从生均建筑面积来看，生均建筑面积居前的3个区是南沙区（79.10平方米）、黄埔区（58.55平方米）、天河区（56.08平方米）；靠后的两个区是海珠区（27.46平方米）、从化区（32.42平方米）。生均建筑面积最高区（南沙区）是生均建筑面积最低的区（海珠区）的2.88倍。

从生均图书来看，生均图书居前的3个区是南沙区（125.96册）、白云区（99.82册）、黄埔区（99.00册）；靠后的两个区是花都区（71.78册）、增城区（77.12册）。生均图书最多的区（南沙区）比最少的区（花都区）多54.18册。

从百生均计算机来看，百生均计算机居前的3个区是南沙区（167.19

台)、海珠区(77.82台)、越秀区(76.26台);靠后的两个区是花都区(37.44台)、从化区(40.93台)。百生均计算机最多的区(南沙区)是百生均计算机最少的区(花都区)的4.47倍。

三 广州市普通高中教育发展的举措与经验

(一)增加优质学位供给

一是引进优质教育资源。广州市大力引进国内外优质教育资源来广州办学,2021年9月,清华附中湾区学校已实现首批招生;科学城引进建设爱莎外籍人员子女学校、广州新侨学校和诺德安达外籍人员子女学校。二是发挥现有优质教育资源的辐射。广州市将现有的省市优质教育资源,通过创办新校、委托管理等形式辐射。广东实验中学云城校区和永平校区、华南师范大学附属中学知识城校区启动建设,广东广雅中学花都校区高中部、广州市执信中学天河校区启动招生,广州市第六中学花都校区和从化校区已完成立项,正在推进项目设计。广州外国语学校到增城区规划新建校区。至2021年,11个区均有已建设或规划市属学校新校区,基本实现均衡配置。三是推动示范性普通高中学校建设。2016年开始,广州市启动新建一批市级示范性普通高中学校工作,增加优质学位供给,促进普通高中教育质量和水平的进一步提升。2017~2019年,共创建广州市示范性普通高中学校30所;2021年,新认定1所市级示范性普通高中学校,全市共有示范性普通高中学校74所,占普通高中学校总数的59.68%;示范性高中学位占比超过85%。

(二)组建名校教育集团

2017年,《广州市教育局关于印发推进市属优质教育资源集团化办学的实施方案的通知》(穗教发〔2017〕110号)提出,推动集团化办学,优化教育资源配置,加大市属优质教育资源对外围城区的辐射力度,充分发挥优质学校的资源优势和品牌效应，扩增优质教育资源总量，加快推进区域教育优质均衡发展。2017年12月，广东广雅中学、广州市执信中学、广州市第二中学、广州市第六中学、广州大学附属中学、广州市铁一中学和广州市教育研究院作为核心学校（单位）推进集团化办学。2018年5月，第二批市属教育集团成立，以广州市第六中学、广州市铁一中学和广州大学附属中学为核心校。2019年4月，第三批市属教育集团分别以广州外国语学校、广州市协和中学、广州市幼儿师范学校为核心校成立。2020年，广州市组建教育集团27个，市属优质教育资源实现11区全覆盖。2021年，广州市新增教育集团25个，教育集团数量达111个，其中获评省优质教育集团培育对象21个。

（三）加强普通高中招生管理

一是简化录取批次。2021年4月，广州市招生考试委员会办公室印发《关于做好2021年广州市高中阶段学校招生填报志愿工作的通知》，提出将广州市高中招生录取批次由原来的7个批次调整优化为4个批次，把普通高中港澳子弟班招生计划、中高职贯通培养三二分段试点招生计划和中等职业学校省级及以上重点特色专业招生计划纳入第一批次。

二是完善普通高中自主招生工作。2021年4月，广州市招生考试委员会办公室印发《关于做好2021年广州市普通高中学校自主招生工作的通知》，该通知规定，22所普通高中学校可开展自主招生，推进这些学校在人文、数理、科技等方面设置特色发展项目。22所学校包括省、市属示范性普通高中学校、每区1所区属普通高中学校（由区教育局选定）。示范性普通高中学校自主招生比例不超过学校招生计划的10%，非示范性普通高中学校自主招生比例不超过学校招生计划的5%。

三是推进普通高中学校指标到校分配工作。2021年4月，广州市招生考试委员会办公室印发《关于做好2021年普通高中名额分配招生工作的通知》，该通知规定，2021年普通高中名额分配招生学校为公办的示范性普通高中学校（含国家级示范性普通高中学校和市级示范性普通高中学校和省一级普通高中学校），名额分配计划为学校招生总计划的50%，安排在第二批次录取。其中成立教育集团的示范性普通高中可将部分名额分配计划直接分配到集团内的农村初中学校和集团内上一年中考总分平均分低于全市中考总分平均分的初中学校。这是首次将公办省一级普通高中学校纳入名额分配招生学校范围，并增加了录取参考科目成绩等级要求。2021年，普通高中名额分配共录取16097人，较2020年增加2239个，约占全市普通高中招生总计划的38.90%，其中集团核心校面向集团直接分配名额311个。[①]

（四）深化普通高中课程教学改革

2020年12月，广州市教育局印发《广州市教育局关于做好普通高中新课程实施工作的意见》，该文件要求"推进普通高中特色课程建设。以课程建设为核心，以挖掘和培育学校特色项目为抓手，以促进学生全面而有个性的发展为根本目标，培育人文、数理、科技、体育、艺术等特色课程，支持有条件的高中加强和完善学科竞赛课程建设。推动基于育人目标的课程整合行动，支持学校开展跨学科的综合课程探索实验及初高衔接的课程改革实验"。2021年，广州市被评为新课程新教材实施省级示范区，广州市第二中学、广东广雅中学、广州市天河外国语学校、广州大学附属中学等4所学校被评为省级示范校，遴选了两个市级示范区、20所示范校和27个学科基地，在全市布局16门国家课程基地，以课程特色促进学校特色发展。2021年，广州市执信中学提炼科技劳动教育特色课程，成为"广州市劳动教育试点学校"；借助社会力量完善选修第二课程体系，如与广东外语外贸大学、西汉南越王博物馆、广州医科大学附属中医医院分别开发第二外语、探越学堂、中医思维与健康管理选修课程，并与广州中医药大学签署"中医药文化进校园"协议。广州市第二中学针对新教

---

① 《2021年广州市中考第二批次名额分配招生开新局》，广州市招生考试委员会办公室网站，http://gzzk.gz.gov.cn/zkzz/zkxx/zkzx/content/post_7409872.htm，最后检索时间：2022年6月9日。

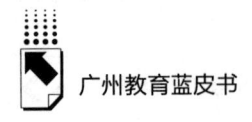

材的实施制定"五年规划",从落实国家课程、健全校本课程、优化规范管理、促进教学相长、建设智慧校园、彰显阅读劳动六个方面进行了详细计划;教学层面围绕"学习""质量"开展备课组的"开放课堂"与"行动研究"相结合的活动;进一步加强教师研修,重点研究新课标、新教材、新高考。①

(五)探索普通高中育人方式

2019年,广州市教育局启动为期三年的"学校拔尖创新人才培养新模式"的探索实验,确定广东广雅中学、广州市执信中学(含1所联合申报学校)等17所学校作为中国教育科学研究院项目的实验学校。2021年,各实验学校完成中国教育科学研究院项目,指导实施了拔尖创新人才培养方案,启动了数学、物理、化学、生物、信息技术等5门学科的"强基计划"校本课程基地建设。广州市第二中学被清华大学确认为首批"拔尖创新人才大学中学衔接培养基地",获得市属学校首枚国际奥林匹克学科竞赛金牌。广州市获得16枚金牌、21枚银牌、7枚铜牌,共计44枚奖牌,创历史新高;广州市执信中学、广州大学附属中学等学校获得第七届中国国际"互联网+"大学生创新创业大赛全国总决赛萌芽赛道5个项目最高奖,获奖数量占全国1/3,创历史新高。

四 广州市普通高中教育发展的展望与建议

(一)系统推动普通高中学校多样化特色发展

目前,广州市没有提出精准的普通高中学校多样化有特色的发展目标和任务,资源统筹、经费投入、建设机制等相关配套政策措施也有待完善。建议系统思考广州市推进普通高中学校多样化有特色发展的政策措

---

① 2022年广州市教育工作会议经验交流材料。

施、明确目标、任务、路径、细化成为项目和计划。建议以项目和计划为抓手统筹资源、系统推进，实施特色高中建设计划，要以高中阶段学校考试招生改革为契机，以培育人文、数理、科技、艺术、体育等课程特色为中心，推进全市普通高中教育优质发展、特色发展、错位发展，促进学生不仅全面发展，而且有个性地发展，努力破解普通高中千校一面以及片面应试教育倾向等问题，打造一批具有鲜明特色的科技高中、艺术高中、体育高中、综合高中等，推动形成普通高中学校优质特色多样化的新格局。

（二）完善教育集团建设

打造优质特色，做强教育集团。建议探索实行"跨层级转编""跨区转编"方式，探索建立教育集团督导评价机制，引导教育集团建立和完善内部考核制度。建立集团的准入和退出机制，不断完善教育集团党的领导机制，严格落实教育集团理事会负责制和集团成员学校权利义务。建议优化教育集团的结构与布局，优化教育集团及成员校的布局，采取委托管理、合作帮扶、开办分校等方式，辐射优质资源，促进深度融合。彰显集团化办学优势，发挥结对支持、协同推进的帮扶功能，扩大优质教育资源覆盖面和受益面，有效提升非示范性普通高中学校、周边城区普通高中学校的内涵建设质量，不断缩小区域、城乡、校际差距。

（三）进一步推进课程教学改革

2020年1月，教育部印发《教育部关于在部分高校开展基础学科招生改革试点工作的意见》（教学〔2020〕1号），实施"强基计划"。广州市要发挥自身的教育优势，继续实施"普通高中拔尖创新人才培养计划"，对接"强基计划"，培养拔尖创新人才。积极探索十二年整体育人模式，根据拔尖创新人才成长规律，提供更有力的基础教育拔尖创新人才培养政策支持。依托高等院校、科研院所和高科技企业，重点建设若干普通高中创新实践基地和创新实践体验中心，打造若干具有引领示范作用的拔尖创新

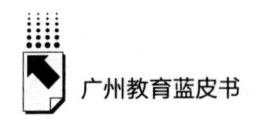

人才培养基地，若干所在人文、数理、科技、艺术、体育等方面具有鲜明个性的省级特色示范高中。

全面深入落实高中新课程新教材改革，推进普通高中全面实施新课程方案和学科标准，积极推进新课程新教材示范区学校建设，积极推进基于学科核心素养的教学和基于学业质量标准的教学评价方式。深化育人方式改革，开展分类分层教学，促进普通高中选课走班、分层教学改革，建立行政班与教学班并存的有效运行教学组织形式和管理方式。

建立健全学生发展指导制度，开设学生学涯、生涯教育课程，搭建平台，统筹协调广州地区高校和科研机构资源，加强高中与大学、职业院校、社会机构合作，推动特色学校特色活动基地建设，为学生提供个性化职业生涯教育和高质量职业体验经历。

（四）推进高水平专业化的教师队伍建设

大力加强普通高中教师队伍建设，在引进和培养两个方面狠抓教师队伍建设。完善政府、高等学校、普通高中"三位一体"协同培养师范生的机制，探索跨地域联合培养高水平师资队伍机制，确保师资来源稳定、数量充足、质量保障。遵循普通高中教师专业发展规律，完善教师专业化发展体系，完善教师教研制度和学术进修制度，扩大教师进修学习自主选择权。着力提升普通高中学校教师硕士研究生以上学历比重，大力推进普通高中教师队伍建设，建设夯实"大学—政府—学校"一体化教师培养联盟的实效性，积极构建并推进高校与高中学校"项目共研""师资互聘"的机制。

建议深入推进实施中小学教师"区管校聘"管理改革，探索建立"市域统筹、以市为主"的普通高中教师管理体制，进一步推动中小学校长教师交流轮岗工作，促进师资均衡发展。严格教师准入，重视思想政治素质和业务能力，进一步提升高中阶段教师具有研究生学历或硕士学位的比重。聚焦市内薄弱学校、紧缺学科，实施教育集团内教师专业能力提升培训，促进集团学校优质均衡发展。

参考文献

广州市教育研究院编《广州教育发展报告（2019~2020）》，社会科学文献出版社，2020。

广州市教育研究院编《广州教育发展报告（2020~2021）》，社会科学文献出版社，2021。

查吉德主编《教育供给侧结构性改革研究——基于广州市的研究》，广东教育出版社，2019。

B.5
2021年广州中等职业教育发展状况与2022年展望

李 媛*

摘　要： 2021年，广州市以提质培优、强化服务能力为出发点，继续深化专业内涵建设、完善合作平台机制、探索"岗课赛证"融通、推动财政事权改革，中等职业学校规模进一步扩大，教师队伍结构进一步优化，办学条件因学生规模增长迅速略有下降。与京沪深杭四市相比，广州市中等职业学校在校生规模最大，师资配备处于中等水平，办学条件居后。为提高广州市中等职业教育办学质量，提升职业教育整体社会形象，要强化制度引领，提高政策供给有效性；加强政企校合作，全面改善办学条件；深化中高职一体化培养，提高技能人才培养质量；继续以项目改革为抓手，突出广州中职学校品牌特色。

关键词： 中等职业教育　教师队伍　广州市

一　广州市中等职业教育发展概况

（一）中等职业学校办学规模进一步扩大

2021年，广州市、区属中等职业学校（不含技工学校）共有48所。其中，公办学校有37所，民办学校有9所，其他中职教育机构有2所。广州

---

* 李媛，教育学博士，广州市教育研究院教育规划与政策研究所办公室主任，助理研究员，主要研究方向为职业教育政策研究。

市中等职业学校（不包括技工学校）在校生人数共有115152人，与2019年相比，增长了24.58%；招生数为40102人，与2019年相比，增长了10.90%；中等职业教育（包括技工学校）与普通高中招生比为0.57∶0.43，与2019年相比，职普招生比进一步扩大（见表1）。

表1 2019~2021年广州市中等职业学校办学规模及变化情况

年份	学校数（所）	在校生数（人）	招生数（人）	职普招生比
2019	50	92431	36160	0.56∶0.44
2020	45	97367	35107	0.56∶0.44
2021	48	115152	40102	0.57∶0.43

资料来源：根据《广州市教育统计手册》（2019~2021学年度）计算得出，其中除"职普招生比"外均未统计市、区属技工学校数据。

说明：广州市中职学校在校生大部分为市外省内生源。

（二）中等职业学校教师队伍结构进一步优化

2021年，广州市、区属中等职业学校专任教师数为5367人，占教职工总数的75.69%；生师比例为16.24，与2019年相比有所下降，但优于《中等职业学校设置标准》规定的20∶1的合格标准。专任教师中本科及以上学历教师比例为97.67%，其中硕士研究生及以上学历教师735人，与2019年相比，增加了26.07%；专任教师中具有高级职称的教师1320人，与2019年相比，降低了1.27%；专业课、实习指导课教师中"双师型"教师占比为70.21%，比2019年增加211人。校外教师有284人，与2019年相比有所降低（见表2）。

表2 2019~2021年广州市中等职业学校教师队伍及变化情况

年份	生师比	"双师型"教师占专业课教师比例（%）	兼职教师占专任教师比例（%）	专任教师本科及以上学历比例（%）	专任教师硕士研究生及以上学历比例（%）	专任教师高级职称教师比例（%）
2019	17.24	58.19	6.65	97.19	11.22	25.73
2020	18.24	63.04	5.22	97.15	13.90	24.79
2021	16.24	70.21	5.29	97.67	13.69	24.29

资料来源：《广州市教育统计手册》（2019~2021学年度）。

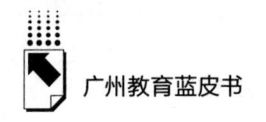

（三）中等职业学校办学条件略有下降

2021年，广州市中职学校生均占地面积，生均建筑面积，生均教学、实习仪器设备资产值，生均纸质图书等指标较2019年略有下降。与2019年相比，广州市、区属中等职业学校生均占地面积降低24.55%；生均建筑面积降低24.56%；生均教学、实习仪器设备资产值降低16.54%；生均纸质图书降低22.98%（见表3）。

表3 2019~2021年广州市中等职业学校办学条件变化情况

年份	生均占地面积（平方米）	生均建筑面积（平方米）	生均教学、实习仪器设备资产值（万元）	生均纸质图书（册）
2019	30.88	21.42	1.27	43.64
2020	27.98	19.73	1.34	41.87
2021	23.30	16.16	1.06	33.61

资料来源：《广州市教育统计手册》（2019~2021学年度）。

二 穗京沪深杭中等职业教育发展情况比较[①]

（一）广州市中职学校在校生数在五市中规模最大

中等职业教育办学规模是中等职业教育发展情况的直观表现，反映了所在城市中等职业教育学位供给能力。首先，从学校数量来看，广州市有市、区属中职学校48所，略高于杭州市，在5市中位列第三；其中，广州市有民办学校9所，占学校总数的18.75%，民办学校占比位列第二，仅次于北京市，上海市中职学校中民办学校占比最低。其次，从在校生数量来看，广州市中等职业学校在校生规模最大，达到了11.52万人，校均在校生超过了

---

① 广州市、深圳市为2021年数据，其余城市为2020年数据。

2000人,杭州市次之。深圳市中职学校数和在校生数最少。最后,从高中阶段招生数的职普比例来看,广州市的职普比最高,为0.57∶0.43,且是唯一高中阶段职业教育招生规模大于普通高中的城市。其余各市普通高中招生规模都大于中等职业教育招生规模,其中,北京市职普比例最低,为0.29∶0.71,深圳市次之,为0.34∶0.66,杭州市职普比例相对均衡(见表4)。

表4 2020~2021年穗京沪杭深中职学校办学规模情况比较

城市	学校数(所)	民办学校数(所)	在校生数(万人)	职普比
广州	48	9	11.52	0.57∶0.43
北京	76	19	4.64	0.29∶0.71
上海	83	4	8.04	0.40∶0.60
杭州	42	—	8.15	0.46∶0.54
深圳	17	2	4.02	0.34∶0.66

资料来源:杭州市数据来自《2020年杭州市教育事业发展统计公告》,杭州市人民政府网站,http://edu.hangzhou.gov.cn/art/2021/4/1/art_ 1229360412_ 3860238.html,最后检索时间:2022年4月27日;深圳市数据来自《2022年深圳市中等职业教育质量年度报告》;上海市在校生数包括职业中学、中等专业学校,来自《2020年上海市国民经济和社会发展统计公报》;未做明确标注的数据均来自各市《2020年中等职业教育质量年度报告》。

(二)广州市中职学校师资配备在五市中处于中等水平

教师是第一资源,建设高水平"双师型"教师队伍是职业院校高质量、可持续发展的基本保障条件之一。第一,从生师比来看,广州市中职学校生师比最高,虽已达到中等职业学校办学条件规定的最低标准,但与其他四市中职教师配备规模相比,还有一定的差距。第二,从专任教师规模来看,各城市中职学校专任教师数占教职工总数的比重较大,其中,杭州市、北京市中职学校专任教师占教职工总数的比重超过了85%,广州市中职学校专任教师规模占比居中。各城市中职学校专业课、实习指导课教师占专任教师的比重较低,仅广州市、上海市符合中职学校设置标准要求,广州市该项指标最高。第三,从教师队伍结构来看,各城市中职学校高级职称教师占比都高于20%,符合国家标准,其中杭州市该项指标最高,其次是北京市,广州市排名居中;上海市专任教师中硕士研究生及以上学历人数占比最高,其次是深圳市,广州市最低。第四,从"双师型"教师结构来看,各市"双师型"教师占专业课教师的比例普遍较高,超过了中职学校设置标准规定的30%的要求。但由于"双师型"教师队伍尚无统一的认定标准,不同城市参照不同的标准进行认定,该指标城市差异也比较明显(见表5)。

表5 2020~2021年穗京沪杭深中职学校教师队伍建设情况比较

城市	专任教师占教职工总数比重(%)	专任教师中专业课、实习指导课教师占比(%)	生师比	"双师型"教师占专业课教师比重(%)	专任教师中高级职称教师占比(%)	专任教师中硕士研究生及以上学历人数占比(%)
国标	—	50.00	20.00	30.00	20.00	—
广州	75.69	61.86	16.24	70.21	24.29	13.69
北京	87.40	41.85	9.87	57.35	33.18	17.90
上海	71.46	53.87	12.30	59.07	23.00	24.00
杭州	89.51	48.64	12.55	89.02	33.75	14.87
深圳	75.20	48.33	13.39	76.36	22.05	22.49

资料来源:广州市、深圳市是根据《中等职业教育质量年度报告(2022)》整理,其余城市根据《中等职业教育质量年度报告(2020)》整理。

(三)广州中职学校办学条件在五市中居后

提升办学条件、实施中等职业学校办学条件达标工程,已经成为各省中职教育改革的重要内容。首先,在生均占地面积、生均建筑面积两项指标方面,广州市分别为23.30平方米、16.16平方米,都没有达到国家基本办学标准,且在5市中排名最末。其次,生均仪器设备资产值、生均纸质图书以及生均计算机3项指标,虽然广州市达到国家标准,但生均仪器设备资产值和生均计算机两项指标在5市中都排名最末,生均纸质图书仅高于深圳市。综合5项指标,广州市基本办学条件都远低于北京市(见表6)。

表6　穗京沪杭深中职学校基本办学条件情况比较

城市	生均占地面积（平方米）	生均建筑面积（平方米）	生均仪器设备资产值（万元）	生均纸质图书（册）	生均计算机（台）
国家	33.00	20.00	0.30	30.00	0.15
广州	23.30	16.16	1.06	33.61	0.45
北京	81.65	50.65	7.25	97.21	1.22
上海	—	—	5.54	55.47	—
杭州	36.00	25.41	1.49	49.94	0.49
深圳	30.68	30.40	2.51	32.81	0.72

资料来源：国家标准来源于《教育部关于印发〈中等职业学校设置标准〉的通知》（教职成〔2010〕12号），http://www.moe.gov.cn/srcsite/A07/moe_950/201007/t20100706_96545.html，最后检索时间：2022年4月27日；广州市、深圳市是根据《中等职业教育质量年度报告（2022）》整理，其余城市根据《中等职业教育质量年度报告（2020）》整理。

三　广州市中等职业教育发展的举措与经验

（一）深化专业内涵建设，精准服务产业发展

2021年，广州市继续加强中职学校专业内涵建设，着力提升中等职业教育的城市适应性。一是整合优质资源，优化专业结构。根据2020年8月由广州市教育局印发的《广州市中等职业学校布局调整和提升发展工作方案》，广州市继续优化中等职业学校结构布局，将现有的14所中职学校整合优化为信息技术、财经商贸、城市建设等10个方向的中职学校，并已按法定程序完成旧校注销、新校注册工作，按规定配齐配强学校党政领导班子，组织完成"两委"改选和全员首聘工作，完善组织制度建设，实现一体化管理和教育教学正常化运行。① 整合之后，其整体专业对接广州重点发展的先进制造业和现代服务业比重在80%以上。二是根据新专业目录，动态调整专业设置。广州市教育局结合创建省高水平中等职业学校和专业群、

---

① 资料来源于广州市教育局。

省级"双精准"专业的要求，经组织申报评审，确定广州市中等职业学校新增第三批省"双精准"示范专业建设项目13个，新认定市级示范专业9个，新设专业和专业方向共36个。截至2021年底，广州市中等职业学校分别建有国家级重点专业、省级重点专业、省"双精准专业"建设项目2个、66个、44个，全市共开设专业126个，覆盖全部专业大类，比2019学年减少了7个。① 三是支持高水平学校和专业建设。广州市新增省重点中职学校5所，共有10所学校入选省高水平中职学校建设（培育）单位，20个省高水平专业群以"优秀"等次顺利通过"创建广东省现代职业教育综合改革示范市"项目验收。②

（二）完善合作平台机制，推动产教联动升级

2021年，广州市全面贯彻落实《国家职业教育改革实施方案》提出的"促进产教融合校企合作双元育人"要求，瞄准技术变革和广州重点产业优化升级的方向，加强校企合作制度供给与平台建设，推动产教协同育人。一是坚持项目引领，推进校企合作。2021年10月，广州市委全面深化改革委员会审议通过《广州市建设国家产教融合型城市试点方案》，其中，广州市教育局推动28个项目被纳入广州市产教融合重大建设项目清单。③ 2021年，广州市教育局继续推进省、市级项目建设申报工作，其中，新增第三批省"双精准"示范专业建设项目13个，新认定市级中等职业学校示范专业9个和产教对接、校企合作示范项目6个，新增国家级职业教育教师教学创新团队3个，新增国家级课程思政教学研究示范中心1个，新增示范性虚拟仿真实训基地培育项目2个。④ 二是支持职教集团发展，促进优质资源共享。

---

① 资料来源于广州市教育局。
② 资料来源于广州市教育局。
③ 广州市发展和改革委员会、广州市教育局、广州市工业和信息化局、广州市财政局、广州市人力资源和社会保障局、广州市人民政府国有资产监督管理委员会：《广州市建设国家产教融合型城市试点方案》，https://fgw.gz.gov.cn/tzgg/content/post_7977077.html，最后检索时间：2022年4月27日。
④ 资料来源于广州市教育局。

2021年，广州市、区属职业院校新成立职教集团（联盟）8个，累计成立28个，实现市属职业院校集团化办学全覆盖；新增国家级、省级示范性职业教育集团各1个。① 三是探索校企合作模式。广州市中等职业学校继续开展企业订单班，与合作企业共建教师实践基地，校企共同开发课程。全面推进"校中企""企中校"等多种紧密型校企合作模式，积极探索"学校+行业+企业"多元参与混合所有制的"产业学院"项目，推动校企全面加强深度合作。

（三）探索"岗课赛证"融通，提高人才培养质量

2021年，广州市中等职业学校以"岗课赛证"融通为指引，推动教学、竞赛、课程等关键环节的融合融通，切实提高教学效果。一是积极开展"1+X"证书制度试点。广州市推动"粤菜师傅""南粤家政""广东技工"三大工程与"1+X"证书试点工作相结合，组织9所中等职业学校开展6项"1+X"技能证书培训工作，并加大幼儿保育、养老照护等人才培养培训力度。截至2021年底，广州市已有20所中职学校开展126个试点项目。二是推进精品课程建设。广州市中职学校新立项精品课程25门，新认定精品课程26门。截至2021年底，广州市已累计认定中职学校精品课程202门，63门正在建设中。三是参与并组织举办各类技能大赛。广州市中等职业学校参加了中华人民共和国第一届职业技能大赛、全国及省职业院校技能大赛等重要赛事，累计承办学生技能大赛省赛赛项28个、国赛赛项1个；中高职学生获国赛一等奖3个、省赛一等奖141个。其中，广州市交通运输职业学校协办2021年全国职业院校技能大赛（中职组）通信与控制系统集成与维护赛项国赛，参赛队获得全国第一。四是促进教学成果转化。广州市中等职业学校积极推进教育教学改革成果建设，在教学成果奖、教材建设等方面取得卓越成绩。其中广州市医药职业学校等4所学校的4个项目被立项为2021年度广州市中小学教师教育科研能力提升计划项目；广州市中等职业学校共

---

① 资料来源于广州市教育局。

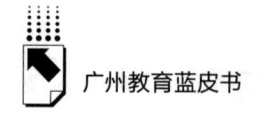

有28篇论文在2020年中小学实验教学与教育装备优秀论文评选活动中获奖,一等奖8项;在首届全国优秀教材评选中,广州旅游商务职业学校、广州交通运输职业技术学校的3本教材均获得二等奖。①

(四)推动财政事权改革,健全经费制度保障

2021年,广州市继续完善市教育经费投入使用管理体制机制,积极推动教育领域财政事权和支出责任改革,以解决教育发展不平衡不充分问题,适应教育高质量发展要求。2021年7月,广州市教育局、广州市财政局联合印发《关于建立健全广州市教育经费保障体系的实施意见》,着力建立健全权责清晰、保障有力的财政经费保障体系;合理分担、多元保障的教育经费筹措体系;全面覆盖、动态调整的教育经费标准体系;统筹有效、重点突出的教育经费管理体系。其中明确"建立中等职业学校、高职院校与本科高校生均综合定额拨款标准联动调整机制,中等职业学校生均财政拨款水平可适当高于普通高中,并视财力状况逐步提高"②,为中等职业教育经费投入提供制度保障。2021年11月,广州市教育局、广州市财政局联合印发《广州市教育领域市级与区级财政事权和支出责任划分改革实施方案》,其中明确"职业教育等其他教育,总体实行以政府投入为主、受教育者合理分担、其他多种渠道筹措经费的投入机制。政府财政事权原则上按照办学主体隶属关系由市与区财政分别承担支出责任,分级筹措办学经费"③,明确了区级政府对中等职业教育经费投入的主体责任,为区属中职学校发展提供经费保障。

四 广州市中等职业教育发展的展望与建议

2022年是我国职业教育改革攻坚的关键年,也是广州市落实"十四五"

---

① 本部分资料来源于广州市教育局。
② 资料来源于广州市教育局。
③ 资料来源于广州市人民政府。

教育发展规划、提高办学质量、提升社会形象、推动中等职业教育高质量发展的关键节点。为此，基于国家政策引导、发达城市比较以及广州市中职教育发展自身不足，为2022年广州市中等职业教育发展提出如下建议。

（一）强化制度引领，提高政策供给有效性

一直以来，我国职业教育发展不仅有赖于职业院校自身的实践探索，更得益于国家政策的有力推动。在地方层面，通过城市比较发现，北京、上海高度重视中等职业教育发展的高质量政策供给，如2020年6月，北京市教育委员会印发《北京市职业院校"双师型"教师认定办法（试行）》（京教人〔2020〕11号），明确了"双师型"教师的内涵及认定条件与管理机制；2021年12月，上海市教育委员会等五部门联合印发《上海市深化产教融合协同育人行动计划（2021—2025年）》（沪教委高〔2021〕64号），对校企合作活力迸发的协同育人体系做出整体部署等。广州市也应该强化制度引领，以《广州市职业教育发展"十四五"规划》等文件为统领，进一步引领广州市中等职业教育高质量发展。如针对广州市中职学校职教集团（联盟）、校企合作平台建设，出台职业教育校企合作分类管理办法，通过分类引导，打造有梯次、有特色的校企合作平台；针对师资队伍建设，尽快出台面向全市中职学校的"双师型"教师队伍认定标准；特色学校建设，遴选一批在教育教学、社会服务、国际化发展等方面特色鲜明的中职学校等。

（二）加强政企校合作，全面改善办学条件

基本办学条件既是评判中职学校办学是否符合办学标准要求的关键指标，也是影响中职学校办学质量、教育教学质量的基础性要求。2021年，广州市积极推动中等职业学校办学条件升级，及时更新教育教学设施设备，但与其他城市、国家标准相比，广州市中职学校办学条件还有很大提升空间。为此，广州市亟须激活企业资源，推动建立健全政府投入为主、多种渠道并举的职业教育投入保障机制。如通过"政府+企业（行业）+学校"模

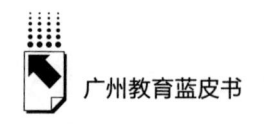

式，以产权混合、资源共享的方式在产业园区推动建设广州公共实训基地。作为共享型公共实训基地，为市、区属中高职院校学生提供专业工种实习实训，面向企业员工开展社会培训、为培训机构提供实训场地设备等，这不仅能有效改善中职学校办学条件，也可极大地提高优质资源利用效率。

（三）深化中高职一体化培养，提高技能人才培养质量

2021年，中共中央办公厅、国务院办公厅印发的《关于推动现代职业教育高质量发展的意见》中明确提出，中等职业学校要"注重为高等职业教育输送具有扎实技术技能基础和合格文化基础的生源"，这是我国对中等职业教育人才培养的新定位，也是对提升中等职业教育人才培养质量的更高要求。为此，广州市应加快落实市教育局局属中职学校与市属高职院校组团发展计划，以专业群对接的方式推动高职院校与优质中职学校合作，扩大高职院校专业学院建设数量与招生规模，加强中高职人才培养方案的衔接，深化中高职一体化人才培养。加强高中阶段职普融通、合作实践探索，中职学校利用学校资源为普通高中开设职业技能课程，与此同时，借助普通高中师资力量提高中职学生的数学、语文、英语等基础文化课素质水平。

（四）继续以项目改革为抓手，突出广州中职学校品牌特色

从国家示范校建设到"双高计划"，在我国重点建设政策的职业教育改革背景下，地方职业教育竞合发展。当前，我国经济已经进入高质量发展阶段，城市竞争阶段升级要求职业教育也应从要素驱动向创新驱动转向。为此，广州市应继续以国家、省、市重大教学改革为抓手，积极落实《职业教育提质培优行动计划（2020—2023年）》（教职成〔2020〕7号），深化高水平中职学校和高水平专业群建设项目，精准办学定位、深化产教融合、教育教学改革，紧贴广州市产业转型发展，打造一批特色鲜明、综合实力强、社会认可度高、社会服务能力突出、具有示范引领作用的特色学校与专业品牌。

参考文献

刘清：《经济新常态下深化职业教育产教融合长效机制探索》，《现代职业教育》2022年第18期。

唐杰、林克松：《"政校行企"协同建设中职专业群的价值与机制》，《职教通讯》2022年第4期。

俞冬伟：《我国中高职一体化发展回顾与路径探索》，《职教通讯》2022年第1期。

岳金凤、郝卓君：《中等职业教育高质量发展报告——基础与方向》，《职业技术教育》2021年第36期。

张宇：《职业教育高质量发展的内涵、困境与对策》，《职教通讯》2022年第4期。

"双减"政策篇

Topics in "Double Reduction" Policy Reports

B.6 广州市教育行政执法的区域实践探索

邓素怡 胡劲松*

摘　要： 在我国法治政府建设的背景下，推动教育行政执法体制改革是题中应有之义。广州市作为教育行政执法改革的先行示范地，花都区、番禺区、南沙区分别呈现部门内行政执法、协同执法、综合执法三种执法模式。广州市区域教育行政执法也存在执法方式过于"宽松软"、执法队伍不足、教育综合行政执法改革推进存难等问题。建议未来进一步深化教育综合行政执法改革，通过"改革上层设计、厘清执法主体间责任边界、打造强有力的行政执法队伍"等途径，提高教育行政执法效能。

关键词： 教育行政执法　协同执法　综合执法　广州市

---

* 邓素怡，华南师范大学教育科学学院博士生，主要研究方向为教育法学；胡劲松，华南师范大学教育科学学院教授，博士生导师，主要研究方向为教育法学、基础教育、职业教育。

一 问题的提出

教育行政执法是指"国家行政机关（主要是教育行政机关）及其工作人员和授权组织，按照法定职权和程序，针对教育领域内的特定事项和特定的人或组织适用教育法律法规并产生法律效力的活动"。① 加强教育行政执法是当前教育系统落实依法治国基本方略、推进依法治教、实现教育治理体系和治理能力现代化的重要举措。2018年，中共中央印发《深化党和国家机构改革方案》，指明"深化行政执法体制改革，统筹配置行政处罚职能和执法资源，相对集中行政处罚权，是深化机构改革的重要任务"。2019年12月，教育部发布《关于加强教育行政执法工作的意见》，进一步提出加快建立健全权责清晰、权威高效的教育管理体制和政府统筹、部门合作、上下联动的执法工作机制。2022年2月，教育部、中央编办、司法部联合印发《关于加强教育行政执法 深入推进校外培训综合治理的意见》，更是将加强校外培训监管行政执法工作作为教育行政执法的重要内容。建立权责统一、权威高效的教育行政执法体制将成为教育领域实现依法治教、建成法治政府的重点工作。

广州市是最早开展综合行政执法体制改革的试点城市，是教育行政执法改革的先行示范区。2020年4月，《广东省人民政府关于开展市县市场监管综合执法工作的公告》发布，提出具备条件的市县可以将教育执法整合划入市场监管综合执法机构，全面开始教育综合行政执法改革。为贯彻中央有关行政执法体制改革和教育行政执法意见的政策部署，破解广州市教育局当前面临的教育行政执法人员不足、编制增加困难、教育行政执法权限的法律规定或授权内容不明晰、教育部门难以单独执法等现实困境，亟待进一步完善教育行政执法体制，理顺教育行政执法的工作机制，以此提升教育行政部

---

① 朱卫国、陈韶峰：《教育行政执法的理论与务实》，南京师范大学出版社，2006，第22~29页。

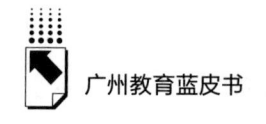

门治理能力的现代化水准。

教育执法是教育行政部门承担的法定职责，然而教育行政部门却难以独自承担执法事务。导致这一困境的原因是多方面的，包括当下法律法规对于教育执法权限和执法事项规定不甚明晰，执法事务和执法对象的交错复杂，执法人员的编制不足等。因此，推动教育行政执法体制改革已成为实现依法治教目标的内在需求。

目前，全国正处于教育行政执法改革的关键期，针对广州市区域教育行政执法同时存在行政执法、综合执法、联合执法、协同执法等多种执法方式，需重点解答以下问题：如何协调深入推进教育综合行政执法改革和加强教育行政机构内部执法的关系？如何破除传统教育行政执法方式和改革过程的制度壁垒，健全教育行政执法体制？基于此，本文从教育行政执法的发展流变出发，对比分析广州市区域教育行政执法的三种执法模式，对进一步深化推进教育行政执法改革提出对策建议。

二 广州市教育行政执法的区域实践探索

教育行政执法是各级政府通过贯彻执行教育法律、法规，实现教育事业全面、协调和可持续发展的重要保障和有效途径。广州市是教育大市，更是"育才之城"。2020年，广州市各级各类学校有3703所，经教育行政部门审批的校外培训机构共有1365所，全部在校学生共267.79万人，专任教师16.79万人。[①] 面对庞大的教育群体，亟须组建高质量且人员充足的教育行政执法队伍，进而落实教育法律法规，促进教育公平和提升教育质量。为了提高教育教学质量，广州市一直走在教育行政执法改革前列。2014年，广州市成为综合行政体制改革的138个试点城市之一。广州市各区的教育行政执法改革途径并不相同。其中，花都区教育局、番禺区教育局、南沙区教育

---

① 广州市教育局：《2020学年广州市教育事业发展统计公报》，http：//jyj.gz.gov.cn/gk/zfxxgkml/qt/tjsj/content/post_ 7850770.html，最后检索时间：2022年3月13日。

局在实施教育行政执法上呈现三种不同类型的执法模式。番禺区在教育协同行政执法上较为成熟,已渐成体系;花都区在加强教育内部行政执法上有重大尝试;南沙区在教育综合行政执法改革上有重大突破。基于此事实,本研究选择以花都区、番禺区、南沙区为代表开展,以对比的视角分析目前教育行政执法改革的现状、成就和挑战。

(一)加强内部执法的"花都模式"

花都区教育行政执法以加强部门内执法、整合部门职能、组建内部执法队伍为主要举措,实现了强化内部执法力量的目标。花都区这一改革方式现已初见成效。

1. 花都区教育行政执法情况

花都区在广州市北部,是广州的北大门和后花园,更是广州市先进制造产业基地,具有重要的战略地位。随着花都区产业园的不断发展,外来人口增多,其中随迁子女教育、农村教育、校外培训机构的治理成为花都区教育的工作重点。同时花都区下辖4个街道办事处和6个镇,以及设有教育指导中心,负责自己所管辖区域的相关教育执法事项,进行日常的检查和上报工作。花都区教育局的权责清单共有36个事件类型,包括了19项行政许可、8项行政处罚、1项行政给付、6项行政检查和2项其他行政权力。花都区教育局全局26名编制人员,23人持有执法资格证,其中有2名是专门执法人员。

2. 实行"部门内综合执法"改革

花都区教育行政执法改革以集中整合教育局内部执法力量、加强教育行政执法为特色,是教育行政部门牵头的"部门内综合"改革。"花都模式"的特点是在教育行政部门内部设立专门执法机构或执法人员,或设立直属事业单位委托执法,以达到整合内部职能、强化教育内部执法力量的目的。

3. 以设立专门执法队伍为改革特征

花都区教育局具体做法是增加执法编制岗位,设立"专人专岗"进行教育行政执法,集中整合教育行政部门内部职能,在教育局内部实现了

"内部综合"。在"花都模式"中，教育行政部门拥有直属的执法队伍，能够直接克服跨部门执法难、信息不畅通等问题。花都区教育局由7个科室组成，教育行政执法基本上由审批管理科（与职业成人幼教科合署办公）集中开展。职成幼科室在开展校外培训机构专项治理中，共开展专项检查160次，发出限期整改通知300份，取缔无证机构48家。① 花都区教育局通过将教育部门内的各科室行政执法职能进行重新整合，特别是将本来在不同部门的行政审批权、行政处罚权通过合并或者重新归并到同一个部门进行管理，实现行政执法职权的相对集中。

（二）推进协同执法的"番禺模式"

番禺区教育行政执法改革以突出教育行政部门主导地位、推进跨领域协同执法为特点。协同执法是在单独执法的基础上联合其他部门的共同执法。协同执法能够提高执法效率，有效解决"多头执法""重复执法"的问题。

1.番禺区教育行政执法情况

番禺区教育执法对象庞杂，执法任务艰巨。番禺区地处粤港澳大湾区地理中心位置，是广州市发展较快的"新区"。番禺区城中村数量在广州市位居第一，且人口基数较大。全区学校数多，学生数多，公办学校就有189所，在校学生181506人。因此，均衡各级各类学校之间的资源，规范教育教学的办学行为，进而保证学前教育、义务教育阶段质量是番禺教育的重要工作内容。除此之外，因为教育市场需求大，番禺区的校外培训机构数量较多，包括不少的无证办学机构。为进一步落实"双减"政策，管理各级各类的学校及其校外培训机构已然成为区教育局的重要工作职责。

2.实行"跨部门协同执法"改革

"跨部门协同执法"改革的特点是"多"对"一"："多"是指多主体协同执法，由教育行政部门带头，发展改革、市场监管、民政、公安、应急

---

① 花都区教育局：《构建良好教育生态，呵护学生健康成长》，https://new.qq.com/omn/20200824/20200824A02S1L00.html，最后检索时间：2022年3月20日。

管理、生态环境、卫生健康、食品药品、城管、税务等部门共同参加；"一"是指对单一的教育事项进行执法。虽然是"多主体"协同执法，但是行政执法决定必须由参与协同执法的各行政执法机关依法单独做出。协同执法能够加强各执法主体之间的协调配合和信息沟通，增强了执法力量，也提高了执法效率，较多地应用于专项整治行动，如打击非法办学机构的专项整治行动等。这一执法形式逐渐成为教育行政部门开展执法活动的主要方式。

3. 推进执法协同体制常态化

番禺区教育局的教育行政执法主要是以区教育局牵头，借助其他职能部门的力量进行联合执法。全局共有34名在编人员，均持有执法资格证，执法人员覆盖到每一个科室。根据执法事项的不同，且遵循"每次执法须两名人员"的原则灵活组建教育行政执法队伍，进一步落实跨部门协同执法体制常态化可持续性发展。根据区政府"将民办教育纳入发展和规范社会组织工作联席会议制度，并建立区民办教育综合执法机制"精神[①]，经区政府同意，2011年区教育局成立民办教育综合执法小组，全区16个街道参照区领导小组的结构构成，相继成立了相应的镇街民办教育综合执法领导小组，主要负责辖区范围内相关的教育执法事项。这种自上而下、同级部门配合执法的格局为教育行政执法工作起到了保障，也在实际执法过程中发挥了重要作用。

（三）深化综合执法的"南沙模式"

南沙区将教育行政执法机关及其他行政执法机关关于教育事项的行政处罚权以及与此相关的行政检查权、行政强制权归为综合行政执法部门统一行使，是为教育综合行政执法改革。[②] 通过转变执法主体，解决教育行政执法能力不足的问题。

---

① 资料来源于番禺区教育局。
② 高杭：《跨部门协同视域下教育综合行政执法改革的挑战与应对》，《清华大学教育研究》2021年第6期，第112页。

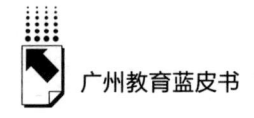

1.南沙区教育行政执法情况

南沙区是综合行政执法改革的重要试点地区。南沙区位于广州市最南端,地处珠江出海口和粤港澳大湾区地理几何中心,是广州教育改革的先行区、试验区、示范区。在保留行政许可、行政审批等行政执法职权前提下,区教育局将教育行政处罚权以及与教育行政处罚权相关的行政检查权全部划入南沙区综合行政执法局统一行使,目前已经完成了教育局与综合行政执法局之间的职权移交,实现了"大综合"改革,彰显出独特的"南沙模式"。

2.实行"跨部门综合执法"改革

"跨部门综合执法"改革是将教育行政执法部分职权划入综合行政执法机构,包括划入综合行政执法局或市场监督管理局。根据实践经验,已有不少综合行政执法改革先行地将部分教育行政处罚权及其相关的行政检查权、行政强制权划入综合行政执法机构。综合执法的特点是"一"对"多","一"是指单一的综合行政执法部门,"多"是指综合执法机构负责的多领域的综合执法事项,教育事项只是其中之一。目前还有北京市、浙江省、海南省等地区正在进行教育综合行政执法改革试点。

3.以集中行使教育执法职权为改革内容

根据《中共广东省委编制委员会关于印发〈广州市南沙区机构改革方案〉的通知》(粤机编发〔2019〕10号)[①],南沙区设立综合行政执法局,教育局根据区的工作部署,将所有的行政处罚事项全部划入综合执法局,包括了13项行政处罚以及与行政处罚相关的4项行政检查。区教育局行政执法保留的行政业务包括23项行政许可、20项行政检查、1项行政给付、3项公共服务和6项其他权责。集中行使教育行政处罚权是南沙区开展教育综合行政执法改革的主要内容,综合执法部门通过集中行使教育行政执法处罚权,有效促使教育行政执法由"分散"走向"综合"。

4.以下移执法重心为改革路径

执法重心下移到基层组织是重要执法途径。执法权下沉是指将县级行政

---

① 资料来源于南沙区综合行政执法局。

主管部门的部分行政审批权、行政处罚权和行政强制权交由乡级政府机关行使。① 行政执法权从多个部门向一个部门集中是综合行政执法改革的第一阶段，行政执法权从区县层级向基层街镇层级下沉则是综合执法改革的第二阶段。② 南沙区综合执法局将从教育局承接过来的31个事项中的26项下放到各个镇街，剩余的5项保留在直属执法二队。基层镇街组织作为区县一级人民政府的派出机关，是执法重心下移的重要方向，也是进一步推进综合行政执法改革的现实需要。执法重心下移能够有效解决长期存在"碎片化执法"的问题。

三　广州市区域教育行政执法的实践困境

广州市各区教育行政执法的形式不一、主体不一、事项也不相同，但是都存在执法方式单一且薄弱、执法队伍力量不足、改革推进不到位等问题。

（一）执法方式较为松软，执法效果不佳

执法方式倾向于软性执法、人性执法，这是教育行政部门执法中一直存在的问题。教育行政部门习惯于采取行政手段、调解手段解决问题，对于应当给予行政处罚的，没有采取处罚的方式；应当给予警告、罚款的，大多予以批评建议，整改了事，导致执法随意性较大，行政执法效果不佳。这也直接导致执法力度不够，缺少强制手段。在教育综合行政执法改革后，"柔性执法"依旧没有改变。综合行政执法机构仍然以行政管理代替行政执法，无证教育培训活动数量众多，类型繁杂，教育领域经营单位无证进行教育培训活动普遍广泛。然而，全国各地关于校外培训机构和民办学校的行政处罚案例少，更多的是用年检公示的形式公布不合格的学校或教育机构的名单。执法不主动、执法不积极依然是教育行政执法的根本瓶颈。

---

① 叶必丰：《执法权下沉到底的法律回应》，《法学评论》2021年第3期，第48页。
② 王敬波：《相对集中行政处罚权改革研究》，《中国法学》2015年第4期，第159页。

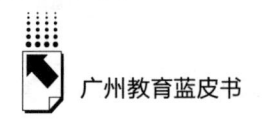

（二）执法力量有待增加，队伍建设滞后

教育行政执法缺少专门的执法队伍或者机构。教育行政执法是一项专业性强的工作，教育行政执法人员既需要熟悉处罚流程和教育法律法规，又要知晓教育管理知识，极具挑战性和专业性。但当前教育行政执法队伍普遍存在人手不足、专业素质缺乏等问题。且目前的教育行政执法人员大多是通过选调的方式从不同单位、不同部门兼职从事教育行政执法的国家公职人员，其不具有专业知识背景。移交到综合行政执法机构后，仍然没有负责教育行政执法的专业人员，这并未改变教育行政执法缺乏专业实施机构和部门的问题。综合行政执法机构要承担不同领域的行政事项，将教育行政执法与其他行政执法相区分、规范教育行政执法过程、建成专门的教育行政执法体系是深化教育综合行政执法的关键所在。在实际执法过程中，容易出现因对相关法律、程序不熟悉而执法不当、疏于管理的情况。特别是对于基层执法队伍来说，具体可操作化的流程是顺利执法的前提。

（三）执法体制有待完善，配套改革缺位

广州市尚未全方位开展教育综合行政执法改革，原因在于实践层面存在许多影响综合执法效果的因素。教育综合行政执法存在的具体问题有：第一，综合执法涉及部门较多导致执法协调成本较高。由于联合执法并未打破"条块分割"的行政管理体制，相关行政部门依然奉行"部门主义"思维，在综合执法时会存在"搭便车"的思想，所以执法积极性不高，从而影响执法效果。第二，职能部门之间缺乏信息沟通导致执法效果不佳。将行政处罚及与之相关的行政检查权划入综合行政执法局后，教育行政部门和综合行政执法局的信息沟通十分重要。教育行政部门负责行政许可工作，保证进行教育综合行政执法时，需要教育行政部门提供了解执法对象的基本信息。由于存在缺乏信息共享平台、执法对象信息不对等问题，教育行政部门未能高效便捷地将最新的教育执法信息传达给综合行政执法局，最终导致教育综合行政执法的效果不佳：一方面，综合行政执法局需要向教育行政部门申请执法对象

的信息，影响执法效率；另一方面，教育行政部门未能高效便捷地将最新的教育执法信息传达给综合行政执法局，最终导致教育综合行政执法的效果不佳。

四 推进广州市区域教育行政执法的对策建议

结合教育行政执法的阶段发展和三种执法模式的实施现状可以窥探出，专业执法与综合执法并存、多种执法方式协调发展是未来教育行政执法的发展趋势。因此，应以强化教育行政执法为中心，发挥基层镇街作用，加强对综合执法、联合执法、协作执法的组织协调。

（一）明确执法范围，厘清执法主体间责任边界

在执法实践中，法律法规尚未明确执法责任，这就容易造成无人执法、多头执法等现象。调研发现，当下在实操过程中难以认定的违法行为包括以下三类，第一类是超范围开展教育活动的违法行为。例如，以满足生活需要为根本目的的课后托管服务类机构，这类机构名义上并不履行教育培训职能，属于市场监管局的执法范围。但是因为服务对象是学生，这类机构特别容易出现教育、培训内容，也就是在登记注册时作为托管机构由市场监管局管理，实际上开展的却是教育活动，因此管理难度较大，且一旦出现违法行为，群众一般是向教育行政部门反映。第二类是超范围招生的违法行为。例如0~3岁托幼机构属于卫生健康委员会的执法范围，但是常常存在招收3岁以上幼儿等违法行为，这就与教育行政部门的执法范围相关。第三类是艺术体育类机构可以直接在市场监管局登记取得营业执照的，按照"谁审批，谁负责"的要求，这一类机构属于市场监管局的管理范围，但是部分机构超范围招生，对艺考的学生进行培训。公司实际经营范围与工商营业执照上的经营范围不一样，且因为实际经营范围属于教育培训内容，这就容易造成"无证经营"和"非法经营"的问题。

目前，法律法规尚未明确前置审批不在教育局，且实际经营范围与工商营业执照上的经营范围不一样的这类机构的执法主体是谁，包括一些"有照

无证"培训类机构由谁监管并不明确。执法主体不明确而造成的多头执法、重复执法、无人执法等现象，会使得越来越多的机构"钻空子""打擦边球"。因此，应明确教育行政执法主体的责任边界，贯彻"谁审批，谁负责"的要求，必要的情况下需协同市场监管部门、卫生健康委员会等相关部门执法。

（二）加强专业执法培训，打造强有力的行政执法队伍

第一，增加人员、编制的核定。参考借鉴深圳市教育行政执法改革经验，加快落实各区民办教育综合执法领导小组的编制问题，配备相应的执法人员，使其成为独立的、专门的综合执法机构。目前广州市教育局积极贯彻落实《教育部关于加强教育行政执法工作的意见》。在"精简、效能、统一"的指导原则下，优化教育部门编制存量，理顺教育部门内部职能，使教育行政处罚权相对集中。合理界定执法权限，推进执法重心下移，落实属地管理原则，充实基层执法力量，建立市区两级合理分工、协调运行的执法机制。加大执法人员的培训力度，注重执法人员的考核，着力打造一支素质过硬、业务过硬、作风过硬的专业执法队伍。

第二，对于入职的教育行政执法人员要进行严格的专业知识培训。通过定期与不定期两者相结合的方式，抽查、检验专业知识培训的最终成果，如若抽查、检验不合格，就要进行再次专业知识培训，并给予一定的降职、扣薪处罚措施，让教育行政执法人员从根本上重视起"法律""程序"，牢记法律所赋予的职责权限，切实保护好广大人民的教育权益。另外，在执法队伍层面，首先把好入门关卡，在考取执法资格证时，不仅考查相关的理论知识，还增设执法实践考核，确保考取执法证的工作人员有一定的执法能力。

第三，全面提高教育行政执法人员的法治思维与法律意识。确保每一位执法人员都遵循程序正当的基本原则，秉承公正执法的为民思想，确保教育在法治的轨道上高速、正常、合理的运行。[1] 坚持普法教育，形成遵法、学

---

[1] 孙嘉聪、赵士谦：《浅析教育行政执法中程序化问题及对策》，《国际公关》2019年第7期，第147页。

法、守法、用法的良好普法工作氛围，定期举行执法教育，可以通过经典案例分析、实地教育、跨部门交流等形式进行。

第四，不断扩大队伍，形成一支专业独立的执法队伍，设定专人专岗，在设备上有相关的执法工具，满足执法要求，形成一支专业健全的执法队伍。

（三）精准把握改革机遇，完善教育综合行政执法改革顶层设计

在实际执法过程中，我国目前教育法律法规体系不健全，造成执法依据不清晰，教育行政执法效果并不乐观。针对综合执法中出现的协调不畅、推诿扯皮、共享不足等问题，可以通过地方改革文件确定教育联合执法的相关工作制度，合理划分各部门的职权范围，明确职责分工，从而提高综合执法的效率和效果。与此同时，可以借鉴青岛模式的经验，争取编制、财政等部门支持，整合教育部门各科室的行政执法职能，实现行政执法职权的相对集中。

教育综合行政执法改革需要进一步推进执法事项的下放，充分发挥基层执法优势。我国行政执法体制改革对加强基层执法工作高度重视，教育部也明确提出"推进执法重心下移，落实属地管理原则，充实基层执法力量"的工作方向。[1] 但是实践中还广泛存在基层组织执法力量不足、执法权力未真正下沉的问题。因此，可以借鉴义乌市、天津市的做法，在执法机构、执法权力、执法队伍等方面构建基层行政执法格局，实现基层镇街组织的权责统一，从而有效提高教育行政执法的效率和水平。另外，县级以上教育行政执法部门可以参照其他领域的执法流程，以每一个教育行政执法的权责清单规定执法流程作为执法依据。

---

[1] 高杭：《教育行政执法协同性：模式、问题与推进路径——基于当前改革实践的案例研究》，《华东师范大学学报》（教育科学版）2016年第3期，第95页。

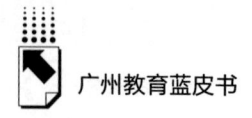

参考文献

程琥：《综合行政执法体制改革的价值冲突与整合》，《行政法学研究》2021年第2期。

姜明安主编《行政法与行政诉讼法》，北京大学出版社，2019。

金国坤：《行政执法机关间协调配合机制研究》，《行政法学研究》2016年第5期。

李改、赵京：《教育行政执法体制机制改革实践探索》，《人民教育》2018年第24期。

李学经：《市场监管领域综合行政执法体制改革研究》，中国社会科学出版社，2019。

刘平：《行政执法原理与技巧》，上海人民出版社，2015。

卢护锋：《行政执法权全面下移的组织法回应》，《政治与法律》2022年第1期。

申素平：《从法制到法治：教育法治建设之路》，华东师范大学出版社，2018。

张惠虹：《教育督导与教育行政执法协同机制研究》，《教育发展研究》2020年第Z1期。

郑传坤、青维富：《行政执法责任制理论与实践及对策研究》，中国法制出版社，2003。

B.7
广州市校外培训监管行政执法研究报告

杜新秀 刘 霞 彭淑华*

摘 要： 作为"双减"首批试点城市之一，广州市通过出台系列校外培训监管行政执法规范性文件、及时设立校外培训监管行政执法机构、积极开展校外培训监管行政执法行动、创新区域校外培训监管行政执法举措等措施，校外培训监管行政执法成效显著。在面临校外培训监管行政执法依据不明确、执法对象隐蔽性增强、线上培训规范治理体系亟待构建等挑战的情况下，广州市还需进一步在校外培训监管行政执法上完善执法机制、创新执法方式、增强执法力量。

关键词： 校外培训监管 行政执法 "双减"政策 广州市

2021年7月，中共中央办公厅、国务院办公厅印发了《关于进一步减轻义务教育阶段学生作业负担和校外培训负担的意见》，提出要在全面开展治理工作的同时，扎实做好试点探索，并确定9个城市为全国试点城市。①广州市作为"双减"首批试点城市之一，为贯彻落实"双减"任务的总体

---

* 杜新秀，广州市教育研究院教育规划与政策研究所所长、副研究员，主要研究方向为教育国际化、教育规划与政策；刘霞，广州市教育研究院教育规划与政策研究所教育战略研究室主任、研究员，主要研究方向为学前教育基本理论、学前教育规划与政策等；彭淑华，广州市教育研究院教育规划与政策研究所研究助理，广州大学教育学院教育经济研究所硕士研究生，主要研究方向为教育政策。

① "双减"工作9个试点城市为：北京市、上海市、沈阳市、广州市、成都市、郑州市、长治市、威海市、南通市。

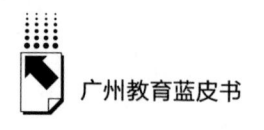

要求，迅速行动，统筹部署，采取多项举措提高校外培训监管行政执法的有效性。本文主要总结了广州市试点以来在校外培训监管行政执法上的有效举措，分析了广州市校外培训监管行政执法面临的挑战，并依此提出相应改进对策及建议。

一 广州市校外培训监管行政执法举措

（一）出台系列校外培训监管行政执法规范性文件

为有效落实"双减"政策，提高"双减"工作的前瞻性和科学性，广州市教育局陆续发布了《广州市校外培训机构预收费资金监管办法（试行）》《校外培训机构学科类和非学科类项目鉴定工作指引》《广州市"双减"工作风险防范清单》等一系列规范性文件，全面监管广州市校外培训机构的预收费资金，积极推进广州市校外培训机构培训项目的鉴定工作，有效确保"双减"工作的稳妥推进。此外，广州市教育局发布了《广州市教育局关于完善校外培训机构黑白名单制度的通知》和《广州市校外培训机构负面清单（基础版）》，提出要落实黑白名单制度，建立负面清单制度和联合惩戒制度，提出黑白名单公示要求、信用公示等。广州市各区教育局积极研究，制定并出台了本区的校外培训机构负面清单，列明办学资质、培训时间、培训对象、从业人员、培训内容、培训收费、广告宣传、其他要求等八类负面事项，涵盖日常办学全链条、全要素，明确了校外培训行为边界和违规行为界定依据，为校外培训监管行政执法提供了有效依据。

（二）及时设立校外培训监管行政执法机构

2022年1月，教育部、中央编办、司法部在《关于加强教育行政执法深入推进校外培训综合治理的意见》（教监管〔2022〕1号）（以下简称《治理意见》）中明确指出，要强化教育行政部门校外监管培训行政执法职责，明确各级权责和执法层级，并要求市、区两级均设立校外培训监管行政部门，市级教育行政部门主要负责监督指导、组织协调辖区内校外培训监管行政执法工作；区县级教育行政部门主要负责查处本地区校外培训违法违规行为。根据上述要求，广州市教育局迅速响应，于2021年11月19日成立校外教育培训监管处，配备科室人员9人。截至2022年6月，广州市11个区均成立了校外培训监管机构，并配备专门的执法人员。此外，通过组织执法培训和考试的方式，广州市教育系统共有309人具备行政执法资格，全市11个区教育局均配备2名及以上执法资格人员，覆盖率达100%，校外培训机构均被纳入街（镇）网格化治理，覆盖率达100%，校外培训机构执法力量不断壮大。

（三）积极开展校外培训监管行政执法行动

一是依法依规办理审批、变更及撤销制度。2021年8月，《广州市教育局关于做好减轻义务教育阶段学生校外培训负担工作的通知》印发，提出以下几点要求：其一，全市各区不再审批与通过各类新增的面向义务教育阶段学生、普通高中学生的学科类及面向学龄前儿童的校外培训机构；其二，积极引导校外培训机构主动地向非学科类培训转型，并做好相应审批指引和办证服务；其三，依法依规严肃查处存在不符合资质、管理混乱、借机敛财、虚假宣传、与学校勾连牟利等严重问题的机构，对不符合设置标准和办学条件的机构，督促、指导其限期整改或终止办学。截至2022年4月底，广州市义务教育阶段学科类培训机构仅余14家（5个品牌）（"双减"前为1153家），大型连锁学科类培训机构实现平稳转型或退出，极大地巩固了义务教育阶段学科类压减成果。通过开展一系列校外培训监管行政执法行动，广州市义务教育学科类校外培训实现持续"降温"。

二是统筹规范校外培训行为。广州市在规范义务教育校外培训的同时，向下延伸至学前教育阶段，统筹做好3~6岁学龄前儿童校外培训机构治理工作，规范学龄前儿童的校外培训行为，即严禁开展专门针对学龄前儿童的各类线上培训，严禁以学前班、幼小衔接、思维训练班等名义面向学龄前儿童开展线下学科（含外语）培训，确保执法监管实现全方位无死角。与此

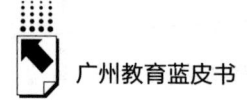

同时，还加大对高中学科类培训监管力度，严控办学规模，规定高中阶段学科类培训收费标准、培训时间严格参照义务教育阶段学科类校外培训政策执行，截至2022年4月底，累计压减高中学科类校外培训机构24家，在读学生减至5484人。

三是加大对校外培训收费行为的监管力度。为规范广州市校外培训机构办学行为，加强校外培训机构预收费资金监管，2021年11月，广州市积极推动出台了《广州市校外培训机构预收费资金监管办法（试行）》（以下简称《办法》）。《办法》按照校外培训机构属地管理的原则，在资金监管模式的选择上充分考虑各区的管理实际，允许各区在辖区内选定资金监管模式，充分压实各区的管理主体责任。校外培训机构可以在其审批区域范围内自主选择具备监管条件的银行，开设唯一的预收费资金专用存款账户，由开立专用存款账户的银行作为存管银行存管预收费资金。①《办法》规定，区教育行政部门可依据辖区的实际情况，选择通过第三方托管、风险储备金等方式，对校外培训机构预收费进行资金监管和风险管控，加强对培训领域贷款的监测评估，从而有效预防"退费难""卷钱跑路"等问题的发生。

（四）创新区域校外培训监管行政执法举措

深化教育行政执法体制改革、促进依法治教深入推进，是教育治理体系和治理能力现代化的重要着力点，②《治理意见》中更是将加强校外培训监管行政执法工作作为教育行政执法的重要内容。面对数量庞大的校外培训机构，治理工作要创新教育执法方式，校外培训监管行政执法更是如此。自"双减"工作开展以来，广州市各区根据自身的实际情况，创新校外培训监

---

① 《广州市教育局、广州市发展和改革委员会、广州市市场监督管理局、广州市地方金融监督管理局、中国人民银行广州分行、广东银保监局印发广州市校外培训机构预收费资金监管办法（试行）的通知》（穗教规字〔2021〕8号），广州市人民政府官网（2021年11月18日），http://www.gz.gov.cn/gfxwj/sbmgfxwj/gzsjyj/content/post_7920326.html，最后检索时间：2022年5月9日。

② 高杭：《治理现代化视角下教育行政柔性执法问题探析》，《高等教育研究》2017年第4期，第35~42页。

管行政执法举措，因地制宜地开展了一系列执法活动，探索出区域校外培训监管行政执法模式。

一是构建"区—街道—社区"三级网格化动态检查机制。广州市天河区建立区校外培训机构专项治理专班，加强部门联动，开展常态化联合执法。专班联合市场监管、公安、属地街道等单位，利用周末和工作日晚上对各类隐形变异违规培训的培训机构进行拉网式巡查检查。该机制充分发挥街道优势，强化社区管理责任，要求属地街道配合做好学科类培训机构的监管，压实社区和物业部门的责任，同时将非学科类机构纳入网格化管理，加强检查巡查，实现天河区全区21个街道督查全覆盖。

二是发挥学校作用，强化风险警示教育。广州市番禺区通过召开主题班会、专题家长会，向学生和家长讲明、讲透、讲实各类证照不齐、有照无证以及隐形变异、地下违规违法培训给疫情防控和学生安全带来的风险隐患；印发《番禺区教育局关于切实加强校外培训风险警示教育的通知》《关于防范校外培训风险致学生家长的一封信》《中小学生寒假期间参加校外培训提示》，提醒广大学生家长防范预收费风险，坚决不参与各类违规培训活动。

三是成立专家委员会，强化培训项目鉴定。广州市白云区教育研究院设立了由区教研员和学校优秀教师共同组成的区校外培训项目鉴定专家委员会，并分成相应的鉴定专家组，遵循合规性、独立性、科学性、回避性原则，进行审核确认培训项目类别，按照机构自查、提交申请、专家审核的程序，根据机构提交的鉴定材料初步分为学科类、艺术类、体育类、综合实践活动类、交叉学科类，采取名录鉴定法与综合鉴定法相结合进行鉴定，切实开展校外培训机构学科类和非学科类项目鉴定工作。此外，该区专家委员还通过多次不定期推门听课，对培训机构的教材、教学大纲、课程安排等进行科学辨别，助力治理隐形变异违规培训工作落地见效。

四是畅通投诉渠道，拓宽问题线索来源。广州市天河区、增城区、海珠区、南沙区、从化区等强化社会监督，主动设立投诉电话和投诉邮箱，通过群众投诉和民办教育协会摸查、街道排查等多种途径，畅通投诉举报渠道，扩大检查覆盖面。

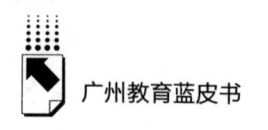

二 广州市校外培训监管行政执法面临的挑战

尽管当前广州市校外培训监管行政执法取得了一定的积极成效，但在实际的执法过程中仍面临着一些挑战，如校外培训监管行政执法依据不够明确、执法对象隐蔽性增强、线上培训的规范治理体系亟待构建等，这些挑战也严重制约了校外培训监管行政执法的有效性。

（一）校外培训监管行政执法依据不够明确

一是校外培训监管行政执法的法理依据和政策依据不明确。目前，我国校外培训监管行政执法的相关规定及制度尚不健全，执法实践中缺乏充分的法理依据和政策作为支撑，从而影响了校外培训监管行政执法的实际效果。由于教育法律法规存在规定笼统、可操作性不强等问题，在具体开展执法的时候往往因执法依据不足，只能采取口头警告、责令整改等方式处理，处罚力度有限，执法效果不明显。

二是校外培训监管联合执法程序依据不清晰。广州市、区教育部门自"双减"政策实施以来，多次牵头会同科技、公安、文广旅、卫健、市监、体育、民政、消防等部门，对全市校外培训机构进行联合执法检查。但在实际的执法过程中，因缺少规范性的文件来确定教育联合执法的相关工作制度，往往在联合执法中会出现协调不畅、推诿扯皮的情况，一些影响联合执法效果的突出问题需要破解。首先，联合执法尚未形成常态机制。由于校外培训机构联合执法涉及的部门较多且在行政程序法中尚未建立部门间的行政协助制度，这导致部门之间的协同较为随意，一般需要通过上级领导统筹协调才能确定牵头部门和参与部门的分工。联合执法只有在遇到重大事件或需要开展专项治理等执法时才会启动，如"国庆专项行动""寒假专项行动"等，一事一协调，一次一协调，协调成本高，且运动式执法问题突出，短时间内凝聚的执法合力难以常态化。其次，各部门职责不清晰。现有法规关于各部门对校外培训的执法职能、范围还存在界定不清晰或交叉的问题，市、区两级相关部门"踢皮球"的问题还比较突出。各部门都按自身职能范围各管各的，处罚力度也明显偏弱。对于有照无证的培训机构，市场监管部门侧重于检查广告宣传，对是否超范围经营或无证经营普遍未予检查，使得联合执法看上去"轰轰烈烈"，实则效果极为有限。此外，校外培训机构的治理一般由市、区两级的教育部门牵头，其他参与部门履行的是自身的"边缘使命"，在联合执法时执法积极性不高。

（二）校外培训监管行政执法对象隐蔽性增强

前期校外培训监管行政执法检查的主要对象是有证有照的学科类培训机构。根据以往执法经验，证照齐全的机构检查地域多集中在一些主要街道或大型商业广场，执法检查相对较易开展。随着"双减"工作深入推进，执法检查对象将主要集中于无证无照、有照无证的培训机构，这些机构大多隐蔽开设在小区、居民楼等地点。这类机构全市估计还有近2万家，隐形变异问题突出，"地下化"趋势明显，且其开展的培训内容往往也极具隐蔽性。如广州市番禺区在查处艾雯思教育机构时，发现该机构不仅是无证办学，还以"数理探究""中西文化""科学展望"等课程名义违规开展隐形变异学科类培训。对这一类违规开展隐形变异学科类培训机构的查处，就需要在执法时重视舆情，并能够迅速部署开展联合治理工作，通过排查、调取教材和宣传材料以及现场拍照等形式进行取证后，及时责令机构停止违规培训行为，做好学生分流和退费工作，并督促其做好整改工作，避免违规培训行为的反复。

此外，"隐形变异"的校外培训还以"住家家教""众筹私教"等形式出现，这类形式的校外培训规模小，时间不固定，具有很强的隐蔽性，除了投诉反映渠道之外，主动发现和调查取证存在较大困难，查处难度较大。校外培训监管行政执法检查将面临更多新情况、新问题，随着执法对象的隐蔽性增强，执法难度也将不断增大。

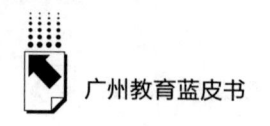

（三）校外线上培训的规范治理体系亟待构建

2019年，为进一步规范面向中小学生、利用互联网技术进行学科类线上培训活动（以下简称"校外线上培训"），教育部联合有关部门出台了《关于规范校外线上培训的实施意见》①和《关于促进在线教育健康发展的指导意见》②，对校外线上培训的备案和审查工作提出新的要求，并将发改委、财政部等多个部门纳入执法主体当中，初步形成了多部门综合治理的态势。"双减"政策进一步明确了校外培训的职责体系，强调了网信部门对线上校外培训的职责，同时还强化了人民银行、银保监、证监等相关部门对校外培训机构预收费风险管理的职责，形成了我国校外线上培训的政策执行体系。③

然而现实往往比政策更加复杂，自新冠肺炎疫情发生以来，校外线上培训得到快速发展，同时校外线上培训的复杂性和隐蔽性也在增强，校外线上培训治理成为校外培训监管行政执法的又一大挑战。具体表现在：一是资质审查和常态化监管机制尚不完善。在开发资质上，受限于缺乏科学的准入机制，校外线上培训平台仅通过一个ICP备案和上传一些授课教师信息即可开设，且随着网络直播平台的兴起，传统的问题线索获取方式难以有效掌握线上环境中"谁在教""谁在学""学什么"等关键执法信息。二是教学质量监督机制尚未形成。校外线上培训不受时空限制，加之传统监管模式更迭进程缓慢，导致多数线上课程的教学质量缺乏长效保障，如不少在线教育机构在课程内容上未经专业部门审核，校外线上培训教师的信息存在虚假、夸大

---

① 《教育部等六部门关于规范校外线上培训的实施意见》（教基函〔2019〕8号），中华人民共和国教育部官网（2019年7月12日），http：//www.moe.gov.cn/srcsite/A06/s3325/201907/t20190715_390502.html，最后检索时间：2022年5月27日。
② 《教育部等十一部门关于促进在线教育健康发展的指导意见》（教发〔2019〕11号），中华人民共和国教育部官网（2019年9月25日），http：//www.moe.gov.cn/srcsite/A03/moe_1892/moe_630/201909/t20190930_401825.html，最后检索时间：2022年5月27日。
③ 方芬、李剑萍：《校外培训机构治理政策的逻辑演进与现实挑战——兼146起教育培训纠纷司法案例的实证分析》，《复旦教育论坛》2021年第6期，第28~35页。

宣传等问题，线上培训质量难以保障。三是校外线上培训资金管理平台亟待搭建。由于互联网盈利模式短期难见效，有些线上培训平台在前期往往会采用低价课的形式为平台吸引流量，在这种恶性竞争的模式下，一些线上培训机构难以承受巨大的资金压力，就容易出现违约甚至倒闭的现象。事实上，国家相关规定已要求线上培训机构按照课时收费，但很多线上培训机构并没有严格执行这项要求，校外线上培训资金监管存在巨大的风险。[1]

虽然广州市也在积极开展校外线上培训专项治理行动，但尚未形成长效机制，也未出台相关的治理细则，线上培训监管缺乏依据。如何更好地规范校外线上培训的发展，充分发挥校外线上培训的优势，构建校外线上培训机构治理长效机制，值得深入探讨。

三 改进广州市校外培训监管行政执法的政策建议

（一）完善校外培训监管行政执法机制

1. 提高执法规范化水平

一是完善行政执法制度规范，建立重大执法决策的法制审核制度。市、区两级政府可根据实际情况出台地方《校外培训监管行政执法事项指导目录》，教育行政部门应根据地方立法内容，细化执法依据条目、规范执法流程、推行执法公示，确保校外培训监管行政执法的全过程记录。二是制定完善行政执法程序规范。市区政府及其相关部门可通过统一行政执法案卷、文书基本标准，从而进一步提高执法的规范化水平。

2. 完善联合执法机制

一是构建校外培训监管行政执法部门协同联合执法机制。明确各部门职责，通过建立"政府主导、教育部门牵头、相关部门参与"的联合执法

---

[1] 杨程：《校外线上培训的规范与治理》，《教育学术月刊》2021年第10期，第56~61页。

机制，形成统一领导、各司其职、合作高效的执法格局，减少校外培训监管行政执法部门及相关部门不作为或者乱作为现象的发生，确保联合执法全过程中的权威性、统一性和协调性。二是完善校外培训监管行政执法的运作模式。加快实现各执法部门之间的违法线索互联、监管标准互通、处理结果互认、信息数据共享，提高执法效率。在执法结果上，通过联合发布校外培训教育治理专项行动典型案例，保持校外培训机构监管高压态势。三是加大校外培训监管联合执法的执行力度。其一是确立校外培训监管行政执法的目标和责任划定，使各部门明确责任、清楚任务、把准尺度；其二是建立相关部门和相关责任人的年度绩效考评体系，将校外培训监管执法的目标完成情况纳入考核，可采取激励与约束相匹配的方式，有效推动联合执法的常态化运作；其三是提高校外培训监管联合执法的资金投入水平，在保证联合执法必要经费的基础上，重点加大对相关设备购置费用和执法人员业务培训费用的投入力度，以实现部门合作过程中的有效配合。

（二）创新校外培训监管行政执法方式

首先，针对一些规模较小、具有较强隐蔽性和多变性的隐形变异校外培训等突出问题，要发挥社区综合治理功能，鼓励非政府力量的协助监督，借助社区、自治团体的协助，如街道办事处、居委会，发挥群众作用，畅通获取线索渠道，充分发挥社会监督作用。广州市可通过建立群防群控机制，在全市范围内形成横向到边、纵向到底、层层落实的社区网格化监管体系，将校外培训机构日常监管纳入基层区镇街的工作事项，建议可增设街道办派驻社区教育专干负责日常巡查，从而突破教育部门执法力量不足的"老大难"问题。

其次，校外线上培训治理应从人工监管向"互联网+监管"的方式转变，建立联合执法机制，形成治理合力，构建校外线上培训规范与治理的长效机制和规范治理体系。为落实国家整体部署，上海市积极行动，由市教育行政部门会同各相关部门于2020年8月制定出台了《上海市校外线上培训备案细则》①，该细则通过多项举措对上海市校外线上培训进行治理。广州市在校外线上培训治理上可向先进城市学习，一是依法备案，备案标准以及管理要求均严格按照国家规定执行；二是转变管理方式，利用"互联网+监管"的手段，优化培训机构管理平台，实行线上备案；三是实行联合审查，即各部门分别依职权审查机构备案信息，处理违法违规情形；四是专业先行，组建专家队伍参与审查，着力避免备案核实的专业盲点，提升行政水平；五是分类处理，通过"黑白名单"制度，实行动态调整，对不同备案结果的机构分类处理，加强对校外线上机构的引导和惩处，督促相关机构依法办学。

（三）增强校外培训监管行政执法力量

《治理意见》中明确提出了如下工作目标："到 2022 年底，教育行政部门对校外培训监管行政执法制度基本建立，各级各有关部门之间的统筹协调机制基本理顺，执法力量得到明显加强，执法质量和效能大幅提高。到 2024 年，基本建成权责明晰、管理规范、运转顺畅、保障有力、监管到位的校外培训监管行政执法体系。"但根据实际情况来看，广州市还需从以下方面增强行政执法力量：一是在机构设立上，尽管广州市 11 个区均成立专门的执法机构，但由于区域之间校外培训机构数量差异较大，具备执法资格的干部人数与各区的校外培训机构数量不相匹配，各区执法力量呈现区域不平衡的特点。此外，具备执法资格的人员分配在市区教育局各个科室，负责不同的执法事项，校外教育培训监管科室专门的执法人员多为 2~3 人，执法力量较为薄弱。② 因此，市、区两级教育部门应尽快配齐专门的校外培训监管行政执法人员，并履行校外培训监管行政执法职能。二是提升执法人员专业性。通过定期开展校外培训监管行政执法专项培训，尤其是将重点落在

---

① 《上海市教育委员会等七部门关于印发〈上海市校外线上培训备案细则〉的通知》，上海市教育委员会官网（2020 年 2 月 24 日），http://edu.sh.gov.cn/zcjd_xwxspx/20200821/eb8c0386742f408fade010423660e274.html，最后检索时间：2022 年 5 月 9 日。
② 资料来源于广州市教育局。

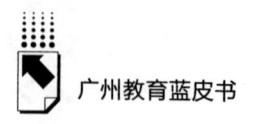

以学习教育行政执法的相关法律法规、程序规范为主题的内容培训，切实增强执法人员依法实施行政检查、行政处罚、行政强制的意识和能力，提高执法人员业务能力和依法规范公正文明执法的专业化水平。三是建立稳定的联合执法人员队伍，进一步加大执法力度。根据执法任务需要，抽调局机关和支撑机构持有执法证的人员也参加校外培训监管行政执法的培训，避免"执法缺位"的现象。此外，需赋予教育行政执法部门更大的强制执法权，才能改变在校外培训监管行政执法中执法手段乏力的问题，从而改变执法部门手段软、权力小的局面，以此加大对校外培训违法行为的惩治力度。

参考文献

方芳：《"双减"政策下校外培训机构治理的挑战与应对》，《天津师范大学学报》（社会科学版）2021年第6期。

高杭：《教育行政执法协同机制的形成机理与实践逻辑》，《教育研究》2019年第2期。

戢浩飞：《治理视角下行政执法方式变革研究》，中国政法大学出版社，2015。

薛二勇、李健、张志萍：《校外教育培训治理的形势、挑战与路径》，《中国电化教育》2021年第8期。

湛中乐、靳澜涛：《教育行政执法权的强弱两极化运行及其调适》，《湖南师范大学教育科学学报》2021年第2期。

B.8
广州市义务教育阶段学生学业负担情况调查研究报告
——以黄埔区为例

焦非非[*]

摘 要： 中小学生学业负担过重已成为政府和社会高度关注的教育热点问题，减轻中小学生过重学业负担是当前义务教育公平优质发展首要解决的任务之一。基于黄埔区义务教育阶段学生的自感学业负担、校内学业负担、校外学业负担、周末学业负担等四个方面的调查发现，在减负政策实施过程中，存在学生学业负担依然较重、学生学业负担呈多样性、家长施加学生学业负担、家长承接学生学业负担的现象。据此，未来学生过重学业负担治理需要政府科学规引、机构合力协同、学校积极主导、学生逐步自觉、社会全程参与、家长密切配合，以求有效化解义务教育阶段学生学业负担过重的困境。

关键词： 义务教育 学业负担 "双减"政策 广州市黄埔区

一 问题提出

近年来，中小学生学业负担过重已成为政府和社会高度关注的教育热点

---

[*] 焦非非，教育学博士，广州市黄埔区教育研究院中学历史教研员，中学历史高级教师，主要研究方向为教育政策、学校管理、中学历史课程与教学。

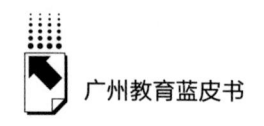

问题。2018年12月，教育部等九部门联合印发的《中小学生减负措施》指出，要严控书面作业总量，切实减轻违背教育教学规律、有损中小学生身心健康的过重学业负担。① 2020年3月，广东省正式实施的《广东省中小学生减负工作实施方案》强调，合理安排学生作息时间，切实减轻中小学生过重学业负担。② 2021年7月，中共中央办公厅、国务院办公厅印发的《关于进一步减轻义务教育阶段学生作业负担和校外培训负担的意见》提出，切实提升学校育人水平，有效减轻学生过重作业负担和校外培训负担，确保学生的全面和谐发展和基础教育的健康持续发展。③ 可见，减轻中小学生过重学业负担是当前义务教育公平优质发展首要解决的任务之一。

学业负担，是指义务教育阶段学生在承担来自学校、家庭、社会的教学任务和更好地达成教育目标过程中所承受到的客观负担和主观感受。减负，是指减轻义务教育阶段学生过重的学业负担，即减轻学生不合理的学业任务及其所引起的精神消耗与压力体验。这里既包括有形的课业负担，主要是来自超纲超前学习、大量机械重复的作业以及不合理的教学安排等所造成的不必要的负担；也包括无形的心理负担，主要是来自学校不够完善的学生评价方式、家长的期望以及社会环境的因素。④

不少研究者对义务教育阶段学生学业负担水平及影响因素进行了调查研究。王东、王寰安调查研究发现，家长和校外辅导机构是学生过重学业负担的主要来源，学业负担多样化与个别化的特点成为当前减负政

---

① 《教育部等九部门关于印发中小学生减负措施的通知》（教基〔2018〕26号），http://www.moe.gov.cn/srcsite/A06/s3321/201812/t20181229_365360.html，最后检索时间：2022年5月28日。
② 广东省教育厅：《广东省教育厅等九部门关于印发〈广东省中小学生减负工作实施方案〉的通知》（粤教基〔2020〕2号），http://edu.gd.gov.cn/zwgknew/jyzcfg/dfjyzcfg/content/post_3379701.html，最后检索时间：2022年5月28日。
③ 《中共中央办公厅 国务院办公厅印发〈关于进一步减轻义务教育阶段学生作业负担和校外培训负担的意见〉》，http://www.moe.gov.cn/jyb_xxgk/moe_1777/moe_1778/202107/t20210724_546576.html，最后检索时间：2022年5月28日。
④ 马健生、吴佳妮：《为什么学生减负政策难以见成效？——论学业负担的时间分配本质与机制》，《北京师范大学学报》（社会科学版）2014年第2期，第5~14页。

策的"盲点"。① 薛海平、张媛使用来自中国教育追踪调查（CEPS）的学生数据，对随机抽取的112所学校、438个班级、10750名八年级学生进行问卷调查发现，初中生主观学业负担水平和客观学业负担水平都较重，校内作业负担比校外作业负担重。② 杨伟锋对广西425291名学生、596242名家长进行调查问卷发现，中小学生学业负担过重的主要根源与学校办学应试倾向、家庭不合理期望、校外培训机构不规范办学行为等密切相关。③ 总体而言，这些调查研究主要是进行多角度学生学业负担成因分析，呈现理论领域的研究较多，而实证案例的研究较少；基于全国全省层面的大样本数据分析的实证研究较多，而从县级区域层面的实证研究较少；对某学段的学生学业负担水平现状的研究较多，而从多因素入手进行全学段实证调查的研究较少。

当前的政策文本、调查研究和社会现实都有力地表明，义务教育阶段学生的过重学业负担依然是众所周知的严峻问题，学生学业减负似乎已陷入一个无处下手的实践困境。基于此，本研究对广州市黄埔区义务教育阶段学校家长、学生进行网络问卷调查，主要是从自感学业负担、校内学业负担、校外学业负担、周末学业负担等四个方面，全面衡量评估全区义务教育阶段学生的学业负担情况，并以此为广州市黄埔区教育行政部门、各中小学校及广大家长优化学生学习效果、提升区域教育教学质量提供可靠的科学依据，从而提出切实可行的减负提质增效的对策建议。

二 研究设计

（一）研究对象

2021年6月，本研究以广州市黄埔区义务教育阶段学校家长、学生为

---

① 王东、王寰安：《对减负政策盲点和负效应的反思——基于北京市中小学生课业负担现状的调查研究》，《上海教育科研》2017年第3期，第30~33页。
② 薛海平、张媛：《我国初中生学业负担水平与差异分析——基于CEPS2015数据的实证研究》，《首都师范大学学报》（社会科学版）2019年第5期，第147~166页。
③ 杨伟锋：《广西中小学生学业负担调查研究》，广西师范大学硕士学位论文，2020，第22~47页。

研究对象，采用分层分类随机抽样的办法，抽取广州市黄埔区的63所小学（小学部）、27所初中（初中部）的家长、学生进行问卷调查。参与调研的学校，要求按不低于学生数5%的抽样比例组织家长、学生填写网络调查问卷，确保抽样的代表性和广泛性。本次调查在抽样过程中充分考虑了随机样本不同学段、不同学校类型的样本特征差异，保证了样本结构与总体结构的相似。本次网络问卷调查共回收家长问卷14869份，全部为有效问卷。其中，小学生家长问卷10644份，占比71.59%；初中学生家长问卷4225份，占比28.41%。共回收学生问卷11977份，全部为有效问卷。其中，小学生问卷8900份，占比74.31%；初中生问卷3077份，占比25.69%。

（二）研究工具

结合已有文献和问卷调查所涉及的信息，本研究采用自编问卷对家长和学生分别进行调查。家长调查问卷包括两部分内容：调查样本家长基本情况，综合考虑了户籍所在地、孩子所在学校办学类型、孩子所在学段、孩子成绩表现等因素。选取调查家长对义务教育阶段学生减负情况的了解和认知，将调查问卷的关键指标设定为家长升学期望、课余时间安排、作业布置情况、作息时间和睡眠时长等方面去衡量学生当前学业负担现状，每项关键指标的问题数设定为1~3个。总体而言，问卷调查样本的各项统计特征与广州市黄埔区义务教育阶段学生的分布大体相当，具有较好的代表性、适切性和科学性。

学生问卷包括两部分内容：调查样本学生基本情况，有学校、性别、所在年级等。将学生学业负担调查问卷的关键指标设定为学生在校体育锻炼时长、家庭作业时长、教材教辅使用数量、作息时间等维度，每项关键指标的问题数设定为1~3个，均采用5点计分法计分。完成调查问卷的初步编制后，先期预测了6所学校的260名学生，并通过收集与分析预测数据、评估问卷信度与效度等途径修订或删除了部分调查问卷题目，从而最终形成了调查问卷的正式稿。

本研究采用SPSS软件Cronbach's-α分析方法对预测数据进行信度分析，

获得学业负担家长调查问卷信度为 0.92，学业负担学生调查问卷信度为 0.95，内部一致性系数均超过 0.82，这说明两份调查问卷具有良好的信度。同时，利用 SPSS 软件对两份调查问卷进行效度分析，获得 RMSEA 值均在 0.09 左右，CFI、TLI 等拟合数值也均在 0.80 左右，这就说明具有良好的效度。本研究在进行问卷调查的同时，辅以对家长、学生的非正式现场访谈，访谈内容主要围绕家长、学生对学业负担的具体感受、现状及未来期待。

三 调查结果与分析

本次网络问卷调查主要是从自感学业负担、校内学业负担、校外学业负担、周末学业负担情况等四个方面，衡量评估广州市黄埔区义务教育阶段学生的学业负担现状。

（一）自感学业负担情况

关于学生对自身学业负担情况的评价，调查问卷中设置了两道题："总的来说，你感觉学业负担怎样？""总的来说，你能否应付当前学业负担？"前者测量学生自感学业负担程度，后者主要是揭示学生学业承担能力。从统计结果看，学生感觉学业负担"很重"的有 6.35%，感觉学业负担"比较重"的有 24.16%，感觉学业负担"合适"的有 60.03%，感觉"比较轻"和"很轻"的分别有 6.74%、2.72%。可见，还是有超过 30% 的学生感觉学业负担过重。但是，学生回答"你能否应付当前学业负担"问题时，选择"不能"的有 3.05%，选择"完全不能"的有 0.92%，两者选择占比合计不足 4%。可见，若以此标准判断，则学业负担过重的实际发生比例大大低于"感觉学业负担过重"的主观判断。

关于家长对孩子学业负担情况的评价，家长自我感觉认为孩子的学业负担"很重"的有 5.46%，"比较重"的有 50.99%，"合适"的有 35.67%，"比较轻"和"很轻"的分别有 6.01%、1.87%。可见，有超过一半的家长感觉到孩子的学业负担重。

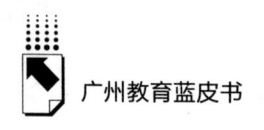

关于家长认为孩子学业负担的主要来源（最多选两项），归因于"学校要求"的有44.35%，"家长要求"的有41.62%，"同学间竞争"的有25.38%，"孩子自我要求"的有20.16%，"校外培训"的有16.29%，"其他"的有11.93%。可见，家长认为孩子学业负担的主要来源是"学校要求"和"家长要求"，而其他方面的压力源虽然也有一定的占比，但是明显低于"学校要求"和"家长要求"。

（二）校内学业负担情况

1. 午休或课间做作业时长

访谈中发现，约有超过半数的学生在校期间利用午休或课间时间去完成作业。当然，这并不一定就意味着造成了学生学业负担。关于学生在校期间利用午休或课间时间完成作业的时长，统计结果显示，所用时长半个小时以内的学生有24.48%，半小时至1个小时的有37.27%，1小时以上的有38.25%。可见，在校期间利用午休或课间做作业时长1个小时以内的学生达六成多，而超过1个小时的学生有近四成。如此看来，有相当部分学生把做作业的时间转移或分解到了在校期间的午休或课间时间。

2. 体育活动时长

按照教育部相关政策规定，学生在校确保每天不低于1小时的体育锻炼活动时间（包括体育课和课间操时间）。从调查结果来看，小学生每天体育锻炼时间在1小时及以上的占比仅为32.56%，初中生每天体育锻炼时间在1小时及以上的占比仅为37.07%。可见，学生每天体育锻炼时间不低于1小时的占比仅有1/3左右，这说明有些学校没有充分组织发动学生参加体育锻炼活动。访谈中得知，大部分学生因自身学业紧张等缘故每天体育锻炼不低于1小时落实不到位。

3. 课程管理

针对"学校或老师是否挤占过你们的体育与健康课、信息技术课、艺术课（如音乐、美术）、综合实践课等"问题，小学生回答"经常，信息技术、艺术、综合实践等课程不被重视"的占比为11.19%，初中生的占比达

45.11%；小学生回答"偶尔,有时会被'主科'挤占"的占比为49.72%,初中生的占比达35.26%；小学生回答"没有,课程一切按照课表进行"的占比为39.09%,初中生的占比达19.63%。可见,部分学校仍没有严格执行国家课程方案和课程标准,没有科学合理编排学科课时,没有按要求开齐开足开好各学段所有课程,以促进学生全面发展。体育与健康课、信息技术课、艺术课、综合实践课等非主要文化学科课程有意或随意被挤占,这无疑对加重学生学业负担起了推波助澜的作用。

4. 教辅书使用数量

针对"老师要求你完成课外教辅书的数量"问题,选择3本及以下的小学生有9.37%,初中生无人；选择4~6本的小学生有74.69%,初中生有37.58%；选择7本及以上的小学生有15.94%,初中生有62.42%。可见,学校基本能严格执行国家和省市有关中小学教材教辅材料管理相关规定,小学和初中学生使用教辅用书的数量相对适中,学生自愿购买教辅材料和实行"一教一辅"理解比较到位。访谈中了解到,这里的统计数据实际上并没有包含以家委会的名义或家长自行购买的教辅书,而现实情况是学生教辅书数量的增加更多地来自家长。如此看来,学生完成课外教辅书所造成的过重学业负担,大多还是由家长造成的。

（三）校外学业负担[①]情况

1. 放学去向安排

关于孩子每天放学后的去向,从家长的回答来看,选择"自主回家"的占26.27%,"校外机构课后补习（线上或线下）"的占16.62%,"校外课后托管"的占27.98%,"校内延时服务与兴趣拓展"的占29.13%。可见,有七成的学生每天放学后离校,其中参加课后补习（线上或线下）的学生不到两成,导致这种情况出现的主要原因是学生周末或假期才去参加校外补习辅导班和兴趣特长班。

[①] "校外学业负担"特指学生每天放学后所要完成的学业任务而形成的负担。

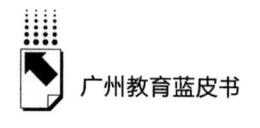

2. 家庭作业时长

关于学生在家完成家庭作业的时长，小学一、二年级学生选择"每天完成家庭作业时长60分钟及以上（含自愿）"的有34.01%，小学三至六年级学生选择"每天完成家庭作业时长60分钟及以上"的有77.92%，初中学生选择"每天完成家庭作业时长90分钟及以上"的有64.28%。可见，小学和初中学生每天完成家庭作业的时间都比较长，其中多数学校没有调控好学生书面作业总量，未能较好地落实"小学一二年级不布置书面家庭作业、三至六年级家庭作业不超过60分钟、初中家庭作业不超过90分钟"的方案要求。访谈中也发现，部分学校没有统筹好不同年级不同学科作业数量和作业时间，还存在作业难度超课标要求、个别教师布置重复性和惩罚性作业的现象。

3. 家长额外学习任务

访谈中了解到，学生每天放学后，除了要完成学校老师布置的家庭作业，还要完成父母布置的额外学习任务。为此，家长调查问卷中设置了"每天除了完成家庭作业，您的孩子还需要花多长时间学习？"统计结果显示，还需要再学习"0分钟"的有7.17%，"30分钟以内"的有49.65%，"31~60分钟"的有31.78%，"61~120分钟"的有7.69%，"两个小时以上"的有3.71%。学生问卷中设置了"每天除了完成家庭作业，你还需要花多长时间完成父母布置的额外学习任务？"选择"0小时"的学生有51.28%，选择"半小时内"可完成的有9.46%，选择"31~60分钟"的有26.32%，选择"61~120分钟"的有8.25%，甚至还有4.69%的学生选择"120分钟以上"。可见，学生除了要完成学校老师布置的家庭作业之外，有四成多的学生还要再花半小时以上的时间学习，有几乎一半的家长会给孩子布置时长不等的额外作业或其他学习任务。这说明家长给孩子布置额外的作业或其他学习任务成为学生校外学业负担的主要来源。

4. 睡眠时长

关于学生每天睡眠时长，家长回答"7小时及以下"的占12.14%，"8小时"的占59.13%，"9小时"的占25.79%，"10小时及以上"的仅占2.94%。可见，学生在家完成家庭作业及额外学习任务的时长严重超标，导致睡眠时长不够9小时的学生占比超过70%，家长根本做不到让孩子按时睡眠，基本不能确保小学生每天睡眠时间不少于10个小时、初中生不少于9个小时。访谈中了解到，大多数孩子拥有健康规律的生活习惯，但估计还有1/3的孩子存在不同程度的熬夜现象。

（四）周末学业负担情况

关于学生周末的学习活动安排所造成的学业负担，学生问卷中设置了"父母周末给我们报兴趣特长班（线上或线下）、学科课外补习辅导班（线上或线下）或请家教了吗？"从统计结果来看，32.97%的学生报读了兴趣特长班（线上或线下），45.65%的学生参加了学科课外补习辅导班（线上或线下），8.59%的学生聘请了家教。可见，周末大多数家长都给孩子安排了较重的课外学习任务，而且相当部分是与学科类课程学习有关，只有不到一成五的学生能够自主安排周末时间。

关于学生周末参加学习活动的项目个数，统计发现，在兴趣特长班（线上或线下）、学科课外补习辅导班（线上或线下）或家教三类活动中，选报了其中一项的学生有45.74%，选报了其中两项的学生有25.38%，囊括了全部三项的学生有5.58%。进一步统计可知，在参加兴趣特长班数量中，有1个的占39.71%，有两个的占44.05%，有3个及以上的占16.24%。可见，只有两成多的学生没有参加周末兴趣特长班、学科课外补习辅导班或家教活动，而参加兴趣特长两项及以上的学生达到六成。访谈中了解到，相当部分家长还是能够根据孩子的兴趣与优势谨慎选择适合的兴趣特长班，这在一定程度上避免了学生盲目攀比、跟风报班的乱象。但同时也发现，大部分家长都有安排孩子参加过社会上的各类竞赛或等级考试。

四 主要结论

通过对网络问卷调查数据统计和部分家长、学生现场访谈分析发现，当

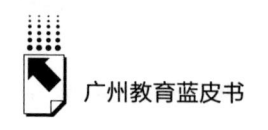

前广州市黄埔区义务教育阶段学生总体学业负担现状仍然不容乐观,利益相关者的教育观念与教育行动成为影响学生学业负担的重要因素。

(一)学生学业负担依然较重

参与调查学生在校体育锻炼时长、拥有课外辅导书的数量,大部分符合相关减负政策的执行规定。然而,学生在校学习期间利用午休或课间时间完成作业的现象比较普遍,这是否造成学生学业负担尚不清楚,但做作业时长超过了1小时,产生学业负担的可能性就会明显增加。同时,学生的校外学业负担以多种形式广泛地存在,这其中既有学校老师布置的家庭作业,也有校外培训机构布置的辅导作业,更有家长布置的额外学习任务,由此导致了过半的学生在家完成家庭作业的时长超量超标,甚至部分小学低年段也有违规布置书面家庭作业现象,使得大部分学生睡眠时长严重不达标。此外,周末休息时间有相当比例的学生需要参加校外机构的学科类辅导和兴趣特长培训(线上或线下)。由此可知,当前学生校内学业负担虽有不少改观,但学生总体学业负担并未如期如愿减轻,只不过是从校内转向了校外。繁重且不合理的学业负担压得学生喘不过气,从而导致了减负新政实效大打折扣。

(二)学生学业负担呈多样性

受当前"双减"政策的影响,学生学业负担呈现多样性特点。部分学校教师没有严格执行国家课程管理,有意或随意挤占了一些非考试文化学科课程,学生使用教辅书的数量因家长的强势介入而剧增,家庭作业时长普遍超过规定标准,这些都无疑加重了学生学业负担。由此可知,呈现出的学生过重学业负担多样性,不仅仅是由校内学校教师要求造成的,更多的是由家长要求和同学间竞争、学生自我要求、校外培训机构等多个校外因素造成的。学生过重学业负担还表现出个体差异性。家长作为学业负担的施加者,他们一定程度上会以自己的教育期望和学生的适当需求为基础,去规划孩子的校外学习活动。从校外培训的内容到校外培训的形式,家长们的选择都存在较大差异，因此学生学业负担的个体差异的出现也是不可避免的。

（三）家长施加学生学业负担

面对增压式教育资源分配规则，加上教育—学历—就业"内卷"链条的传动，家长不得不选择为孩子加压，以提高激烈应试洪流中胜出的概率。减负政策下学生校内学业负担减轻了，家长们都会普遍地寻求校外相应的补偿措施。每天放学后，除部分学生自主自由学习活动外，大多数学生被家长送去上家教课、课后托管、校外机构补习辅导或校外兴趣特长（线上或线下），甚至是家长亲自为孩子追加布置额外家庭学习任务，叠加的过重学业负担导致学生每天的睡眠时长明显不足，出现个别学生不同程度的熬夜现象。每逢周末或节假日，家长都要求学生参加以学科课外补习和兴趣特长为代表的"影子教育"，这必然会加重学生的学业负担，甚至是周末学业负担比周中更重。校内减负校外补，这是家长对学校减负行为的应激反应。事实上，学生过重学业负担不减的背后，都离不开家长的教育选择行为，家长成为学生学业负担加重不可忽视的助力者。

（四）家长承接学生学业负担

学校减负行为的负效应必须引起我们的关注。减负政策缩减了学生的部分在校时间，最直接的结果是提前了学生的放学时间，导致不少学生的放学时间比家长的下班时间要早。在这种情况下，即使学校托底提供课后延时托管服务和购买素质拓展课程学习，但接孩子放学的难题无疑是推动了校外托管市场的兴起。课后报班或托管成为诸多家长无奈的选择，校外培训托管机构从减负政策中获得了更大的生存空间。学生校内负担转变成为家长负担，这里当然是既包括了家长经济负担，也包括了家长心理负担。基础教育领域的"马太效应"和"剧场效应"，使家长不得不选择"负重前行"。

五 对策与建议

义务教育阶段学生学业减负是全社会的共同责任,也是一项复杂的教育系统工程。我们要遵循政府、学校、家庭和社会协同治理模式,引领基础教育重回原本正确轨道,全面提升教育教学质量,促进学生身心健康成长。

(一)政府科学规引

政府是学业负担的规范者和减负行动的引领者。建议教育行政部门建立多轨贯通的升学评价体系,改进结果评价、强化过程评价、探索增值评价、完善综合评价,贯彻落实学生发展指导机制,建立终身学习的教育生态系统,推动学生课业负担公告制度落地,健全中小学学业负担监测监控机制。要加大扩充课后服务的人力、物力和经费等资源方面的财政投入力度,继续推进区域义务教育优质均衡发展。要整体优化资源配置,扩充黄埔区基础教育集团化办学或扩联与华南师范大学等高校合作办学,实现区域义务教育高质量发展。要牵头整合"广州电视共享课堂"等线上精品课程,积极推动黄埔区教学名师同步在线授课,尽快实行教育资源高效共享,着力消解基础教育资源欠均衡的数字鸿沟。要加快教学研深度融合,联手教育部课程发展中心、华南师范大学开发可满足学生学习、咨询、答疑等相关需求的个性化与多样化在线学习课程资源,实现教学评一体化良性互动。要实行学校教育、校外教育和家庭教育协同参与改革,达成各利益主体多元合作共治共享,将课后服务、网络教育、校外教育等纳入基础教育公共服务范畴,重构黄埔区公共教育服务体系。

(二)机构合力协同

校外培训机构是学生学业负担过重的主要推手。建议理顺教育职能界限,坚决杜绝超时、超量、超标、超前教学,与学校教育、家庭教育合力同行,营造适宜的教育生态,共同服务于学生的全面可持续发展。主动将学科类培训全部依规转制为非学科类培训，避免学生学业负担的数量增加或强度增大。要充分利用自身现有资源、场所和人员的优势，通过政府购买公共服务的方式，为学校提供优质规范的教育服务，特别是为薄弱学校提供教学改革、管理优化、课程开发和课后服务。要主动探求升级转型，将解决学习诊断、生涯规划、课后托管、素质教育等问题纳入服务范围，提供体育、音乐、舞蹈、美术、计算机编程、STEAM等实践拓展课程，补齐学校教育短板。

（三）学校积极主导

学校是学生学业负担的主要来源，也是减负行动实践的主要阵地。减负不能仅停留于学校行为规范，还要构建以生为本的教学关系、提高课堂教学效率，从根源上减少或杜绝学生到校外培训机构"开小灶"的需求。建议普遍建立学习困难学生帮扶制度，积极参与完善黄埔教育云平台，免费向学生提供涵盖各年级段各学科的优质学习资源。要利用信息化手段规范校本作业公示和存档制度，建立校本学生作业资源库。要鼓励教师布置弹性作业、分层作业和个性化作业，设计实践性作业、探究性作业和综合性作业，实施学生作业超市化管理。要实现作业量回归教学本质，寻求适合学生的最小作业量，全面体现作业布置的多样化价值。要深化名师课堂、专递课堂、网络课堂的融合应用，积极开展课后答疑辅导、在线互动教学等，提升课后拓展学习服务水平。要完善"一校一案"课后服务实施方案，提供菜单式"1+X"普惠性课后服务，充实差别化和个性化的课后服务课程资源，更好地满足学生多元化发展需求，使学生学习更好地回归校园。

（四）学生逐步自觉

学生既是学业负担的承担者，也是减负行动的主体。要正视"学业负担"含义、重视"时间尺度"界定、规避"家庭资本"竞争，发挥学生自由自主减负的主体价值，量身打造简约个性化的学业减负方案。要

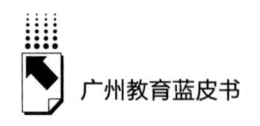

对自己的学业负担和减负行动进行自我认知与表征，形成自觉、自愿和自律地开展减负行动的能力。要加强自我评价和自我教育，自我调节学业负担感受，提升自己学业负担韧性与弹性，切实达成自我学业负担减负提质愿景。

（五）社会全程参与

社会是减负行动的重要力量。建议加强社会正向舆论宣传，全面融入学校教育改革和学生自觉减负行动，营造多元发展的社会文化生态。要正视过度教育竞争和异化教育功能的弊病，纠正教育评价标准过于狭窄的偏向，全面提升全社会的教育素养。要提供足量校外活动场所和社会学习资源，开展丰富优质的课外活动，改革社会学校合作范式，积极发展社区托管，用好黄埔区青少年宫等公益性校外活动场所。要建设社区家庭教育指导中心，开发社区研学活动基地，发挥好宗祠、社区书屋、青少年宫等社会资源在课后服务中的有益补充作用。要深入实施新父母成长行动计划，开辟减负父母说专栏等活动，做优做强黄埔"好父母大讲堂"的社会教育品牌。

（六）家庭密切配合

家长是学生学业负担产生的重要因素。建议树立家庭科学育儿成才教育观念，充分认识家庭教育功能的不可僭越性。要尊重和支持孩子的选择，尽可能为孩子提供补偿性教育资源，缓解孩子学业成绩造成的心理压力，理性设置对孩子的期望值，鼓励孩子参加社会实践活动和必要的家务劳动。要创设"黄埔妈妈"志愿服务品牌，积极参与学校课后服务管理，为孩子提供午休看护、作业辅导、素质提升和体育锻炼等引导服务。要完善家校社协同育人机制，增强参与学生学业减负的协同性、专业性和可持续性。要明晰家校育人责任，密切家校沟通，参加学校家长委员会、家长开放日、家长论坛和家长互助中心，协助学校教育教学服务的监督和评价，建立良性的家校互动关系和沟通机制。

参考文献

艾兴、王磊：《中小学生学业负担：水平、特征及启示》，《教育研究》2016年第8期。

王贤文、周险峰：《学业负担治理研究十年：回顾与展望》，《河北师范大学》（教育科学版）2021年第3期。

杨兆山、陈煌：《"双减"引发的对基础教育的几点思考》，《四川师范大学学报》（社会科学版）2021年第6期。

周洪宇、齐彦磊：《"双减"政策落地：焦点、难点与建议》，《新疆师范大学学报》（哲学社会科学版）2022年第1期。

朱卫国：《中小学生课业负担的理性思考》，《教育发展研究》2019年第12期。

教师发展篇
Teachers' Development Topics

B.9
广州市幼儿园新入职教师专业能力现状调查报告*

刘 霞**

摘　要：《幼儿园教师专业标准（试行）》从环境的创设与利用、一日生活的组织与保育等7个维度对幼儿园教师的专业能力提出了基本要求。对广州市3047名幼儿园新入职教师的问卷调查显示，新入职教师专业能力整体上处于中等水平，教师7个维度专业能力发展水平不均衡；新入职教师专业能力水平在性别、专业和编制等方面无显著差异；不同初始学历、持证情况、工作岗位新入职教师专业能力水平存在显著差异；普惠性民办幼儿园新入职教师专业能力水平显著低于教育部门办园新入职教师，未评级幼儿园新入职教师专业能力水平显著低于省一级及区一级幼儿园新入职

---

* 本文系广州市教育科学规划2020年度课题"创生取向的区域幼儿园课程建设研究"（项目编号：202012725）的研究成果之一。
** 刘霞，广州市教育研究院教育规划与政策研究所教育战略研究室主任、研究员，主要研究方向为学前教育基本理论、学前教育规划与政策等。

教师，不同规模幼儿园新入职教师专业能力水平存在显著差异。为此，要坚持全面均衡，促进幼儿园新入职教师专业能力的整体提升；基于《专业标准》，强化专科院校学前教育专业学生专业能力培养；立足教育实践，加强幼儿园新入职教师职后培训的针对性及有效性。

关键词： 新入职教师　幼儿园　幼儿园教师　广州市

一　问题提出

《中国教育现代化 2035》提出了"普及有质量的学前教育"的目标，实现这一目标的重要前提与保障是要建设一支高质量的、专业化的幼儿园教师队伍。能力标准是判断教师质量的首要指标，最能代表教师专业发展水平的是其专业能力。[①] 2012 年，教育部颁布的《幼儿园教师专业标准（试行）》（以下简称《专业标准》）明确了"能力为重"的基本理念和价值取向，从环境的创设与利用、一日生活的组织与保育等 7 个维度对幼儿园教师的专业能力提出了基本要求。在学前教育迅猛发展的形势下，每年有越来越多的新教师进入学前教育队伍。2020 年，广州市有幼儿园专任教师 41019 人，比 2019 年（37912 人）增加了 3107 人，增幅为 8.20%。[②] 新入职教师是幼儿园教师队伍的重要组成部分，新入职教师专业能力发展问题亟须引起重视。

不少研究者以《专业标准》为依据，采用 5 分评分法，对城乡各类幼儿园教师专业能力现状进行了调查研究。任冰对河南省 250 名城区幼儿园教师进行了问卷调查，发现教师专业能力总体水平良好（得分均值为 4.18），

[①] 杨洁：《能力本位：当代教师专业标准建设的基石》，《教育研究》2014 年第 10 期，第 79~85 页。

[②] 资料来源于《广州市教育统计手册》（2019~2020 学年度）。

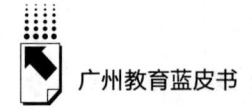

沟通与合作、反思与发展等方面能力处于较低水平，不同年龄、教龄、学历、专业教师专业能力水平存在显著差异；① 高晓敏等对山西省11个地市220所农村幼儿园的1503名教师进行了调查，发现教师专业能力总体水平不高（得分均值为3.54），反思与发展、游戏活动的支持与引导等方面能力处于较低水平；② 李欢等对江西省166名民办幼儿园教师进行了问卷调查，发现教师专业能力总体水平不高（得分均值为3.69），反思与发展、激励与评价、游戏活动的支持与引导等方面能力处于较低水平③；等等。总体上看，对不同类型幼儿园包括城区、农村、民办幼儿园教师群体专业能力的研究比较丰富，对不同专业发展阶段幼儿园教师包括新入职教师专业能力的关注相对不足，对广州市等一线城市幼儿园教师专业能力的实证研究更是相对稀缺。

基于此，本研究对广州市幼儿园新入职教师进行实证调查，以了解新入职教师专业能力发展的现状，客观剖析新入职教师专业能力存在的问题，进而提出有针对性的对策建议，以促进广州市幼儿园新入职教师专业能力的有效提升，同时也为其他城市及处于其他专业发展阶段幼儿园教师的成长提供参考与借鉴。

二 研究设计

（一）研究对象

新入职教师也被称为初任教师、新手教师，本研究统一使用"新入职教师"的提法。新入职教师是教师专业发展的重要阶段，美国教育学者麦

---

① 任冰：《幼儿教师专业能力的现状与对策研究——以河南省X市城区幼儿园为例》，河南师范大学硕士学位论文，2017，第13~16页。
② 高晓敏、张洁、刘岗：《农村幼儿园教师专业能力发展现状及提升对策》，《学前教育研究》2020年第6期，第63~71页。
③ 李欢、黄平霞：《民办幼儿园教师专业能力发展的调查研究——以江西省民办幼儿园为例》，《延安职业技术学院学报》2020年第5期，第56~60页。

克唐纳（B. McDonald）从工作的职责、学历水平、工龄等方面界定新入职教师的范围，提出新入职教师是指已经完成职前训练教育课程（包括教育见习和实习）、受雇于某个学区、担任的责任与有经验的教师相同、处于从事教师职业第一年的教师。[1] 借鉴这一界定，本研究中的"新入职教师"指的是教龄在1年之内的、正式承担幼儿园教师工作职责的教师。

2021年5~6月，面向广州市幼儿园新入职教师发放电子问卷，共收到有效问卷3047份。调查对象涵盖不同性别、不同专业、编制内外、不同初始学历、不同工作岗位、不同持证情况的教师，涉及不同办园性质、不同评估等级、不同办园规模的幼儿园。研究对象具体分布情况见"研究结果与分析"部分。

（二）研究工具

1. 问卷编制

本研究依据《专业标准》中提出的幼儿园教师7个专业能力维度，编制了《广州市幼儿园新入职教师专业能力水平自评问卷》。问卷包括两个部分，第一部分是教师的基本信息；第二部分是对教师专业能力水平的调查，包括环境的创设与利用、一日生活的组织与保育等7个维度，每个维度3道题，合计21道题。

各题项采用了自我陈述的方式，请教师根据实际情况选择相符程度。每个题选项从"完全不符合"到"完全符合"分为五个等级，分值依次从"1"分到"5"分，得分越高则表明教师该方面的专业能力越强。

2. 信度分析

本研究对教师专业能力水平问卷进行了内在信度分析，总问卷的信度系数为0.980，7个维度的内在信度在0.871~0.913，说明问卷具有较高的信度。

---

[1] 〔瑞典〕托斯顿·胡森：《国际教育百科全书（第五卷）》，岑国桢译，贵州教育出版社，1990年，第654页。

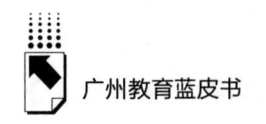

（三）数据分析

本研究采用SPSS 23.0软件对问卷数据进行统计分析，具体运用了描述统计分析、独立样本t检验、单因素方差分析等。

三 研究结果与分析

（一）广州市幼儿园新入职教师专业能力整体水平分析

从总体上看，幼儿园新入职教师专业能力的总得分均值为3.95（满分为5），标准差为0.53。其中，总得分均值低于4.00的教师有1375人，占比45.13%；总得分低于3.00的教师有233人，占比7.65%，由此可以推断出广州市幼儿园新入职教师专业能力整体上处于中等水平，教师之间的差异不大。

从各个维度上看，新入职教师7个维度专业能力发展水平不均衡。教师在教育活动的计划与实施、反思与发展两个维度上的得分均值靠后（3.90），说明幼儿园新入职教师这两个维度的专业能力相对较低。此外，新入职教师在激励与评价、沟通与合作两个维度的得分均值均为3.92分，低于总得分均值，也需要引起关注（见表1）。

表1 广州市幼儿园新入职教师专业能力总体水平的描述统计

维度	得分均值	标准差	排序
环境的创设与利用	4.02	0.56	1
一日生活的组织与保育	3.96	0.56	3
游戏活动的支持与引导	3.98	0.57	2
教育活动的计划与实施	3.90	0.57	6
激励与评价	3.92	0.58	4
沟通与合作	3.92	0.57	4
反思与发展	3.90	0.58	6
总得分	3.95	0.53	—

（二）广州市幼儿园新入职教师专业能力水平的个体差异分析

独立样本 T 检验结果显示，幼儿园新入职教师专业能力水平在性别、专业和编制等方面无显著差异。单因素方差分析（ANOVA）[①] 结果显示，新入职教师专业能力水平在初始学历、教师资格证、工作岗位等方面均存在显著差异。

1. 不同初始学历新入职教师专业能力水平存在显著差异

由表 2 可见，按专业能力得分均值高低排序，本科毕业新入职教师专业能力水平最高（4.03），其次为研究生毕业教师（3.95）、专科毕业教师（3.94），高中阶段及以下毕业教师最低（3.91）。四类新入职教师专业能力得分均值的标准差均较小，说明同等学力新入职教师专业能力水平差异不大。

用 LSD[②] 对各组均值进行配对比较，结果显示 $F = 6.994$，$p = 0.000 < 0.001$，说明不同初始学历新入职教师专业能力水平存在统计上的极其显著差异。由表 2 可见，LSD 事后检验结果表明，高中阶段及以下毕业、专科毕业新入职教师专业能力水平显著低于本科毕业新入职教师，其他组间无显著差异。

2. 持不同资格证新入职教师专业能力水平存在显著差异

本研究将幼儿园新入职教师持证情况分为没有教师资格证、持幼儿园教师资格证、持其他类型教师资格证三类。由表 2 可见，按专业能力得分均值高低排序，持其他类型教师资格证新入职教师专业能力水平最高（4.05），其次为持幼儿园教师资格证新入职教师（4.02），没有教师资格证新入职教师最低（3.87）。三类新入职教师专业能力得分均值的标准差均较小，说明同等持证情况新入职教师专业能力水平差异不大。

[①] 方差分析（Analysis of Variance），简称 ANOVA，又称"变异数分析"，主要用于两个及两个以上样本均数差别的显著性检验。在本研究中，运用方差分析（ANOVA）检验不同个体、不同类型幼儿园新入职教师专业能力得分均值之间的显著性差异。

[②] LSD 是事后检验的一种方法，主要在方差齐性的情况下对两两之间的均值进行进一步比较。

用 Tamhane's T2① 对各组均值进行配对比较，结果显示 F=33.366，p=0.000<0.001，说明持不同资格证新入职教师专业能力水平存在统计上的极其显著差异。由表2可见，Tamhane's T2 事后检验结果表明，没有教师资格证新入职教师专业能力水平显著低于持幼儿园教师资格证、持其他类型教师资格证新入职教师，持其他类型教师资格证和持幼儿园教师资格证新入职教师专业能力水平之间不存在显著差异。

3.不同工作岗位新入职教师专业能力水平存在显著差异

本研究将新入职教师工作岗位分为主班教师、副班教师、专科教师、管理岗教师（包括不带班的年级组长、保教组长、保教主任）四类。由表2可见，按专业能力得分均值高低排序，专科教师岗位的新入职教师专业能力水平最高（4.08），其次为主班教师（4.02），管理岗教师最低（3.92）。主班教师、副班教师和专科教师岗位新入职教师专业能力得分均值的标准差均较小，说明这三类新入职教师专业能力水平差异不大。管理岗新入职教师得分均值标准差相对较大，说明管理岗新入职教师专业能力水平差异较大。

用 LSD 对各组均值进行配对比较，结果显示 F=5.875，p=0.001<0.01，说明不同工作岗位新入职教师专业能力水平存在统计上的非常显著差异。由表2可见，LSD 事后检验结果表明，副班岗位新入职教师专业能力水平显著低于主班岗位及专科岗位新入职教师，其他组间无显著差异。

表2 广州市幼儿园新入职教师专业能力水平的个别差异分析

类别	内容	人数	均值	标准差	F	ANOVA
初始学历	①研究生毕业	33	3.95	0.60	6.994	②>③、④
	②本科毕业	576	4.03	0.52		
	③专科毕业	1419	3.94	0.53		
	④高中阶段及以下毕业	1019	3.91	0.54		

---

① Tamhane's T2 是事后检验的一种方法，主要在方差不齐的情况下对两两之间的均值进行进一步比较。

续表

类别	内容	人数	均值	标准差	F	ANOVA
教师资格证	①没有教师资格证	1654	3.87	0.54	33.366	②、③>①
	②持幼儿园教师资格证	954	4.02	0.50		
	③持其他类型教师资格证	439	4.05	0.52		
工作岗位	①主班教师	333	4.02	0.55	5.875	①、③>②
	②副班教师	2548	3.93	0.52		
	③专科教师	133	4.08	0.54		
	④管理岗教师	33	3.92	0.78		

（三）广州市幼儿园新入职教师专业能力水平的园际差异分析

本报告采用单因素方差分析方法分析不同办园性质、评估等级、规模幼儿园新入职教师专业能力是否存在差异。

1. 普惠性民办幼儿园新入职教师专业能力水平显著低于教育部门办园新入职教师

由表3可见，按专业能力得分均值高低排序，教育部门办园新入职教师专业能力水平最高（3.97），其次为其他类型公办性质幼儿园（3.96），普惠性民办幼儿园最低（3.92）。四类新入职教师专业能力得分均值的标准差均较小，说明同类幼儿园中新入职教师专业水平差异不大。

用LSD对各组均值进行配对比较，结果显示 $F = 1.676$，$p = 0.170 > 0.05$，说明不同性质幼儿园新入职教师专业能力水平无统计上的显著差异。由表3可见，LSD事后检验结果表明，除普惠性民办幼儿园新入职教师专业能力水平显著低于教育部门办园新入职教师外，其他组间无显著差异。

2. 未评级幼儿园新入职教师专业能力水平显著低于省一级及区一级幼儿园新入职教师

由表3可见，按专业能力得分均值高低排序，省一级幼儿园新入职教师专业能力水平最高（4.05），其余依次为市一级幼儿园（3.97）、区一级幼儿园（3.96）、未评级幼儿园（3.89）。四类新入职教师专业能力得分均值

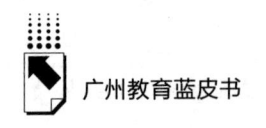

的标准差均较小，说明同类幼儿园中新入职教师专业水平差异不大。

用 Tamhane's T2 对各组均值进行配对比较，结果显示 $F = 7.014$，$p = 0.000 < 0.001$，说明不同评估等级幼儿园新入职教师专业能力水平存在统计上的极其显著差异。由表3可以看出，Tamhane's T2 事后检验结果表明，未评级幼儿园新入职教师专业能力水平显著低于省一级幼儿园及区一级幼儿园新入职教师，其他组间无显著差异。

3. 不同规模幼儿园新入职教师专业能力水平存在显著差异

由表3可见，按专业能力得分均值高低排序，大规模幼儿园新入职教师专业能力水平最高（3.98），其余依次为中等规模幼儿园（3.94）、小规模幼儿园（3.87）。三类新入职教师专业能力得分均值的标准差均较小，说明同类幼儿园中新入职教师专业水平差异不大。

用 LSD 对各组均值进行配对比较，结果显示 $F = 6.633$，$p = 0.001 < 0.01$，说明不同规模幼儿园新入职教师专业能力存在统计上的非常显著差异。由表3可以看出，LSD 事后检验结果表明，小规模幼儿园新入职教师专业能力水平显著低于大规模幼儿园及中等规模幼儿园新入职教师，中等规模幼儿园教师专业能力得分显著低于大规模幼儿园新入职教师。

表3 广州市幼儿园新入职教师专业能力水平的园际差异分析

类别	内容	人数	均值	标准差	F	AVONA
办园性质	①教育部门办园	647	3.97	0.55	1.676	①>③
	②其他类型公办性质幼儿园	824	3.96	0.51		
	③普惠性民办幼儿园	1216	3.92	0.54		
	④非普惠性民办幼儿园	360	3.95	0.54		
评估等级	①省一级幼儿园	255	4.05	0.47	7.014	①、③>④
	②市一级幼儿园	418	3.97	0.53		
	③区一级幼儿园	1291	3.96	0.53		
	④未评级幼儿园	1083	3.89	0.55		
办园规模	①小规模幼儿园	359	3.87	0.57	6.633	③>②>①
	②中等规模幼儿园	1673	3.94	0.52		
	③大规模幼儿园	1015	3.98	0.54		

四 讨论与建议

随着各级政府对学前教育事业发展的重视,各地将幼儿园教师队伍建设作为学前教育改革与发展的核心内容之一。然而,整体提升幼儿园教师队伍专业能力水平,是一个长期而系统的工程,以下一些思路和措施将有助于提升新入职教师的专业能力。

(一)坚持全面均衡,促进幼儿园新入职教师专业能力的整体提升

本研究调查结果显示,广州市幼儿园新入职教师专业能力整体上处于中等水平(得分均值为3.95),低于河南省250名城区幼儿园教师专业能力的总体水平(得分均值为4.18)。① 尽管两个研究调查的是不同群体的幼儿园教师,但也从一个侧面提示广州市要更加重视幼儿园新入职教师专业能力的提升。

首先,要促进幼儿园新入职教师专业能力的全面均衡提升。本研究发现,广州市幼儿园新入职教师7个维度专业能力发展不均衡,新入职教师教育活动的计划与实施、反思与发展等维度的能力相对较低。《专业标准》提出的7个维度专业能力要求共同构成了幼儿园教师的专业能力系统,7个维度能力要素之间是相互支撑、相互促进的关系,任何一个维度专业能力的缺失或水平低下,都会使得幼儿园教师专业能力出现"木桶效应"的"短板"问题。这要求不管是幼儿园教师的职前培养还是职后培训,都要坚持长善救失的原则,从实际问题出发,有的放矢地全面提升新入职教师的专业能力水平。

其次,要全面促进各类幼儿园新入职教师专业能力的提升。本研究发现,幼儿园新入职教师专业能力存在园际差异,普惠性民办幼儿园新入职教

---

① 任冰:《幼儿教师专业能力的现状与对策研究——以河南省X市城区幼儿园为例》,河南师范大学硕士学位论文,2017,第13页。

师专业能力水平显著低于教育部门办园新入职教师,未评级幼儿园新入职教师专业能力水平显著低于省一级幼儿园和区一级幼儿园新入职教师,小规模幼儿园新入职教师专业能力水平显著低于大规模幼儿园和中等规模幼儿园新入职教师。这提示在提升新入职教师专业能力水平的过程中,要关注园与园之间的全面均衡,尤其要关注普惠性民办幼儿园、未评级幼儿园、小规模幼儿园的新入职教师。有研究指出,不同性质、不同层次幼儿园教师培训存在过度培训与"饥饿"培训两极化现象,教育部门办园教师培训过度,其他类型公办性质幼儿园和民办园教师培训紧缺,属于"饥饿"培训;骨干教师培训过度,普通教师培训机会缺乏等。[①] 综上,建议相关部门在分配培训比例和名额时,要向普惠性民办幼儿园、未评级幼儿园、小规模幼儿园等相对薄弱幼儿园倾斜,并兼顾不同发展阶段教师尤其是新入职教师。此外,除常规培训外,建议相关部门积极开展幼儿园教师专项培训,重点对上述薄弱幼儿园及新入职教师提供针对性强的高质量培训。

(二)基于《专业标准》,强化专科院校学前教育专业学生专业能力培养

《广州市教育事业发展"十四五"规划(2021—2025年)》中提出,"加快建设广州幼儿师范高等专科学校";《广州市中小学教师队伍建设"十四五"规划》进一步明确:"办好广州幼儿师范高等专科学校,支持符合条件的中职学校承办学前教育高职专业学院,鼓励中职学校学前教育等相关专业开展中高职贯通'三二'分段人才培养,扩大高质量学前教师供给。"这意味着专科院校培养的学前教育专业学生将是今后较长一段时间内幼儿园新入职教师的主体力量。

本研究发现,专科毕业新入职教师专业能力总体水平不高(得分均值为3.94),且显著低于本科毕业新入职教师。对数据的进一步分析发现,除

[①] 洪秀敏、林玲、张明珠:《幼儿园教师培训亟待破解四大痛点——基于80位幼儿园教师的座谈分析》,《中国教师》2020年第6期,第80~83页。

了一日活动的组织与保育这一维度外，专科毕业新入职教师其他6个维度的专业能力均显著低于本科毕业新入职教师。相关研究发现，部分高师院校特别是专科学校存在学生专业能力训练与专业知识未有效融合、保教综合能力培养未有效开展、游戏活动支持与引导能力未强化、终身学习能力培养欠缺等问题。① 这提示要特别关注专科院校学前教育专业学生专业能力培养问题。

建议开设学前教育专业的专科院校要将《专业标准》作为学前教育专业学生培养的主要依据，加强专科院校学前教育专业的课程建设与改革。本研究对数据的进一步分析发现，专科毕业教师教育活动的计划与实施、反思与发展等维度专业能力水平相对较低，这提醒专科院校要根据《专业标准》开设相应的实践课程，确保大专学生获得幼儿园保教工作所需要的具体专业能力。

（三）立足教育实践，加强幼儿园新入职教师职后培训的针对性和实效性

新入职教师专业能力的提升离不开职后培训。"高水平的专业能力只可能在实践揣摩中练成，教育实践与教师职场才是培养教师专业能力的'大课堂'。"② 建议立足教育实践，针对新入职教师专业能力存在的问题，加强新入职教师职后培训的针对性和实效性。

首先，要引导不同工作岗位新入职教师在教育实践中不断提升专业能力。本研究发现，副班岗位新入职教师专业能力水平显著低于主班岗位及专科岗位新入职教师。秦旭芳等的研究发现，幼儿园主班教师胜任力及能力自评处于较高水平，③ 与本研究发现的主班岗位新入职教师专业能力处于较高水平这一结论基本一致。实践及相关研究均表明，主班教师需要承担更多的

---

① 徐丽玲：《幼儿教师专业能力培养的体系构建与实施策略——基于〈幼儿园教师专业标准〉的思考》，《湖南师范大学教育科学学报》2013年第2期，第103~106页。
② 杨洁：《能力本位：当代教师专业标准建设的基石》，《教育研究》2014年第10期，第79~85页。
③ 秦旭芳、张婷：《幼儿园主班教师胜任力结构与水平研究》，《宁波教育学院学报》2021年第1期，第11~22页。

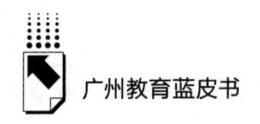

责任和更重的任务，在教育实践工作中也会相对更为迅速地获得更强的专业能力。① 建议幼儿园组织不同工作岗位的新入职教师建立学习发展共同体，在教育实践工作中缩小不同岗位新入职教师的专业差距，促进不同工作岗位新入职教师专业能力的提升。

其次，要在教育实践中有针对性地敦促未持证新入职教师通过教师资格考试。本研究发现，没有教师资格证新入职教师专业能力水平显著低于持有幼儿园教师资格证及其他类型教师资格证的新入职教师。在3047名新入职教师中，没有教师资格证的新入职教师1654人，占比高达54.28%，一定程度上说明"无证上岗"的现象仍然较为普遍存在。自2011年国家推行教师资格全国统考这一政策后，部分院校学前教育本专科学生尤其是大专生难以顺利通过全国统考。幼儿园教师工作是理论和实践相结合的高度专业化工作，随着教育实践经验的不断累积，新入职教师通过全国统考的概率将大大提高。建议相关部门及幼儿园结合教育实践工作，有针对性地组织开展面向幼儿园未持证新入职教师的专项持证培训。

当前，应立足现实问题，不断总结经验，加大工作力度，有效促进广州市幼儿园新入职教师专业能力的整体、有效提升。

参考文献

戴双翔、刘霞：《幼儿园教师职业适应：现状、问题与对策——以华南地区G市为例》，《教师发展研究》2022年第1期。

姜勇主编《幼儿园教师专业发展》，高等教育出版社，2015。

教育部教师工作司：《〈幼儿园教师专业标准〉解读》，北京师范大学出版社，2013。

刘启艳、瓦韵青编著《幼儿教师专业能力发展策论》，中国财富出版社，2016。

马云鹏、赵冬臣等：《教师专业知识发展研究》，教育科学出版社，2020。

庞丽娟：《〈幼儿园教师专业标准〉的研制背景、指导思想与基本特点》，《学前教育研究》2012年第7期。

---

① 翟之月：《幼儿教师班级管理胜任力现状研究》，青岛大学硕士学位论文，2019，第38~39页。

B.10
广州市中小学教师信息技术应用能力发展现状与对策建议

杨 静*

摘 要: 本报告以国家颁布的《中小学教师信息技术应用能力标准（试行）》为依据，抽样调查了广州市 763 所中小学的 22945 名中小学教师的信息技术应用能力发展现状。调查结果表明：中小学教师信息技术应用能力总体上处于中等水平，但各维度发展不均衡，教师的学历、职称、年龄、学段以及城乡差异对中小学教师信息技术应用能力的影响极其显著。建议坚持标准引领，构建智慧学习支持环境，综合考虑不同教师群体的发展需求，提高信息化教学研训的实效性，全面提升中小学教师的信息技术应用能力。

关键词: 中小学教师 信息技术应用能力 广州市

一 问题的提出

信息技术应用能力是信息化社会教师的必备专业能力。中小学教师的信息技术应用能力，是指中小学教师运用信息技术改进教育教学、促进学生能力发展，以及支持教师自身发展的专业能力。[①] 为全面提升中小学教师的信

---

* 杨静，广州市教育研究院教育规划与政策研究所研究人员，副研究员，主要研究方向为教师教育。

① 祝智庭、闫寒冰：《〈中小学教师信息技术应用能力标准（试行）〉解读》，《电化教育研究》2015 年第 9 期，第 5~10 页。

息技术应用能力，教育部于2014年5月印发了《中小学教师信息技术应用能力标准（试行）》（以下简称《能力标准》）。《能力标准》是"规范与引领中小学教师在教育教学和专业发展中有效应用信息技术的准则"[1]，《能力标准》对教师在教育教学和专业发展中应用信息技术提出了基本要求和发展性要求。其中，应用信息技术优化课堂教学的能力为基本要求，主要包括教师利用信息技术进行讲解、启发、示范、指导、评价等教学活动应具备的能力。《能力标准》将中小学教师的信息技术应用能力区分为技术素养、计划与准备、组织与管理、评估与诊断、学习与发展五个维度。

那么，中小学教师的信息技术应用能力是否达到《能力标准》的基本要求？不同教师群体信息技术应用能力的差异如何？针对上述问题，本研究以《能力标准》的基本要求为依据，建立分析框架，对中小学教师的信息技术应用能力进行问卷调查，以揭示当前中小学教师信息技术应用能力发展现状，为中小学教师队伍建设提供政策建议。

二 研究设计

（一）研究对象

本研究采用分类随机抽样的方法，抽取广州市的市直属学校、11个辖区中小学教师参与问卷调查。共回收问卷24940份，有效问卷22945份。其中男教师6109人（26.62%），女教师16836人（73.38%）；一般任课教师8154人（35.54%），班主任7792人（33.96%），备课组组长1737人（7.57%），学科科长2161人（9.42%），年级级长916人（3.99%），中层干部1814人（7.91%），校级领导371人（1.62%）；小学教师12430人（54.17%），初中教师5491人（23.93%），普通高中教师5024人

---

[1] 中华人民共和国教育部：《教育部办公厅关于印发〈中小学教师信息技术应用能力标准（试行）〉的通知》（教师厅〔2014〕3号），http://www.moe.gov.cn/srcsite/A10/s6991/201405/t20140528_170123.html?ivk_sa=1024320u，最后检索时间：2022年2月20日。

(21.90%)；公办学校教师 18202 人（79.33%），民办学校教师 4743 人（20.67%）；城区学校教师 13950 人（60.80%），镇区学校教师 4182 人（18.23%），乡村学校教师 4813 人（20.98%）。

（二）研究工具

本研究自编调查问卷。问卷分为两部分，第一部分为教师的基本信息，包括教师的性别、年龄、学历、职称、学段、地域以及专业背景等；第二部分为《中小学教师信息技术应用能力量表》。该量表的编制，是在文献分析和访谈的基础上，以《能力标准》的中小学教师信息技术应用能力的基本要求为理论框架，从技术素养、计划准备、组织管理、评估诊断四个维度，对中小学教师信息技术应用能力进行解读和构建，共设置 20 个题项，每个题项均包含"符合程度"知觉，以探查当前中小学教师对自我信息技术应用能力的感知情况，透视教师信息技术应用能力的现实状况。本研究采用 Likert 5 点记分法，每个题项选项从"完全不符合"到"完全符合"分别计 1～5 分，得分越高则表明该方面的能力越强。问卷结果分析显示信度系数（Cronbach's α）为 0.887，表明问卷具有较高的可靠性。

（三）数据处理

本研究问卷数据采用 SPSS 23.0 软件进行统计分析，主要方法有描述性分析和差异性分析。运用简单描述性统计法分析中小学教师信息技术应用能力的总体水平和各维度具体表现；用单因素方差分析和独立样本 T 检验，分析不同性别、不同年龄、不同学历、不同职称、不同专业背景、不同学段，以及城乡不同地域教师群体的信息技术应用能力是否存在显著差异。

三 调查结果与分析

（一）中小学教师信息技术应用能力总体上处于中等水平

中小学教师信息技术应用能力的总体均值为 3.08，处于中等水平（M =

3为中等水平);各维度能力水平由高到低分别为:计划准备(M=3.18)、组织管理(M=3.11)、评估诊断(M=3.08)、技术素养(M=2.96)。除技术素养外,其他三个维度(计划准备、组织管理、评估诊断)的均值处于3.08~3.18,均为中等水平(M=3.00)。其中"利用技术支持改进学习方式,有效实施课堂教学""应用技术对学生的学习活动进行管理""尝试利用技术对学生的学习过程进行反馈评价"等方面的能力,均达到了《能力标准》的基本要求,但"了解并能熟练应用与教学相关的通用软件及学科软件的功能及特点""通过多种途径获取数字教育资源,掌握加工、制作和管理数字教育资源的工具与方法"等信息素养还有待提高,"尝试利用技术工具收集、整理、分析学生学习过程信息,发现教学问题,提出针对性的改进措施""尝试利用技术工具开展测验、练习等工作,提高评价工作效率"等信息化教学"评估诊断"能力比较薄弱。这说明,中小学教师信息技术应用能力总体上达到了《能力标准》对教师信息技术应用能力的基本要求,但各维度发展不均衡,教师在技术操作和学科教学整合方面的能力还有较大提升空间①(见表1)。

表1 中小学教师信息技术应用能力总体水平

变量	样本数(人)	均值(分)	标准差
总体水平	22945	3.08	0.58
技术素养	22945	2.96	0.75
计划准备	22945	3.18	0.64
组织管理	22945	3.11	0.66
评估诊断	22945	3.08	0.67

(二)教师信息技术应用能力的差异性分析

为进一步了解中小学教师信息技术应用能力发展特点,本研究选取性

---

① 张静、蒋立兵:《中小学教师融合技术的学科教学知识现状调查与对策研究》,《教育学术月刊》2015年第5期,第105~111页。

别、年龄、职称、学历、专业背景、学段、地域等为变量，采用单因素方差分析和独立样本T检验进行检验，分析不同群体教师信息技术应用能力的差异性。

1. 不同性别教师的信息技术应用能力差异不显著

经独立样本t检验，无论是"信息技术应用能力"的总体水平，还是技术素养、计划准备、组织管理、评估诊断四个维度的具体表现，男教师群体与女教师群体的能力差异均不显著。这说明，教师的性别对中小学教师信息技术应用能力水平没有显著影响，这与赵艳等人的相关调研研究结果比较相似[①]（见表2）。

表2 不同性别教师信息技术应用能力差异分析

维度	男（N=6109）M/SD	女（N=16836）M/SD	T值	Sig.
总体水平	3.08/0.62	3.08/0.57	0.186	0.852
技术素养	2.96/0.78	2.95/0.74	0.891	0.373
计划准备	3.17/0.68	3.19/0.62	-1.717	0.086
组织管理	3.12/0.69	3.11/0.65	0.804	0.422
评估诊断	3.08/0.69	3.08/0.66	0.539	0.590

2. 不同年龄教师的信息技术应用能力差异极其显著

单因素方差分析结果表明，无论是信息技术应用能力的总体水平，还是技术素养、计划准备、组织管理、评估诊断四个维度的具体表现，不同年龄段教师群体的信息技术应用能力差异极其显著。事后多重比较LSD检验结果表明：总体看来，40岁以下教师群体的信息技术应用能力与教师的年龄呈极其显著正相关，40岁及以上教师群体的信息技术应用能力与教师的年龄呈极其显著的负相关；30~39岁年龄段教师群体信息技术应用能力均值最高，50岁及以上教师群体信息技术应用能力均值最低。在"技术素养"维度，教师的信息技术素养与教师的年龄呈显著负相关，教师的年龄越大，

---

① 赵艳、赵蔚、李绿山等：《学习分析视域下小学教师整合技术的学科教学知识（TPACK）研究——以东北C市为例》，《现代远距离教育》2015年第5期，第42~48页。

信息技术素养越低。这说明，29岁及以下的初任教师尽管技术素养均值最高，但信息技术应用能力的表现却不如30~39岁年龄段的青年教师；拥有丰富学科教学经验的老教师，由于技术掌握程度过低，也难以有效实施技术与教学的整合。信息技术应用能力是技术与课程教学整合的教学技能，"需要在掌握技术的基础上，了解某种信息技术的特点、作用，使之与教学内容、教学方法有效整合"[①]（见表3）。

表3 不同年龄教师信息技术应用能力差异分析

年龄	总体水平	技术素养	计划准备	组织管理	评估诊断
≤29（A） （N=5196）M/SD	3.11/0.56	3.13/0.68	3.18/0.62	3.09/0.65	3.06/0.65
30~34岁（B） （N=2626）M/SD	3.15/0.56	3.12/0.69	3.24/0.61	3.15/0.65	3.11/0.64
35~39岁（C） （N=3770）M/SD	3.16/0.57	3.06/0.71	3.24/0.62	3.18/0.64	3.14/0.65
40~44岁（D） （N=4335）M/SD	3.10/0.58	2.92/0.75	3.21/0.64	3.15/0.65	3.11/0.67
45~49岁（E） （N=4060）M/SD	3.02/0.59	2.78/0.77	3.16/0.66	3.10/0.67	3.06/0.67
≥50岁（F） （N=2958）M/SD	2.93/0.62	2.66/0.80	3.07/0.69	3.01/0.71	2.99/0.71
F值	F=72.340***	F=241.654***	F=32.832***	F=27.610***	F=23.115***
LSD检验	BC>AD>E>F	AB>C>D>E>F	BC>D>AE>F	C>BD>AE>F	C>BD>AE>F

注："*"代表均值差异的显著性水平。* 代表 $p<0.05$，** 代表 $p<0.01$，*** 代表 $p<0.001$。

3. 不同学历教师的信息技术应用能力差异极其显著

单因素方差分析结果表明，不同学历教师的信息技术应用能力差异极其显著。无论是总体水平，还是在技术素养、计划准备维度的具体表现，不同学历教师的信息技术应用能力存在极其显著差异。采用LSD事后检验发现，

[①] 赵艳、赵蔚、李绿山等：《学习分析视域下小学教师整合技术的学科教学知识（TPACK）研究——以东北C市为例》，《现代远距离教育》2015年第5期，第42~48页。

在信息技术应用能力总体水平及其技术素养、计划准备维度的具体表现上，教师的能力水平与学历层次呈显著正相关，本科及以上学历教师的信息技术应用能力显著高于专科及以下学历教师，硕士及以上学历教师的信息技术应用能力显著高于本科及以下学历教师。在组织与管理、评估诊断两个维度，不同学历教师差异不显著。这说明，中小学教师信息技术应用能力总体水平与学历层次呈显著正相关，本科及以上学历教师群体总体上显著高于专科及以下学历教师群体（见表4）。

表4　不同学历教师信息技术应用能力差异分析

维度	大专及以下（A）（N＝3072）M/SD	大学本科（B）（N＝18220）M/SD	硕士及以上（C）（N＝1653）M/SD	F值	LSD检验
总体水平	3.05/0.61	3.09/0.58	3.12/0.59	F＝9.263***	BC>A
技术素养	2.84/0.81	2.96/0.74	3.09/0.70	F＝63.365***	BC>A
计划准备	3.14/0.68	3.19/0.63	3.20/0.63	F＝8.635***	BC>A
组织管理	3.11/0.68	3.12/0.66	3.10/0.67	F＝0.572	—
评估诊断	3.09/0.69	3.08/0.66	3.08/0.67	F＝0.548	—

注："*"代表均值差异的显著性水平。* 代表 $p<0.05$，** 代表 $p<0.01$，*** 代表 $p<0.001$。

4. 不同职称教师的信息技术应用能力总体水平差异极其显著

通过单因素方差分析发现，不同职称教师群体的信息技术应用能力总体水平差异极其显著。事后多重比较LSD检验结果表明，一级教师的信息化教学总体水平显著低于一级以下职称教师，高级教师的信息化教学总体水平显著低于正高级教师。从"技术素养"维度来看，一级以下职称教师群体的技术素养显著高于中级及以上职称教师群体；在"计划准备"维度，二级教师"应用信息技术优化课堂教学，改善学生学习方式"的能力显著低于三级教师。在"组织管理""诊断评估"维度，不同职称教师群体不存在显著差异。无论是信息化教学总体水平还是各维度具体表现，正高级教师的均值均高于其他教师群体，但事后多重比较LSD检验结果表明，这种差异在各维度的具体表现不显著。这说明，受信息素养的限制，正高职称教师的

教学能力无法在信息化教学环境下得以充分发挥和体现，其信息技术应用能力并没有表现出比新手教师更有优势（见表5）。

表5 不同职称教师信息技术应用能力差异分析

变量	总体水平	技术素养	计划准备	组织管理	评估诊断
无职称(A) (N=4935) M/SD	3.11/0.58	3.08/0.71	3.18/0.64	3.08/0.66	3.11/0.66
三级教师(B) (N=235) M/SD	3.18/0.52	3.10/0.72	3.25/0.57	3.17/0.61	3.20/0.58
二级教师(C) (N=4646) M/SD	3.12/0.57	3.07/0.70	3.21/0.61	3.09/0.66	3.12/0.65
一级教师(D) (N=9389) M/SD	3.05/0.59	2.86/0.77	3.17/0.65	3.07/0.67	3.11/0.66
高级教师(E) (N=3703) M/SD	3.06/0.60	2.87/0.77	3.19/0.65	3.08/0.69	3.12/0.67
正高级教师(F) (N=37) M/SD	3.27/0.66	3.11/0.77	3.41/0.69	3.27/0.73	3.30/0.78
F值	F=14.355***	F=94.271***	F=3.429**	F=1.808	F=1.573
LSD检验	F>ABC>DE	AB>DE	B>C	B>ACDE	B>AC

注："*"代表均值差异的显著性水平。* 代表 $p<0.05$，** 代表 $p<0.01$，*** 代表 $p<0.001$。

5. 师范专业背景对中小学教师的信息技术应用能力影响不显著

无论是信息技术应用能力的总体均值，还是计划准备、组织管理、评估诊断三个维度的具体表现，师范毕业教师与非师范毕业教师差异不显著；仅在"技术素养"维度，师范毕业教师的"评估诊断"能力显著高于非师范毕业教师。这说明，教师的专业背景对教师信息技术应用能力没有显著影响，系统的师范专业训练在整体提升教师的信息技术应用能力方面没有显著帮助（见表6）。

6. 不同学段教师群体的信息技术应用能力差异极其显著

不同学段教师群体的信息技术应用能力差异极其显著，初中教师的信息技术应用能力总体水平最低，小学教师信息技术应用能力总体水平与高中教师不存在显著差异。从"技术素养"维度来看，不同学段教师差异极其显著，

表6 不同专业背景教师信息技术应用能力差异分析

变量	师范专业毕业 （N=19468）M/SD	非师范专业毕业 （N=3477）M/SD	T值	Sig.（2-tailed）
总体水平	3.09/0.58	3.08/0.59	-0.653	0.514
技术素养	2.98/0.77	2.95/0.75	-2.047*	0.041
计划准备	4.19/0.64	3.18/0.65	0.722	0.470
组织管理	3.11/0.66	3.11/0.66	0.523	0.601
评估诊断	3.08/0.67	3.09/0.67	-1.193	0.233

注："*"代表均值差异的显著性水平。*代表p<0.05，**代表p<0.01，***代表p<0.001。

表现为高中教师"熟练使用图片、动画、音频、视频等编辑软件，制作教学素材"的能力显著高于初中、小学教师，初中教师又显著高于小学教师；在"计划准备"维度，不同学段教师群体差异极其显著，表现为小学教师和高中教师在"应用信息技术优化课堂教学，改善学生学习方式"的能力显著高于初中教师；在"组织管理"维度，小学教师"应用技术对学生的学习活动进行有效管理"的能力显著高于初中、高中教师；在"评估诊断"维度，小学教师"应用技术对学生的学习过程进行有效反馈评价"的能力显著高于初中、高中教师。这说明，与小学、高中教师比较，初中教师的信息技术应用能力相对薄弱（见表7）。

表7 不同学段学校教师信息技术应用能力差异比较

变量	小学(A) （N=12430）	初中(B) （N=5491）	高中(C) （N=5024）	F值	LSD检验
总体水平	3.09/0.58	3.06/0.60	3.09/0.59	F=6.661***	AC>B
技术素养	2.93/0.76	2.96/0.74	3.00/0.74	F=13.278***	C>B>A
计划准备	3.19/0.64	3.16/0.65	3.19/0.64	F=4.562**	AC>B
组织管理	3.13/0.65	3.08/0.67	3.10/0.68	F=15.229***	A>BC
评估诊断	3.11/0.66	3.03/0.68	3.06/0.67	F=28.824**	A>C>B

注："*"代表均值差异的显著性水平。*代表p<0.05，**代表p<0.01，***代表p<0.001。

7. 城乡不同地域中小学教师的信息技术应用能力差异极其显著

不同地域中小学教师的信息技术应用能力差异极其显著。无论是信息技术应用能力总体情况，还是技术素养、计划准备、组织管理、评估诊断四个维度的具体表现，镇区学校和乡村学校教师的信息技术应用能力显著低于城区教师；镇区学校教师仅在技术素养能力维度高于乡村学校教师，镇区学校和乡村学校教师的信息技术应用能力总体上差异不显著。这说明镇区和乡村中小学教师信息技术应用能力相对较弱（见表8）。

表8 不同地域学校中小学教师信息技术应用能力差异分析

变量	城区（A） （N=13950） M/SD	镇区（B） （N=4182） M/SD	乡村（C） （N=4813） M/SD	F值	LSD检验
总体水平	3.12/0.58	3.04/0.58	3.02/0.58	F=64.933***	A>BC
技术素养	3.01/0.74	2.91/0.75	2.83/0.77	F=114.074***	A>B>C
计划准备	3.22/0.64	3.14/0.64	3.13/0.64	F=43.820***	A>BC
组织管理	3.14/0.66	3.07/0.66	3.07/0.66	F=27.931***	A>BC
评估诊断	3.10/0.66	3.04/0.67	3.05/0.66	F=25.213***	A>BC

注："*"代表均值差异的显著性水平。* 代表 $p<0.05$，** 代表 $p<0.01$，*** 代表 $p<0.001$。

四 对策与建议

（一）坚持标准引领，全面提升教师的信息技术应用能力

完善教师信息技术应用能力的标准体系。各级教育行政部门要根据《教育信息化2.0行动计划》和《教师教育振兴行动计划（2018—2022年）》总体部署，引导教师主动适应信息化、人工智能等新技术变革，充分发挥《能力标准》的引领导向作用[①]，将信息技术应用能力提升纳入中小学教师的培养培训体系，切实提高广大中小学教师的信息技术应用能力。高等学校要"创新师范生培养

---

① 《教育部关于实施全国中小学教师信息技术应用能力提升工程2.0的意见》（教师〔2019〕1号），http://www.moe.gov.cn/srcsite/A10/s7034/201904/t20190402_376493.html?from=timeline&isappinstalled=0，最后检索时间：2022年3月26日。

方案，完善师范教育课程体系"①，将《能力标准》作为教师培养的重要依据，把提高信息素养作为师范生培养的重要目标，加强师范生信息素养培育和信息化教学能力培养。中小学校要将《能力标准》作为提高教师专业能力的重要依据，加强校本研修，为中小学教师提升信息技术应用能力提供有效支持，积极开展信息化教育教学。广大中小学教师要主动将《能力标准》作为自身专业发展的重要依据，转变教育教学方式，不断提升信息技术应用能力。

（二）构建智慧学习支持环境，提高中小学教师信息化教学诊断评估能力

调查结果显示，信息化教学诊断评估能力在信息技术应用能力体系中相对薄弱。整合信息技术的教学评价，不同于传统的课堂教学评价，要求教师运用技术，收集整理学生学习过程数据，并对学生的学习进行评价反馈。教师要在充分满足学生个性需要的基础上，对教学进行全面监控。信息时代学生学习形式的多样化和教学过程复杂性，对教师的教学诊断评估能力提出了新要求，如教师在教学中要借助媒体和相关技术，对学生个体的学习情况进行监控，因此，要"深化教育大数据应用，充分利用云计算、大数据、人工智能等新技术，构建全方位、全过程、全天候的支撑体系"②，加强以学习者为中心的智能化教学支持环境建设，"赋能教师因材施教，加强对学生学习过程信息收集，精准分析学情，促进差异化、交互性教学和个别化指导"，③ 提高中小学教师信息化教学诊断评估能力，不断提高教学质量。

---

① 《教育部关于印发〈教育信息化 2.0 行动计划〉的通知》（教技〔2018〕6 号），http：//www.moe.gov.cn/srcsite/A16/s3342/201804/t20180425_334188.html，最后检索时间：2022年4月18日。

② 《教育部关于印发〈教育信息化 2.0 行动计划〉的通知》（教技〔2018〕6 号），http：//www.moe.gov.cn/srcsite/A16/s3342/201804/t20180425_334188.html，最后检索时间：2022年4月18日。

③ 《教育部等五部门关于大力加强中小学线上教育教学资源建设与应用的意见》（教基〔2021〕1 号），http：//www.moe.gov.cn/srcsite/A06/s3325/202102/t20210207_512888.html，最后检索时间：2022年4月18日。

(三)综合考虑不同教师群体的发展需求,提高教师信息技术应用能力研训实效性

针对不同学科、不同学段、不同年龄、不同发展阶段等教师的能力提升需求,综合考虑城乡不同地域信息化环境和教师信息技术应用能力差异,推行"菜单式、自主性、开放式"的教师培训选学机制,确保按需施训。一是针对年龄差异,青年教师要侧重教学法知识和教学内容知识培训,提高青年教师的信息技术与课程教学整合的能力;引导中青年教师主动反思教学与信息技术融合的方式方法,培养中青年教师在新技术选择和决策上的敏锐性与创造性,大力提升信息技术与教学整合能力;中老年教师侧重信息技术知识素养和基本信息技能培训,尤其是使用先进教学软件的技能,提高其信息素养。① 二是针对学段差异,考虑不同学段的教学需求,为不同学段教师信息技术应用能力发展提供多样性的个性化培训。三是缩小城乡差距,加大乡镇教师信息技术能力培训力度,加大乡镇学校信息化资源建设,构建有效的支持系统,培养乡镇教师信息化教学的先进理念,提高乡镇教师对信息化教学信心与实践能力。四是创新培训方式,开展主题式培训,注重任务驱动,强化实践导向和问题解决,注重案例学习,使网络研修与教学实践相结合,推动学思用结合。五是建立教师学习共同体,在教育技术研训中,对不同学历、不同年龄、不同职称、不同区域的教师进行异质分组,建立合作学习共同体,促进教师间的互动交流,取长补短。

参考文献

杨静:《核心素养背景下教师教学能力发展现状与对策建议——基于G市中小学教师的问卷调查》,《现代教育管理》2021年第12期。

---

① 张静、蒋立兵:《中小学教师融合技术的学科教学知识现状调查与对策研究》,《教育学术月刊》2015年第5期,第105~111页。

B.11
广州市中职学校教师专业能力调查研究

李 媛*

摘 要： 根据教师专业发展的复杂性，将中职教师的专业能力分为约束的专业能力、扩展的专业能力和发展的专业能力三方面九个维度。通过对广州市中职学校专业课教师专业能力的调查发现，广州市中职教师专业能力整体处于较高水平，但实践指导能力略显不足、社会服务能力相对欠缺、自主发展能力存在偏差；中职学校教师专业能力在"双师型"教师与否和年龄两方面无显著差异，在有无实践工作经历等方面存在显著差异；中职教师的自我职业发展满意度一般，与其各项专业能力呈正相关。据此建议，广州市要加强校企合作师资培训体系建设，提高中职教师实践指导能力；完善教师社会服务管理与激励机制，增强中职教师的社会服务能力；增加教师专业实践自主权，激发中职教师自主发展能力；加强中职教师资格认证标准研究，研制市级"双师型"教师标准。

关键词： 中职教师　教师发展　广州市

一　问题的提出

打造一批高素质、专业化的"双师型"教师队伍是中等职业学校提高专业和课程教学质量、提高人才培养水平的核心内容之一。近年来，国家多

---

* 李媛，教育学博士，广州市教育研究院教育规划与政策研究所办公室主任、助理研究员，主要研究方向为职业教育政策研究。

次出台相关政策文件以加强职业学校的师资队伍建设，提高教师专业能力，打造"技艺精湛、专兼结合"的高素质"双师型"教师队伍。2020年9月，随着《职业教育提质培优行动计划（2020—2023年）》的出台，我国职业教育发展正式进入提质培优的新阶段，这对中等职业学校教师专业能力也提出了更高的要求。然而，当前我国中职教师队伍质量还不高，从各省市中职学校"双师型"教师队伍统计数据来看，虽然"双师型"教师比例不断提升，但由于当前尚无统一的"双师型"教师认证标准，由学校自主认定的"双师型"教师的专业能力现状难以把握。就广州市而言，师资队伍建设问题一直是中等职业教育改革发展的重要着力点。为了解当前广州市中职教师专业能力现实水平，本研究拟对全市范围中职教师专业能力进行调查，了解广州市中职教师专业能力现状与特征，并在此基础上提出改进策略。

二 研究框架与设计

教学能否成为专业、教师能否成为专业从业者等关于教师专业性问题在学界一直存在理论上的争议。本研究并不打算参与教师专业性问题的理论探讨，而是在承认教学作为一种准专业或半专业，即肯定教师职业专业性的前提下，对中职教师专业能力的现实问题进行研究。关于中职教师专业能力的内涵，学界有丰富的研究，如有学者从教师的社会角色本身出发提出，教师应具备理解他人和与他人交往能力、管理能力以及教育研究能力[①]；也有学者根据教师的核心职能提出，中职教师专业能力是教师进行教育教学、完成教学任务、促进学生全面成长所必须具备的能力[②]；还有学者基于中职教师实践型的专业性特质提出，中职教师不仅应具备良好的教学能力，还要具备

---

① 叶澜等：《教师角色与教师发展新探》，教育科学出版社，2001，第25~26页。
② 来文凤：《新时代中等职业学校教师专业能力研究》，天津职业技术师范大学硕士学位论文，2020，第3页。

突出的学生管理能力和行业企业实践能力[①]等。在由教育部 2013 年发布的《中等职业学校教师专业标准（试行）》中对教师专业能力的规定也基本涵盖以上内容。从以往的研究可以看出，学者以及官方多以理念、知识、技能为分类维度，从中职教师的职业内容本身来理解中职教师的专业能力，而这种定义或分类表现出一种组织专业主义倾向，即更多地站在组织管理者的角度，从效率、目标、问责和评价等方面以标准化的形式规定教师作为从业者所应该具备的专业能力，多为可直接观察的表现性技术行为，鲜有与维护和促进教师职业的专业标准、专业道德和专业发展的目标相结合，以发展的眼光来界定中职教师的专业能力内涵，揭示教师专业过程的复杂性。

从语义学角度来讲，能力是指具有成功做某事的才能，是动态和多元的，具有一定的实践性指向。职业是指一个基于某些服务的真实特性，而职业的专业性在于通过维护专业人员自由探索高深学问的权利，促进知识生产与传播，从而获得学术声誉和同行认可。[②] 那么，将教学作为一种职业的教师的专业能力，则是指在专业化制度下，教师在专业实践中不断满足学生利益以及教师自身利益的职业特性，它是将知识转化为对现实问题处理的表现和行动的中介，也是教师满足和维持专业标准的集体愿望。英国社会学家 Hoyle 通过对教师专业不同概念表述的辨析，将教师专业分为限制性专业和扩展性专业。其中，受约束的专业是指教师的视角局限于课堂，很少参与更广泛的专业阅读或活动，依靠经验作为成功的向导，非常重视课堂自主；扩展专业是指视教学为一种理性的活动，寻求通过阅读和参与持续的专业发展来改进实践，将课堂实践置于更大的社会框架中。[③] 在 Hoyle 的启发下，我国学者王夫艳从社会建构的角度提出教师专业实践能力的三个维度，分别为受限的专业实践能力、扩展的专业实践能力及元专业实践能力。[④]

---

① 查吉德：《论中职教师的专业性》，《职业技术教育》2011 年第 1 期，第 62~66 页。
② 王思懿：《新管理主义情境下全球学术职业的变革与坚守——基于组织专业主义与职业专业主义分化的视角》，《外国教育研究》2021 年第 6 期，第 33~45 页。
③ Hoyle E., "Professionality, Professionalism and Control in Teaching," *London Educational Review 3* (1974): pp. 13-19.
④ 王夫艳：《教师专业实践能力的三维构成》，《高等教育研究》2012 年第 4 期，第 72~76 页。

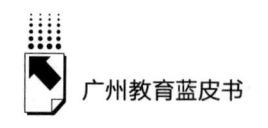

根据新管理主义背景下组织专业主义与职业专业主义的分化①，借鉴Hoyle的专业性质分类，结合《中等职业学校教师专业标准（试行）》（教师〔2013〕12号）和《中等职业教育专业师范生教师职业能力标准》（教师厅〔2021〕2号）等对中职教师专业能力的要求，在实践取向下，本研究将中职教师的专业能力划分为约束的专业能力、扩展的专业能力以及发展的专业能力三个方面。其中，约束的专业能力主要指课堂教学中的专业角色，包括教师的课堂教学、实践指导与学生管理等三个方面；扩展的专业能力是教师社会角色的拓展与强化，将从事更多与问责相关的活动，要求教师将更多精力投入学校以及专业发展当中，主要涉及政策实施、沟通合作以及社会服务三方面内容；发展的专业能力是教师专业能力的根基，也是支撑教师约束与扩展的专业能力发展的主要动力，主要包括师德践行、实践反思和自主发展三个方面。依据此维度，在职教专家、中职教研员及骨干教师多次参与设计、探讨与修改，以及前期试测后的微调试后，制定了教师自评问卷量表。

本研究采用随机抽样的方式，利用广州市中职教师教研群平台，通过问卷星面向广州市中职学校专业课教师发放电子问卷量表，最终回收有效问卷590份。采用SPSS 26统计软件对问卷进行处理与分析，α信度系数为0.955，表明此量表所测结果具有较高的稳定性和一致性，具有一定的可信度。

三 结果与分析

（一）广州市中职学校教师专业能力现状分析

1. 广州市中职学校教师专业能力整体处于较高水平

通过对调查结果描述统计发现，广州市中职学校教师对自身专业能力自评综合值为4.11，标准偏差为0.52，整体处于较高水平。其中，中职教师

---

① 王思懿：《新管理主义情境下全球学术职业的变革与坚守——基于组织专业主义与职业专业主义分化的视角》，《外国教育研究》2021年第6期，第62~66页。

约束的专业能力自评值为4.38，在三种专业能力类型中分值最高，这一方面说明约束的专业能力受到广州市中职学校教师的高度重视，并依此获得专业身份和地位；另一方面，在与教育教学相关专业活动中，广州市中职学校教师具备较高的专业实践能力和岗位胜任力，为广州市中职学校的教育教学质量提供了一定的保障。

中职教师扩展的专业能力自评值为4.10，低于总体的专业能力，略高于发展的专业能力，在三种专业能力类型中分值居中，这在一定程度上也说明广州市中职教师角色在不断扩大，除教育教学最核心的专业工作外，还能够广泛地从事更多与学校专业建设和发展相关的工作。

中职教师发展的专业能力自评值为4.07，在三种专业能力类型中分值最低，说明广州市中职学校教师在对专业问题的思考和行动方面有一定的局限性，自我专业发展和提升的内驱动力不足，创新性和主动性方面有待进一步加强（见表1）。

表1 广州市中职学校教师专业能力各维度表现情况

专业能力分类	维度	均值	标准偏差
约束的专业能力	课堂教学	4.39	0.54
	实践指导	4.27	0.61
	学生管理	4.47	0.57
	综合	4.38	0.53
扩展的专业能力	政策实施	4.25	0.59
	沟通合作	4.47	0.56
	社会服务	3.59	0.90
	综合	4.10	0.57
发展的专业能力	师德践行	4.56	0.52
	实践反思	4.09	0.66
	自主发展	3.56	0.70
	综合	4.07	0.53
总体专业能力		4.11	0.52

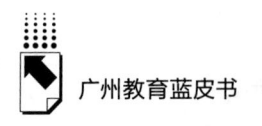

2. 在约束的专业能力方面，广州市中职学校教师的实践指导能力略显不足

在约束的专业能力各维度当中，广州市中职学校教师在课堂教学和学生管理方面都凸显较强的专业水平，在自测中均值分别为4.39和4.47，均高于约束的专业能力的平均分值。但实践指导能力的教师自测分值相对偏低，具体来看，仅有37.29%的教师认为个人在指导学生解决实践操作过程中遇到的实际问题上非常出色；34.58%的教师认为已经非常好地掌握组织学生进行校内外实训实习的方法。中等职业学校的性质决定了中职教师的专业实践内容，不仅要具备课堂内的教育教学能力，还要掌握所从事专业的行业实操内容，并能很好地运用于学生的实践教学指导当中，也可简单归纳为对中职教师"双能力"的专业要求。虽然"双能力"不能等同于"双师型"，但"双能力"是"双师型"对中职教师所提出的重要的专业能力。实践指导能力的相对欠缺必然会成为广州市中职学校"双师型"教师队伍建设中亟待解决的难题。

3. 在扩展的专业能力方面，广州市中职学校教师的社会服务能力相对欠缺

随着新管理主义对我国教育改革发展中的渗透，以及我国教师教育改革不断推进，中职教师更多地参与到学校发展各项工作当中，在学校组织中承担更多的专业角色。调查结果显示，广州市中职学校教师扩展的专业能力得到一定发展，但其中各维度能力发展不均衡，其中在政策实施和沟通合作方面，广州市中职教师都表现出较强的专业能力，自评分均值分别为4.25和4.47，均高于扩展的专业能力的均值水平，但社会服务能力自评均值分仅为3.59，且标准偏差值较高。具体来看，仅22.2%的教师表示能够非常好地配合和推动学校与企业、社区建立合作互助的关系，15.08%的教师表示在推动校企合作方面毫无贡献，16.95%的教师表示从未承担任何与专业相关的、面向企业需求的技术服务项目。在承担社会培训方面，不到一半的教师有过社会培训的工作经验，还有24.24%的教师从未承担过任何社会培训工作。

4. 在发展的专业能力方面，广州市中职学校教师的自主发展能力存在偏差

在发展的专业能力维度，广州市中职学校教师在师德践行方面表现非常突出，师德践行维度的教师自评得分均值为4.56，在各维度中均分值最高，其中接近100%的教师认为个人在教育实践中能够自觉履行教师职业道德规范，践行社会主义核心价值观。但在自主发展维度，教师的自评得分均值仅为3.56，低于教师发展的专业能力的综合均值分数。其中，仅有37.63%的教师表示有非常明确的个人专业发展规划。中职教师培训国培项目（"职业学校教师素质提升计划"）已启动实施十多年，但在参与调研的教师群体中，有近20%的教师表示从未参加过国家、省组织的中职学校教师素质提高类培训。在行业信息了解与项目参与方面，仅有35.42%的教师会非常关注并及时了解行业信息；近50%的教师表示从未参加或开展过与本专业相关的国家专利发明。在教育科研方面，近30%的教师表示从未撰写过教育教学类的研究论文。

（二）不同背景教师的专业能力差异分析

本研究采用独立样本T检验及单因素方差分析方法（ANOVA）分析中职学校教师专业能力在"双师型"教师与否、有无实践工作经历及不同年龄等方面是否存在差异，结果显示中职学校教师专业能力在"双师型"教师与否和年龄两方面无显著差异，在有无实践工作经历等方面存在显著差异。

1. "双师型"与"非双师型"中职教师的三类专业能力都不存在显著差异

是否为"双师型"是中职学校专业课教师素质的重要评价标准。本研究采用独立样本T检验分析"双师型"与"非双师型"教师在约束的专业能力、扩展的专业能力和发展的专业能力方面个体差异表现，结果显示"双师型"与"非双师型"中职教师的三类专业能力都不存在显著差异。

通过对"双师型"与"非双师型"中职教师的各类型专业能力平均数的差异检验发现，具有"双师型"教师认证的中职教师的各类型专业能力的平均数均高于"非双师型"中职教师，但差异未达到显著水平。这说明在当前的学校组织管理制度下，广州市中职学校"双师型"教师与"非双师型"教师无论是在约束的专业能力、扩展的专业能力还是发展的专业能

力方面均未达到统计学的显著差异。这一方面说明广州市中职学校师资队伍建设的整体性、标准性与均衡性，但从另一方面也说明，当前广州市各中职学校对教师的"双师型"教师认证标准普遍过低，指标体系中在专业能力维度上缺乏一定的区分度（见表2）。

表2 广州市中职学校"双师型"与"非双师型"教师专业能力水平的差异比较

专业能力分类	是否认证"双师型"教师	人数	均值	标准差	t值
约束的专业能力	双师型	362	4.40	0.53	1.437
	非双师型	228	4.34	0.52	
扩展的专业能力	双师型	362	4.13	0.58	1.508
	非双师型	228	4.06	0.55	
发展的专业能力	双师型	362	4.11	0.52	2.470
	非双师型	228	4.00	0.52	

2. "有实践工作经历"与"无实践工作经历"中职教师的三类专业能力都存在显著差异

具备与教学专业相关的实践工作经历已成为我国职业院校教师招聘的重要遴选条件。本研究采用独立样本T检验，分析"有实践工作经历"与"无实践工作经历"教师在约束的专业能力、扩展的专业能力和发展的专业能力方面个体差异表现，结果显示"有实践工作经历"与"无实践工作经历"中职教师的三类专业能力都存在显著差异。

通过对"有实践工作经历"与"无实践工作经历"中职教师的各类型专业能力平均数的差异检验发现，"有实践工作经历"的中职教师的各类型专业能力的平均数均高于"无实践工作经历"的中职教师。又经Levene法的F值检验对各组平均数差异进行检验发现，F值检验结果均未达到显著水平（$F=0.324$，$p=0.570>0.05$；$F=0.238$，$p=0.626>0.05$；$F=2.444$，$P=0.118>0.05$），也就是说约束的专业能力、扩展的专业能力以及发展的专业能力的两组样本方差同质，查看"假设方差相等"栏的数据，"约束的专业能力"、"扩展的专业能力"及"发展的专业能力"组别差异的 t 值检验结果分别为 t 值 3.415，p=0.001<0.01；t 值 4.974，p=0.000<0.001；t 值 4.548，p=0.000<0.001，平均数的差异值分别为 0.185、0.287、0.242，三类专业能力达到统计学上的非常显著水平及以上。由此，可以证明与所教学专业相关行业的工作实践经历，不仅能够保证中职教师的综合性专业能力，也能为中职教师自身的专业能力提供一定的发展空间（见表3）。

表3 广州市"有实践工作经历"与"无实践工作经历"中职教师专业能力水平的差异比较

专业能力分类	专业相关实践工作经历情况	人数	均值	标准差	t 值
约束的专业能力	有	472	4.41	0.51	3.415**
	无	118	4.23	0.59	
扩展的专业能力	有	472	4.16	0.54	4.974***
	无	118	3.87	0.63	
发展的专业能力	有	472	4.12	0.50	4.548***
	无	118	3.88	0.59	

注："*"代表均值差异的显著性水平。* 代表 p<0.05，** 代表 p<0.01，*** 代表 p<0.001。

3. 不同年龄的中职教师的三类专业能力都不存在显著差异

本研究将中职教师年龄分为"29岁及以下""30~34岁""35~39岁""40~49岁""50~59岁"五个阶段，以"约束的专业能力""扩展的专业能力""发展的专业能力"为因变量，以教师年龄为自变量进行单因素方差分析。先采用单因素方差分析方法（ANOVA）对不同年龄阶段中职教师专业能力水平进行同质性检验，结果显示"约束的专业能力"变量 p=0.223>0.05；"扩展的专业能力"变量 p=0.273>0.05；"发展的专业能力"变量 p=0.242>0.05，三者均未达到 0.05 显著水平，因此判断三个变量方差同质。鉴于方差同质性，在做单因素方差分析时，三个变量结果分别为 F=0.728，p=0.573>0.05；F=1.148，p=0.333>0.05；F=0.269，p=0.898>0.05，说明不同年龄的中职教师的三类专业能力不存在统计学上的显著差异，不需要进行事后检验（见表4）。

表4 广州市不同年龄中职教师三类专业能力差异比较的方差分析摘要

项目		平方和	自由度	均方	F	显著性
约束的专业能力	组间	0.821	4	0.205	0.728	0.573
	组内	164.846	585	0.282		
	总计	165.666	589			
扩展的专业能力	组间	1.500	4	0.375	1.148	0.333
	组内	190.992	585	0.326		
	总计	192.492	589			
发展的专业能力	组间	0.299	4	0.075	0.269	0.898
	组内	162.801	585	0.278		
	总计	163.101	589			

（三）中职教师的自我职业发展满意度一般，与其各项专业能力呈正相关

通过对中职教师的职业发展满意度描述统计，结果显示，满意度均值为3.81，标准偏差为0.76，表明当前广州市中职学校教师对个人的职业发展并不是非常满意。将中职教师的个人职业发展满意度分别与其约束的专业能力、扩展的专业能力和发展的专业能力进行相关性分析发现，中职教师的职业发展满意度与其约束的专业能力、扩展的专业能力和发展的专业能力之间的相关性都显著（均为$p=0.000$）。也就是说，中职教师对个人职业发展越满意，其约束的专业能力、扩展的专业能力和发展的专业能力越强；反之亦然。这表明中职教师的职业发展理念是与专业能力提升紧密联系在一起的，其中，发展的专业能力与职业发展满意度的关联度最高，这表明中职教师通常会将获得发展的能力本身而非结果作为形塑自我的专业效能感的最重要因素（见表5）。

表5 职业发展满意度与各类专业能力间相关矩阵

项目		约束的专业能力	扩展的专业能力	发展的专业能力
满意度	皮尔逊相关性	0.340**	0.428**	0.432**
	Sig.（双尾）	0.000	0.000	0.000

注：** 代表在显著水平为0.01时（双尾），相关显著。

四 对策与建议

（一）加强校企合作师资培训体系建设，提高中职教师实践指导能力

2019年，国务院印发的《国家职业教育改革实施方案》中提出，从2020年起，职业院校基本不再从应届毕业生中招聘。但在此之前，广州市中职学校教师绝大部分专业课教师的从业路径还都是从学校到学校，掌握丰富的专业理论，但缺乏一定的企业实践经历，使得在学校教学中常常发生理论与实践相脱节、难以应对具有情境特征的技术实践问题。本研究调查结果也证实，广州市中职教师实践指导能力相对偏弱（均值为4.27），实践工作经历与否与中职教师专业技能呈正相关。为此，建议加强校企合作师资培训体系建设，加快落实《职业教育提质培优行动计划（2020—2023年）》（教职成〔2020〕7号）等文件要求，校企共建"双师型"教师培养培训基地和教师企业实践基地，完善职业院校教师定期到企业实践制度，专业课教师每5年到行业企业实践锻炼累计不少于6个月，职业学校教师到企业实践与职称评审、评优评先挂钩。充分发挥中国特色高水平职业院校资源优势，成立职业技术教师培训学院，聚焦广州市重点产业发展，精准对接中职学校师资需求，开展定制化师资人才培养培训。

（二）完善教师社会服务管理与激励机制，增强中职教师的社会服务能力

《中国教育现代化2035》明确指出，要强化职业学校的继续教育和社会培训服务功能，高水平的社会服务能力已然成为职业教育高质量发展的重要特征。职业学校的社会服务能力不仅包括所培养技术技能人才对社会经济发展的贡献，也包括教师作为学校主体对社会的技术技能输出。本研究调查结果显示，当前，广州市中职学校教师的社会服务能力不足（均值为3.59），不仅是由于教师自身服务意识不强等内在因素，

也与政府及学校层面的管理和激励机制不够完善密切相关。为此,从政府层面来讲,教育行政部门应加强政策引导,为中职教师开展社会服务提供良好的制度环境,开启中职教师社会服务专项计划,鼓励中职教师参与同本专业相关的技术研发、技能培训等社会服务,尤其是对省内经济薄弱地区的技术帮扶行动。与此同时,完善中职学校专业技术职务评审办法,将教师参与社会培训作为教师职业晋升的一项重要指标。在学校层面,要提高对教师社会服务能力的重视,加强对教师社会服务的协调,充分利用政、企、行、校合作对接中的资源优势,为更多教师提供与企业合作的机会,鼓励教师参与面向社会的技术培训,并将培训工作量计入年度绩效工资当中。

(三)增加教师专业自主权,激发中职教师自主发展能力

本研究结果显示,广州市中职学校教师自主发展能力偏弱(均值为3.56)。在以往关于教师自主发展能力提升策略的研究中,学者更多地从理念更新、意识培养等角度出发,意在激发教师自主发展内驱动力,但在学校组织管理方面并没有实质可操作的改进举措。从专业主义立场出发,作为专业人员的中职教师,其自身的专业能力是在职业专业与组织管理双逻辑的相互博弈下不断得到调整与发展的。为此,可以尝试基于职业专业主义的理论视角,为提升中职教师的自主发展能力提出建议,即通过增加中职教师的专业自主权以提升其自主发展能力。专业人员因其普遍接受过专业的教育培训,具有较为丰富的知识传播与生产的专业实践经验,从而具有一定的专业自主权,而专业自主权受限必然会影响专业人员的自主发展能力。据了解,多数中职学校还是"大家长"式的管理格局,从组织建设、专业发展、师资聘任,到教材、课程建设等各项事业决策权都掌握在校长或由若干行政领导组成的领导班子手中,教师很少参与到学校治理当中,专业地位认同感缺失。为此,建议中职学校以专业权威为基础,在学校内部成立专业教学委员会,主要负责与教师教学和专业成长相关的评议、推荐与评估,并给予其自由裁量权。与此同时,由专业教学委员会牵头,推动教师教学创新团队建

设，利用学校及职教集团资源，为教师搭建专业成长平台，让教师体会专业探索的乐趣并获得专业声望。

（四）加强中职教师资格认证标准研究，研制市级"双师型"教师标准

加强中职学校"双师型"教师队伍建设不仅要在数量上满足学校发展需求，更要在质量上严格把关，研制科学有效的"双师型"教师认证标准则是保障教师资质的重要环节。当然，统一的"双师型"教师认证标准不能仅停留在对可量化指标等工具性追求上，更要成为对中职教师在专业知识、专业道德、专业能力等专业发展领域的价值性引领。为此，研制"双师型"教师标准，首先，要坚持标准的导向性与发展性，对标产业及社会发展需求动态调整认证标准，以标准建设促进中职教师的专业能力发展。其次，加强对"双师型"教师的市级统筹管理，实行年度注册认证制度，对已认证"双师型"的教师也要进行必要的年度考核。最后，强化企业实践与社会服务经历在认证标准中的占比，弱化书面证明与口头汇报，注重教师在真实情境下的实践能力考核。

参考文献

贺艳芳、吴丹：《教师教育发展背景下职教师资专业化培养路径探析》，《职业教育研究》2022年第5期。

廖启云、陈雯雯：《高校教师社会责任提升动力机制探析》，《山西高等学校社会科学学报》2022年第5期。

戚万学、王夫艳：《教师专业实践能力：内涵与特征》，《教育研究》2012年第2期。

张显国：《从"管理"到"治理"：构建教师发展新生态》，《四川教育》2022年第10期。

祝刚：《重构教师专业发展的多维性：专业性、专业主义与专业发展——与曼彻斯特大学琳达·埃文斯教授的深度对话》，《西北师大学报》（社会科学版）2021年第4期。

调查研究篇
Investigation and Research Reports

B.12 广州市区域幼儿园保教质量现状调查报告[*]
——以天河区为例

戴双翔 关瑞珊 田美萍[**]

摘 要： 本报告以《广州市天河区幼儿园保教质量考核实施方案》为依据，对天河区197所幼儿园保教质量进行了实地调查。结果表明，2020年在保教质量考核优秀等次园所就读的幼儿人数占全区幼儿人数的41.86%，相比2018年有大幅提升，但幼儿园保教质量整体水平仍有待提高；班级规模、师幼比等条件质量以及课程建设、安全与健康等过程质量均不够理想；不同性质、不同评

---

[*] 本文系广东省学前教育"新课程"科学保教示范项目"区域幼儿园保教质量系统提升的实践研究"（立项编号：2020XQXKCA06）的研究成果之一。

[**] 戴双翔，教育学博士，华南师范大学副研究员，主要研究方向为课程与教学论、教师教育；关瑞珊，广州市天河区学前教育指导中心主任，幼儿园高级教师（副高级），主要研究方向为幼儿园管理；田美萍，广州市天河区学前教育指导中心幼教教研员，幼儿教育小学高级教师（副高级），主要研究方向为园本教研、学前教育质量评价、幼儿园课程等。

估等级、不同规模幼儿园保教质量整体水平存在显著差异。建议要完善投入体制，促进普惠性幼儿园均衡优质发展；控制班级规模和师幼比，保障教师配备；关注教师待遇，加强教师队伍建设；重视保教过程，努力提升过程质量；开展精准帮扶，有针对性地提升幼儿园保教质量。

关键词： 保教质量 普惠性民办幼儿园 小规模幼儿园 广州市

一 问题提出

党的十九届五中全会做出了"完善普惠性学前教育保障机制""建设高质量教育体系"的部署要求。2021年教育部等九部门联合印发的《"十四五"学前教育发展提升行动计划》中明确提出"幼儿园保教质量全面提高"的目标。早在2017年，《教育部等四部门关于实施第三期学前教育行动计划的意见》就提出"幼儿园保教质量评估监管体系基本形成"的目标，并把"建立健全幼儿园保教质量评估体系，推进幼儿园质量评估工作"作为重点目标。天河区是广州市新城市中心区，在区域入园难、入园贵等问题得到有效解决后，区内学前教育发展的主要矛盾开始转化为人民日益增长的优质教育资源需求和教育发展不均衡不充分之间的矛盾，"上好园"是现阶段群众对幼有所育的美好期盼。因此，全面提升区内幼儿园保教质量，促进区域学前教育优质均衡发展，是天河区学前教育改革发展面临的重要任务。根据国家及省市有关要求，立足天河区学前教育的实际情况，天河区教育局于2018年组织研制并印发《广州市天河区幼儿园保教质量考核实施方案》（以下简称《方案》），开始定期实施天河区幼儿园保教质量考核。本报告采用实地调查法，对天河区197所幼儿园进行了调查研究，清晰地把握区域幼儿园保教质量的现状及存在的问题，并提出后续改进建议，加强幼儿园科学管理，引领并促进幼儿园保教质量的全面提高。

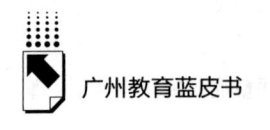

二 研究设计

（一）调查对象

以天河区辖内取得办园许可证满1年的197所幼儿园为调查对象。按办园性质划分，教育部门办园36所，占比18.27%；其他类型公办性质幼儿园（含事业单位办园、国有企业办园、机关办园、部队办园、集体办园）23所，占比11.68%；普惠性民办幼儿园99所，占比50.25%；非普惠性民办幼儿园39所，占比19.80%。按评估等级划分，省一级幼儿园9所，占比4.57%；市一级幼儿园22所，占比11.17%；区一级幼儿园47所，占比23.86%；未评级幼儿园119所，占比60.41%。按办园规模划分，小规模幼儿园（5个班及以下）38所，占比19.29%；中等规模幼儿园（6~12个班）129所，占比65.48%；大规模幼儿园（13个班及以上）30所，占比15.23%。

（二）调查工具

1. 调查内容

调查使用的《方案》采用关键指标法制定，共包括幼儿园保教质量的十项关键指标：班级规模、师幼比、专任教师学历、专任教师持证情况、专任教师月平均收入、专任教师年流动率、师幼互动、课程建设、安全与健康、幼儿发展，总分值为100分；加分项一项，分值为5分；合计原始分为105分。

2. 调查组织

培训74名人员并分成15个调研组，区内197所幼儿园依照均衡分配的原则分成15个组接受实地调查。

3. 调查方法

采用查阅资料、实地观察、随机访谈的方法，收集幼儿园班级规模、师幼比、专任教师学历、专任教师持证情况、专任教师月平均收入、专任教师年流动率等条件质量中关键指标的信息，和师幼互动、课程建设、安全与健康等过程质量中关键指标的信息；采用查阅资料、测验、实地观察、随机访谈的方法，收集幼儿发展（幼儿发展评价、幼儿生长发育达标率）结果质量中关键指标的信息。

4. 数据分析

使用 SPSS 23.0 软件对数据进行统计分析，用简单描述性统计分析幼儿园总体保教质量及十项关键指标的基本情况，用单因素方差分析法分析总体质量及关键指标在不同类型幼儿园是否存在显著差异。

三　结果与分析

（一）天河区幼儿园保教质量的整体水平分析

2020 年调查结果为：197 所幼儿园总得分的原始分均值[①]为 64.17 分，标准分均值[②]为 61.11 分，标准差[③]为 17.35。其中，总得分标准分最高的 1 所幼儿园为 90 分（原始分为 94.5 分），标准分最低的 1 所幼儿园仅有 26.67 分（原始分为 28 分）。总得分标准分为 85~90 分的幼儿园有 17 所，占比 8.63%；总得分标准分为 80~84 分的幼儿园有 20 所，占比 10.15%；总得分标准分为 60~79 分的幼儿园 59 所，占比 29.95%；总得分标准分为 60 分以下的幼儿园 101 所，占比高达 51.27%。以上数据说明，2020 年天河区幼儿园保教质量整体水平不高，且幼儿园之间的差异较大。

《方案》将保教质量考核优秀比例确定为考核分数排在前 30% 的园所。以此来看，本次参与调查的 197 所幼儿园在园幼儿 49714 人，其中

---

① 原始分指的是天河区幼儿园在各项指标上的最初得分。
② 标准分指的是将各项指标的原始分统一换算成百分制之后的得分。
③ 标准差（SD）是反映一组数据离散程度最常用的一种量化形式。标准差越大，表示样本内个体数据之间的差异越大。

获得优秀等次园所60所，在园幼儿人数20811人，优秀等次园所就读幼儿人数占全区在园幼儿人数41.86%；参加天河区2018年幼儿园保教质量考核的201所幼儿园有在园幼儿44647人，其中获得优秀等次园所61所，在园人数14452人，优秀等次园所就读幼儿人数占全区幼儿人数的32.37%；对比两次数据，2020年获得优秀等次园所就读的幼儿人数增加了6359人，提高了9.49个百分点。说明2018~2020年天河区幼儿园优质学位得到增长。

（二）天河区幼儿园保教质量的具体项目分析

1.天河区幼儿园条件质量得分情况分析

由表1可见，班级规模、师幼比、专任教师持证情况和专任教师年流动率的标准分均值都在60分以下，说明此四项的质量均不理想。从标准差来看，197所幼儿园在专任教师年流动率（SD为4.69分）、师幼比（SD为3.60分）两项上的差异相对最大。

另外，需要特别注意专任教师待遇问题。在条件质量的六项关键指标中，专任教师月平均收入项的标准分均值为78.95分，排在第一。加分项标准分均值却仅有17.29分。加分项是针对专任教师的月平均收入特设的，具体考核标准为"所有专任教师月平均收入不低于广州市最新社平工资标准①，另加5分。20%专任教师月平均收入不低于广州市最新社平工资标准，加1分；40%专任教师月平均收入不低于广州市最新社平工资标准，加2分；以此类推"。综合考虑此两项标准分均值，可以发现，即使"专任教师的月平均收入"项（该项考核标准为"专任教师月平均收入不低于当年广州市企业职工月最低工资标准的2倍②"）在所有项中得分最高，但专任教

---

① 《2016年广州市城镇非私营和私营单位就业人员年平均工资公报》，广州市统计局网站（2017年6月23日），http://tjj.gz.gov.cn/tjgb/qtgb/content/post_2788696.html，最后检索时间：2022年5月25日。

② 《广东省人民政府关于调整我省企业职工最低工资标准的通知》（粤府函〔2018〕187号），广东省人民政府网站（2018年6月20日），http://www.gd.gov.cn/zwgk/gongbao/2018/18/content/post_3365948.html，最后检索时间：2022年5月25日。

师月平均收入离广州市社平工资标准还有较大距离，说明天河区幼儿园教师待遇总体上还不够理想。

表1 2020年天河区幼儿园条件质量项目得分情况分析

单位：分

项目	分值	原始分均值	标准分均值	标准差（SD）
班级规模	5	2.78	52.99	1.87
师幼比	10	4.47	42.55	3.60
专任教师学历	5	3.65	69.49	1.48
专任教师持证情况	5	3.11	59.27	2.11
专任教师月平均收入	10	8.29	78.95	2.94
专任教师年流动率	10	4.97	47.30	4.69
加分	5	0.91	17.29	1.52

2.天河区幼儿园过程质量得分情况分析

由表2可见，过程质量的三项关键指标中，课程建设、安全与健康两项的标准分均值都在60分以下，师幼互动项的标准分均值也仅为65.01分，说明从整体上看，天河区幼儿园过程质量还不理想。

表2 2020年天河区幼儿园过程质量项目得分情况分析

单位：分

项目	分值	2020年		
		原始分均值	标准分均值	标准差（SD）
师幼互动	15	10.24	65.01	2.37
课程建设	15	9.13	57.94	2.56
安全与健康	15	9.44	59.94	2.65

3.天河区幼儿园结果质量得分情况分析

结果质量中幼儿发展项的标准分均值为68.46分，在10项关键指标中得分排在第三，一定程度上说明天河区幼儿园的幼儿发展评价工作以及幼儿生长发育达标率尚可。

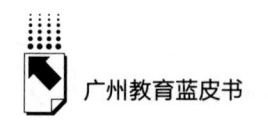

（三）天河区幼儿园保教质量的园际差异分析

1. 不同性质幼儿园保教质量水平及差异分析

按办园性质，将 197 所幼儿园分为教育部门办园、其他类型公办性质幼儿园、普惠性民办幼儿园、非普惠性民办幼儿园等四类，对四类不同性质幼儿园保教质量水平及差异情况进行了统计分析。

由表 3 可见，教育部门办园保教质量得分最高，标准分均值为 82.15 分，得分区间为 72.38~89.76 分；其他类型公办性质幼儿园次之，均值为 66.60 分，得分区间为 38.57~90.00 分；非普惠性民办幼儿园排第三，均值为 58.88 分，得分区间为 28.10~89.05 分；普惠性民办幼儿园最低，标准分均值为 53.07 分，得分区间为 26.67~82.38 分。民办幼儿园包括普惠性和非普惠性民办幼儿园标准分均值都低于 60 分，且这两类幼儿园中同类幼儿园保教质量差异较大，提醒要特别关注民办幼儿园的保教质量。从标准差数值来看，其他类型公办幼儿园保教质量总得分均值的标准差最高，说明这类幼儿园之间保教质量差异最大。值得肯定的是，尽管受到 2020 年新冠肺炎疫情的冲击，但教育部门办园保教质量总得分均值比 2018 年（81.43 分）仍提高了 0.72 分，教育部门办园保教质量整体呈现提升的态势。

表 3　2020 年不同性质幼儿园保教质量总得分描述性统计分析

单位：所，分

幼儿园性质	数量	标准分均值	标准分最低分	标准分最高分	标准差（SD）
教育部门办园	36	82.15	72.38	89.76	4.50
其他类型公办性质幼儿园	23	66.60	38.57	90.00	17.60
普惠性民办幼儿园	99	53.07	26.67	82.38	12.27
非普惠性民办幼儿园	39	58.88	28.10	89.05	14.75

采用单因素方差分析（one-way ANOVA）对不同性质幼儿园保教质量整体水平进行统计检验。单因素方差分析结果为 $F(3, 193) = 48.94$，$p = 0.000 < 0.001$，表明不同性质幼儿园保教质量整体水平存在显著差异。由于方差齐性检验结果表明方差不齐，因此用 Tamhane's T2 对不同幼儿园保教质

量整体水平进一步做两两比较。由表4可见，Tamhane's T2 事后检验结果表明，教育部门办园保教质量整体得分显著高于普惠性民办幼儿园（p=0.000<0.001）、非普惠性民办幼儿园（p=0.000<0.001）和其他类型公办性质幼儿园（p=0.002<0.01）。其他类型公办性质幼儿园显著高于普惠性民办幼儿园（p=0.010<0.05）。普惠性民办幼儿园和非普惠性民办幼儿园相比无显著性差异（p=0.183>0.05）。

表4 2020年不同性质幼儿园保教质量总得分均值的多重比较

（I）幼儿园性质	（J）幼儿园性质	均值差异(I-J)	95%置信区间		p（显著性水平）
			下限	上限	
教育部门办园	其他类型公办性质幼儿园	16.322**	5.05	27.60	0.002
	普惠性民办幼儿园	30.534***	26.49	34.58	0.000
	非普惠性民办幼儿园	24.436***	17.28	31.59	0.000
其他类型公办性质幼儿园	教育部门办	−16.322**	−27.60	−5.05	0.002
	普惠性民办幼儿园	14.213*	2.68	25.74	0.010
	非普惠性民办幼儿园	8.114	−4.57	20.79	0.410
普惠性民办幼儿园	教育部门办	−30.534***	−34.58	−26.49	0.000
	其他类型公办性质幼儿园	−14.213*	−25.74	−2.68	0.010
	非普惠性民办幼儿园	−6.098	−13.71	1.51	0.183
非普惠性民办幼儿园	教育部门办	−24.436***	−31.59	−17.28	0.000
	其他类型公办性质幼儿园	−8.114	−20.79	4.57	0.410
	普惠性民办幼儿园	6.098	−1.51	13.71	0.183

注："*"代表不同类型幼儿园保教质量总得分均值差异的显著性水平。* 代表 p<0.05，** 代表 p<0.01，*** 代表 p<0.001。

2. 不同评估等级幼儿园保教质量水平及差异分析

按幼儿园评估等级，将197所幼儿园分为省一级幼儿园、市一级幼儿园、区一级幼儿园和未评级幼儿园等四类，对四类不同评估等级幼儿园保教质量水平及差异情况进行了统计分析。

由表5可见，省一级幼儿园保教质量总得分最高，标准分均值为84.39分，得分区间为76.19~90.00分；按总得分均值高低排序，依次为市一级幼儿园、区

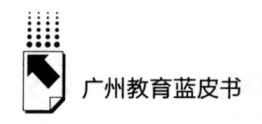

一级幼儿园和未评级幼儿园。未评级幼儿园总得分标准分均值（53.41分）低于60分，得分区间为26.67~84.29分，说明未评级幼儿园保教质量整体水平偏低，且差异较大，需要特别关注。区一级幼儿园和未评级幼儿园标准差数值均偏高，说明这两类幼儿园在同类幼儿园之间保教质量差异较大。

表5　2020年不同评估等级幼儿园保教质量总得分描述性统计分析

单位：所，分

评估等级	数量	标准分均值	标准分最低分	标准分最高分	标准差（SD）
省一级幼儿园	9	84.39	76.19	90.00	4.60
市一级幼儿园	22	80.60	59.52	89.52	7.90
区一级幼儿园	47	67.05	33.81	86.90	14.29
未评级幼儿园	119	53.41	26.67	84.29	13.31

采用单因素方差分析（one-way ANOVA）对不同性质幼儿园保教质量整体水平进行统计检验。单因素方差分析结果为$F(3, 193) = 44.43$，$p = 0.000 < 0.001$，表明不同评估等级幼儿园保教质量整体水平存在显著差异。由于方差齐性检验结果表明方差不齐，因此用Tamhane's T2对不同评估等级幼儿园保教质量整体水平进一步做两两比较。由表6可见，Tamhane's T2事后检验结果表明，省一级幼儿园保教质量总得分显著高于区一级幼儿园（$p = 0.000 < 0.001$）、未评级幼儿园（$p = 0.000 < 0.001$）；市一级幼儿园显著高于区一级幼儿园（$p = 0.000 < 0.001$）、未评级幼儿园（$p = 0.000 < 0.001$）；区一级幼儿园显著高于未评级幼儿园（$p = 0.000 < 0.001$）。省一级幼儿园和市一级幼儿园相比无显著性差异（$p = 0.498 > 0.05$）。

表6　2020年不同评估等级幼儿园保教质量总得分均值的多重比较

(I)评估等级	(J)评估等级	均值差异(I-J)	95%置信区间		p(显著性水平)
			下限	上限	
省一级幼儿园	市一级幼儿园	3.979	-2.85	10.81	0.498
	区一级幼儿园	18.210***	10.70	25.73	0.000
	未评级幼儿园	32.535***	26.55	38.52	0.000

续表

（I）评估等级	（J）评估等级	均值差异(I-J)	95%置信区间		p(显著性水平)
			下限	上限	
市一级幼儿园	省一级幼儿园	-3.979	-10.81	2.85	0.498
	区一级幼儿园	14.231***	6.60	21.87	0.000
	未评级幼儿园	28.556***	22.56	34.56	0.000
区一级幼儿园	省一级幼儿园	-18.210***	-25.73	-10.70	0.000
	市一级幼儿园	-14.231***	-21.87	-6.60	0.000
	未评级幼儿园	14.325***	7.48	21.17	0.000
未评级幼儿园	省一级幼儿园	-32.535***	-38.52	-26.55	0.000
	市一级幼儿园	-28.556***	-34.56	-22.56	0.000
	区一级幼儿园	-14.325***	-21.17	-7.48	0.000

注："*"代表不同类型幼儿园保教质量总得分均值差异的显著性水平。*代表 $p<0.05$，**代表 $p<0.01$，***代表 $p<0.001$。

3. 不同规模幼儿园保教质量水平及差异分析

按办园规模，将197所幼儿园分为小规模幼儿园（5个班及以下）、中等规模幼儿园（6~12个班）、大规模幼儿园（13个班及以上）等三类，对三类不同规模幼儿园保教质量水平及差异情况进行统计分析。

由表7可见，大规模幼儿园保教质量总得分最高，标准分均值为78.09分，得分区间为43.81~90.00分；中等规模幼儿园次之，标准分均值为59.03分，得分区间为26.67~89.52分；小规模幼儿园排第三，标准分均值为54.79分，得分区间为34.76~77.62分。其中，小规模和中等规模幼儿园标准分均值都低于60分，需要特别关注。从标准差数据来看，中等规模幼儿园保教质量总得分均值的标准差最高，说明中等规模幼儿园之间保教质量差异最大。

表7 2020年不同规模幼儿园保教质量总得分描述性统计分析

单位：所，分

幼儿园规模	数量	标准分均值	标准分最低分	标准分最高分	标准差(SD)
小规模幼儿园	38	54.79	34.76	77.62	10.95
中等规模幼儿园	129	59.03	26.67	89.52	16.55
大规模幼儿园	30	78.09	43.81	90.00	11.05

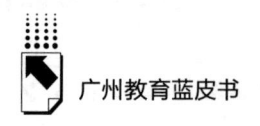

采用单因素方差分析（one-way ANOVA）对不同规模幼儿园保教质量总得分均值进行统计检验。单因素方差分析结果为 $F(3, 193) = 24.17$，$p=0.000<0.001$，表明不同规模幼儿园保教质量整体水平存在显著差异。由于方差齐性检验结果表明方差不齐。因此用 Tamhane's T2 对不同规模幼儿园保教质量整体水平进一步做两两比较。由表8可见，Tamhane's T2 事后检验结果表明，大规模幼儿园保教质量整体得分显著高于中等规模幼儿园（$p=0.000<0.001$）、小规模幼儿园（$p=0.000<0.001$）；中等规模幼儿园和小规模幼儿园相比无显著性差异（$p=0.190>0.05$）。

表8　2020年不同规模幼儿园保教质量总得分均值的多重比较

(I)幼儿园规模	(J)幼儿园规模	均值差异(I-J)	95%置信区间		p(显著性水平)
			下限	上限	
小规模幼儿园	中等规模幼儿园	-4.454	-10.32	1.41	0.190
	大规模幼儿园	-24.465***	-31.39	-17.54	0.000
中等规模幼儿园	小规模幼儿园	4.454	-1.41	10.32	0.190
	大规模幼儿园	-20.010***	-26.42	-13.60	0.000
大规模幼儿园	小规模幼儿园	24.465***	17.54	31.39	0.000
	中等规模幼儿园	20.010***	13.60	26.42	0.000

注："*"代表不同类型幼儿园保教质量总得分均值差异的显著性水平。*代表 $p<0.05$，**代表 $p<0.01$，***代表 $p<0.001$。

四　讨论与建议

（一）完善投入体制，促进普惠性幼儿园均衡优质发展

教育部等九部门颁布的《"十四五"学前教育发展提升行动计划》明确提出"到2025年，全国普惠性幼儿园覆盖率达到85%以上"的目标，普惠性幼儿园将是实现我国学前教育公益普惠发展的基本途径。本次调查结果显示，197所幼儿园中，普惠性幼儿园占比达80.20%，但普惠性幼儿园之间

保教质量差距较大，教育部门办园保教质量总得分均值为 82.15 分，其他类型公办性质幼儿园保教质量总得分均值比教育部门办园低 15.55 分，普惠性民办幼儿园比教育部门办园低近 30 分。上述数据说明，2020 年天河区普惠性幼儿园保教质量不均衡，要切实采取各种措施，促进区域内普惠性幼儿园保教质量均衡优质发展。

完善的投入体制是办好学前教育的重要支撑与保障，学前教育财政经费在幼儿园之间的分配问题直接影响学前教育事业的整体发展。有研究发现，学前教育财政经费分配存在较为严重的不公，政府生均拨款在不同类型普惠性幼儿园之间存在显著差异，教育部门办园的政府生均拨款显著高于其他类型公办性质幼儿园、普惠性民办幼儿园。[1] 对比 2020 年的调查结果，可以发现，政府财政投入是影响天河区普惠性幼儿园保教质量的重要因素。

不同办园体制的普惠性幼儿园在普惠性学前教育公共服务供给框架内一体化发展，应当成为我国学前教育发展的基本方向。建议以教育公平为基础，深入改革学前教育财政投入体制，积极探索建立普惠性学前教育财政投入体制。《广州市促进学前教育普惠健康发展行动方案》也明确提出"将各类普惠性幼儿园按照统一标准管理；继续优化财政投入结构，在财政补助、成本分担等方面逐步达到相同标准"等。[2] 天河区可根据本区实际情况，先行先试，如确定普惠性幼儿园的基本质量标准，确保学前教育财政投入在普惠性幼儿园之间的基本公平，缩小和逐步消除公办幼儿园（包括教育部门办园和其他类型公办性质幼儿园）和普惠性民办幼儿园在收费标准、保教质量上的差距，以创新的普惠性学前教育财政投入体制，办好每一所普惠性幼儿园，使有质量保证的学前教育公共服务真正做到普遍惠及、人人享有。

---

[1] 刘霞：《论我国学前教育财政投入体制的改革创新——基于广州市 123 所幼儿园政府财政投入的实证研究》，《广东第二师范学院》2020 年第 1 期，第 25~35 页。
[2] 《广州市人民政府办公厅关于印发广州市促进学前教育普惠健康发展行动方案的通知》（穗府办〔2019〕7 号），http://www.gz.gov.cn/gzgov/s2812/201906/38ec3443c0c247d5999ee5d43a7d0928.shtml，最后检索时间：2019 年 6 月 23 日。

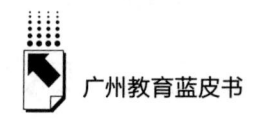

（二）控制班级规模和师幼比，保障教师配备

充足的师资及其储备是学前教育事业发展的先决条件。班级规模和师幼比是实证研究发现的幼儿园条件质量中的关键构成因素，有些国家把班级规模和师幼比看作是保证幼儿园教育质量的两个重要指标，且对这两个因素是同时限定的。197所幼儿园在班级规模和师幼比两项上的标准分均值分别仅为52.99分、42.55分，说明天河区目前仍存在班额偏高、专任教师配备不足的问题，需要引起重视。

2020年，天河区在园幼儿总数为53550人，比2019年的在园幼儿总数48807人增加了4743人，年增幅高达9.72%。这意味着，随着学前教育规模的不断扩大，在现有学前教育师资紧缺问题一直没有得到缓解的情况下，幼儿园"用工荒"问题将进一步凸显。建议天河区充分重视这一问题，积极采取各种有力措施解决幼儿园教师配备不足问题。区教育行政部门要会同机构编制、财政、人力资源和社会保障等部门，合理确定教育部门办园教师编制数，并确保随着教育部门办园规模的扩大及时补齐配足教师编制。指导并监督其他类型公办性质幼儿园、民办幼儿园按照国家及省、市相关文件规定配足配齐专任教师。加强对各类幼儿园教师配备情况的动态监管，确保在教师外出学习、培训、产假、病假等情况下有可供临时顶岗的保教人员。

（三）关注教师待遇，加强教师队伍建设

2020年调查结果显示，197所幼儿园在专任教师持证情况（59.27分）、专任教师年流动率（47.30分）两项上的标准分均值都低于60分，说明教师资质、教师稳定性方面均存在较大问题。

经深入了解，专任教师年流动率项得分不理想是受到2020年新冠肺炎疫情的直接影响。2020年突发的重大疫情导致广州市包括天河区幼儿园停课停学4个月，在此期间，幼儿园没有正常的保教费收入，减额发放教师工资成为大部分幼儿园尤其是民办幼儿园的无奈之举。受经济压力影响，疫情防控期间有相当部分教师辞职另寻工作，直接导致2020年教师流动流失现

象加剧。此外,加分项(所有专任教师月平均收入不低于广州市最新社平工资标准)的标准分均值低至17.29分,说明专任教师月平均收入不低于广州市最新社平工资标准的幼儿园占比不到20%。

2020年11月,广东省教育厅、中共广东省委机构编制委员会办公室、广东省财政厅、广东省人力资源和社会保障厅联合印发的《广东省新时代教师发展体系建设实施方案》强调要健全教师工资福利待遇保障制度,要推进落实"县域内中小学教师平均工资收入水平不低于或高于当地公务员平均工资收入水平,县域内农村中小学教师平均工资收入水平不低于或高于当地城镇教师平均工资收入水平"的要求;要严格落实教师资格制度,确保持证上岗。[①] 教师的工资水平反映社会对教师地位及其能力的认可状况。现有研究表明,教师流失严重、流动过于频繁与其待遇密切相关。[②] 在众多影响教师流失的因素当中,提高工资是最直接、最有效减少教师流失的方式。幼儿园教师队伍建设是一个系统的工程,维护教师队伍的稳定是幼儿园教师队伍建设的首要任务,而适宜的工资收入是保证幼儿园教师队伍稳定的关键。天河区公办幼儿园在编教师待遇基本上能与小学教师持平,但非在编教师和民办幼儿园教师待遇明显偏低。因此,应着力解决这两部分幼儿园教师的待遇保障问题。建议区教育行政部门联合人社部门出台公办幼儿园编外教师工资指导意见,协调各类型公办幼儿园编外教师工资待遇,有针对性地解决公办幼儿园编外教师无序流动问题;出台区民办幼儿园教师工资指导意见,依法依规落实民办幼儿园教师待遇,增加普惠性民办幼儿园教师从教津贴。

---

① 《广东省教育厅、中共广东省委机构编制委员会办公室、广东省财政厅、广东省人力资源和社会保障厅关于印发〈广东省新时代教师发展体系建设实施方案〉的通知》(粤教师〔2020〕11号),http://edu.gd.gov.cn/zxzx/tzgg/content/post_3126679.html,最后检索时间:2021年1月23日。

② 戴鑫:《民办幼儿园教师流失的原因分析及对策研究》,内蒙古师范大学硕士学位论文,2015;盖振华:《幼儿园男教师流失原因及对策研究》,山东师范大学硕士学位论文,2011;刘霞:《幼儿园教师队伍流失现状的调查与分析——以广东省广州市为例》,《学前教育》2017年第12期,第11~13页。

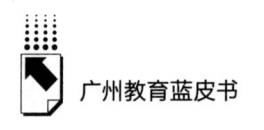

（四）重视保教过程，努力提升过程质量

教育过程包括师幼互动、课程建设、安全与健康等，是体现幼儿园保教质量的主体内容，它们直接对幼儿的发展变化产生影响。调查结果显示，197所幼儿园在此三项上的标准分均值都不理想，课程建设（57.94分）、安全与健康（59.94分）两项标准分均值都低于60分，需要引起关注。

建议天河区以开展广东省学前教育"新课程"科学保教示范项目"区域幼儿园保教质量系统提升的实践研究"为契机，研发配套的天河区幼儿园课程方案评价标准和天河区幼儿园师幼互动评价量表，以评价标准为抓手，充分发挥评价的导向、改进作用；建立科学保教教研指导责任区机制、区域幼儿园课程视导机制和幼儿园结对帮扶与发展机制，形成有效提升区域幼儿园保教质量的工作机制。同时，充分发挥有关教育支持机构、学术团体、行业组织的作用，加强对幼儿园的过程性评价和质量管理。

（五）开展精准帮扶，有针对性地提升幼儿园保教质量

调查发现，从幼儿园的具体类型来看。普惠性民办幼儿园（53.07分）、未评级幼儿园（53.41分）、小规模幼儿园（54.79分）等三类幼儿园保教质量总得分的标准分均值都低于55分，且同类幼儿园之间保教质量差距较大，建议天河区采取有针对性的措施努力提升上述三类幼儿园的保教质量。

调查结果显示，四类不同办园性质幼儿园中，除了班级规模1项外，普惠性民办幼儿园在师幼比等其他9项关键指标及加分项上均居于末位。与教育部门办园相比，普惠性民办幼儿园在师幼比、专任教师持证情况、专任教师年流动率、加分项等指标上的得分差距最大。建议天河区立足实际，采取一些更具针对性的措施努力提升普惠性民办幼儿园保教质量，要特别关注普惠性民办幼儿园的教师配备、教师专业资质、教师稳定性、教师收入等方面。

调查结果显示，与省、市一级幼儿园相比，未评级幼儿园在师幼比、专

任教师持证情况、专任教师年流动率、课程建设、加分项等指标上的得分差距最大,而未评级幼儿园占比高达60.41%。建议特别关注未评级幼儿园的教师配备、教师专业资质、教师稳定性、课程建设、教师收入等方面。区教育督导及相关部门要大力加强对未评级幼儿园的质量引领及监管,如进一步完善学前教育责任督学机制,切实落实督导任务等。

参考文献

洪秀敏、朱文婷、钟秉林:《不同办园体制普惠性幼儿园教育质量的差异比较——兼论学前教育资源配置质量效益》,《中国教育学刊》2019年第8期。

胡碧颖、王双:《学前教育质量评价:研究与实践》,北京师范大学出版社,2021。

姜勇、赵颖、刘鑫鑫等:《普惠有多远?——中国学前教育发展报告(2018-2019)》,华东师范大学出版社,2021。

刘霞:《幼儿园教育质量评价的理论与实践》,人民教育出版社,2017。

刘霞、戴双翔:《我国幼儿园教育质量标准研究》,载袁振国主编《中国教育政策评论2010》,教育科学出版社,2011。

刘焱:《普惠性幼儿园发展的路径与方向》,《教育研究》2019年第3期。

B.13 广州市中小学在线教育应用情况研究报告

简铭儿 李赞坚 罗杰明*

摘　要： 本报告通过对广州市2020年在线教育平台使用情况、"广州电视课堂"的应用情况、线上线下教学衔接工作情况等方面的分析，发现以广州智慧教育公共服务平台为代表的在线教育平台对广州市中小学教学工作起到了重要的支撑和保障作用。同时广州市中小学在线教育也存在网络基础环境建设待加强、市级存量资源的实用性不强、优质数字教育资源相对缺乏、"广州电视课堂"待进一步推广应用、线上线下教育融合方面待优化升级等问题。广州市应开展教育信息化"新基建"建设，优化优质数字教育资源供给服务，同时深入开展混合式学习模式的研究与推广，进一步提升师生信息素养，以进一步提升广州市中小学在线教育的应用水平。

关键词： 在线教育　中小学教育　广州市

一　引言

近年来，我国日益重视互联网技术在教育领域的应用，将其作为扩大教

---

* 简铭儿，广州市电化教育馆研究部教师，信息系统项目管理师，主要研究方向为区域教育信息化发展等；李赞坚，广州市电化教育馆研究部主任，广州智慧教育协同创新研究专业委员会副理事长，信息技术中学高级教师，主要研究方向为区域教育信息化发展、新一代信息技术教育应用等；罗杰明，广州市电化教育馆资源服务部主任，信息系统项目管理师，主要研究方向为在线数字教育资源的建设和服务支撑保障。

育服务供给、促进教育公平的重要手段。早在2015年,国务院印发《关于积极推进"互联网+"行动的指导意见》,提出要"通过互联网探索新型教育服务供给方式"①。2018年,教育部在《教育信息化2.0行动计划》中明确提出"到2022年基本实现'三全两高一大'的发展目标,即教学应用覆盖全体教师、学习应用覆盖全体适龄学生、数字校园建设覆盖全体学校,信息化应用水平和师生信息素养普遍提高,建成'互联网+教育'大平台"②。2019年9月,教育部等11个部门发布了《关于促进在线教育健康发展的指导意见》③。2020年初,在新冠肺炎疫情席卷全球的背景下,教育部根据党中央的决策部署,在充分考量我国教育信息化发展现状后作出了"停课不停学"的决策。教育部、工信部于2020年2月12日发布《关于中小学延期开学期间"停课不停学"有关工作安排的通知》,要求坚持学校教师线上指导帮助与学生居家自主学习相结合,学校教师要指导帮助学生选择适宜的学习资源,限时限量合理安排学习④。2020年3月,教育部发布《教育部关于加强"三个课堂"应用的指导意见》,"提出全面实现'三个课堂'(即专递课堂、名师课堂及名校网络课堂)在广大中小学校的常态化按需应用,促进信息技术与教育教学实践深度融合,推动课堂革命,创新教育教学模式,促进育人方式转变,支撑构建'互联网+教育'新生态,发展更加公平更有质量的教育,加快推进教育现代化"⑤。各地教育行政部门纷纷响应,

---

① 《国务院关于积极推进"互联网+"行动的指导意见》(国发〔2015〕40号),http://www.gov.cn/zhengce/content/2015-07/04/content_10002.htm,最后检索时间:2022年1月15日。

② 《教育部关于印发〈教育信息化2.0行动计划〉的通知》(教技〔2018〕6号),http://www.moe.gov.cn/srcsite/A16/s3342/201804/t20180425_334188.html,最后检索时间:2022年1月15日。

③ 《教育部等十一个部门关于促进在线教育健康发展的指导意见》(教发〔2019〕11号),http://www.gov.cn/xinwen/2019-09/30/content_5435416.htm,最后检索时间:2022年1月15日。

④ 《教育部办公厅 工业和信息化部办公厅关于中小学延期开学期间"停课不停学"有关工作安排的通知》(教基厅函〔2020〕3号),http://www.moe.gov.cn/srcsite/A06/s3321/202002/t20200212_420435.html,最后检索时间:2022年1月15日。

⑤ 《教育部关于加强"三个课堂"应用的指导意见》(教科技〔2020〕3号),http://www.moe.gov.cn/srcsite/A16/s3342/202003/t20200316_431659.html,最后检索时间:2022年1月15日。

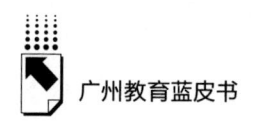

迅速推出在线教学指导意见及方案，结合本地实际开展规模化的在线教学。全国师生对现实课堂进行了一次前所未有的线上"大迁徙"，这是对我国教育信息化的一次重大考验。

为全面了解新冠肺炎疫情期间广州市中小学在线教育开展情况，总结在线教育实验成果及问题，2020年5~6月，广州市电化教育馆开展了新冠肺炎疫情期间在线教育情况及"线上+线下"混合式教学情况的专题调查。调查内容主要包括平台使用情况、"广州电视课堂"的应用情况、线上线下教学衔接工作情况等。调查形式包括对全市中小学校及各区教育信息中心的问卷调查，对广州市各区教育信息中心代表、部分学校负责人、高校专家及部分参与教育信息化建设工作的知名企业负责人的访谈，以及对相关文件的整理与分析。本报告所用数据和材料主要来自此次专题调查，非调查数据和材料将另行注明。

二 在线教育应用情况分析

受新冠肺炎疫情影响，广州市教育局于2020年2~5月先后发布了6份关于在线教育的文件以组织实施全市在线教育工作。广州市教育信息中心（电教馆）于2020年2月17日发布了《广州市教育信息（电化教育）部门在新型冠状病毒肺炎疫情防控期间工作指引》，充分利用广州智慧教育公共服务平台、广州市教育科研网等软硬件环境，迅速开展了线上教育专栏建设、数字教育资源建设、在线教育指导等系列工作。广州市教育局联合广州市广播电视台（以下简称"广州电视台"）组织开展"广州电视课堂"专项工作，作为广州市在线教育的托底措施。在区和学校层面上，各区、学校通过各渠道及时将上级在线资源情况通知到位，确保每一名学生知情，并组织学生开展在线学习，保障学生"停课不停学"。同时，各区、学校结合自身实际，依托各网络平台，开展教师微课、在线答疑、发布学习资料等工作。有条件的学校利用教学平台完成直播授课、互动答疑、布置作业、总结分析、精准推送等教学环节。广州市在2020年延期开学期间组织中小学在线教育工作有条不紊地进行，全市中小学师生于 2020 年 4 月 27 日起分期、分批、错峰返校。师生返校后，广州市及时总结在线教育工作经验，根据实际情况继续深入推进相关工作，做好优质数字教育资源的储备工作。

（一）广州智慧教育公共服务平台在线教育资源覆盖全学科

广州智慧教育公共服务平台始建于 2012 年，经过三期工程的建设，建有教师学习发展中心、学生学习发展中心、教育电子政务中心、社区学习交流中心等功能，接入各级平台 26 个。广州市通过"引入国家资源、共享省的资源、共建合作资源、采购通用资源、开发本地特色资源"等多种途径，形成教育信息资源库群。截至 2019 年，广州市级基础教育信息资源总量达 120TB，为学校开展信息化教学提供了有力支撑。

2020 年延期开学期间，广州市利用广州智慧教育公共服务平台、广州市教育科研网等软硬件环境，迅速开展了线上教育专栏建设。该专栏包括"广州电视课堂""广州名优课例""素质教育""学科教学资源"等专题内容，其中"广州电视课堂"栏目是广州市在疫情防控期间建设的"广州电视课堂"的 11 个访问入口之一。广州市线上教育专栏为师生提供多样化的在线教育资源，截至 2020 年 5 月先后上线发布 14 批市、区、校优质教育资源，整合各类学习资源共 4286 个，覆盖广州市基础教育阶段的全学科课程，但市级存量资源可用性不足，各学科的资源数及访问量如图 1 至图 3 所示。

（二）"广州电视课堂"得到广泛应用

2020 年 2 月 26 日起，广州市教育局联合广州电视台组织开展"广州电视课堂"录制和播发工作，作为广州市在线教育的托底措施。由广东广雅中学、广州市执信中学、广州市第二中学、广州市第六中学、广州市协和中学、广州市铁一中学、广州大学附属中学、广东华侨中学等 8 所市属学校分四个阶段录制高中非毕业班 11 个学科（语文、数学、英语、政治、历史、地理、物理、化学、生物、体育、艺术）的线上学习视频，作为高中非毕业班

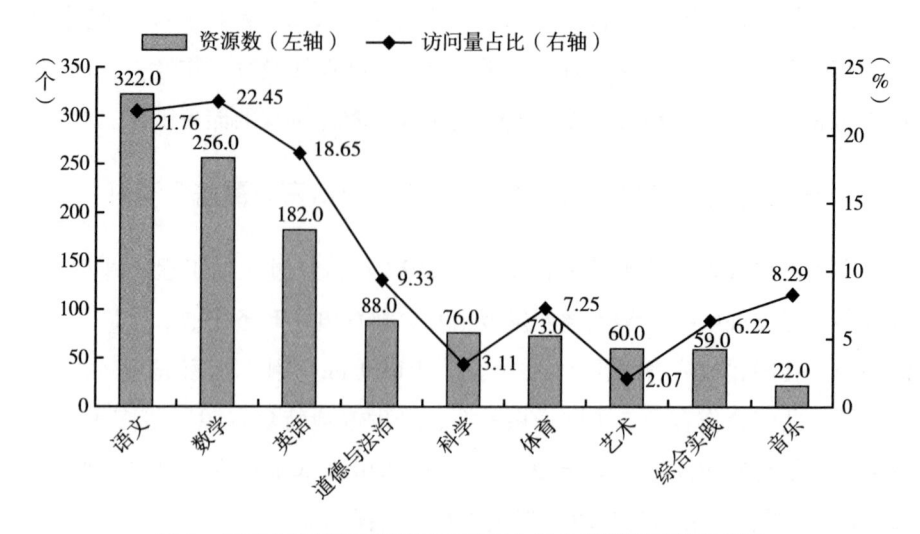

图1　2020年延期开学期间广州市小学各学科资源访问情况

资料来源：广州市电化教育馆《"广州线上教育平台"应用情况分析兼论"后疫情期"广州教育信息化的挑战与对策》（内部资料），2020年5月29日。

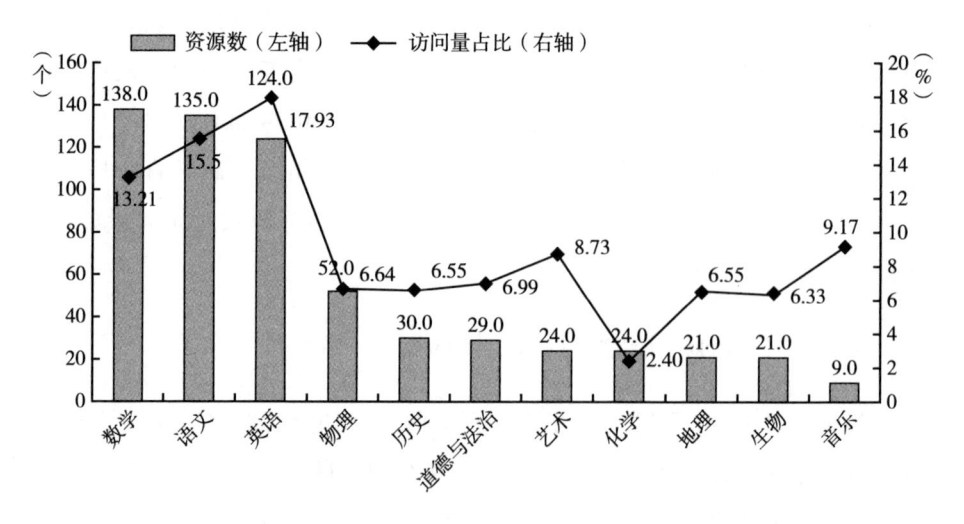

图2　2020年延期开学期间广州市初中各学科资源访问情况

资料来源：广州市电化教育馆《"广州线上教育平台"应用情况分析兼论"后疫情期"广州教育信息化的挑战与对策》（内部资料），2020年5月29日。

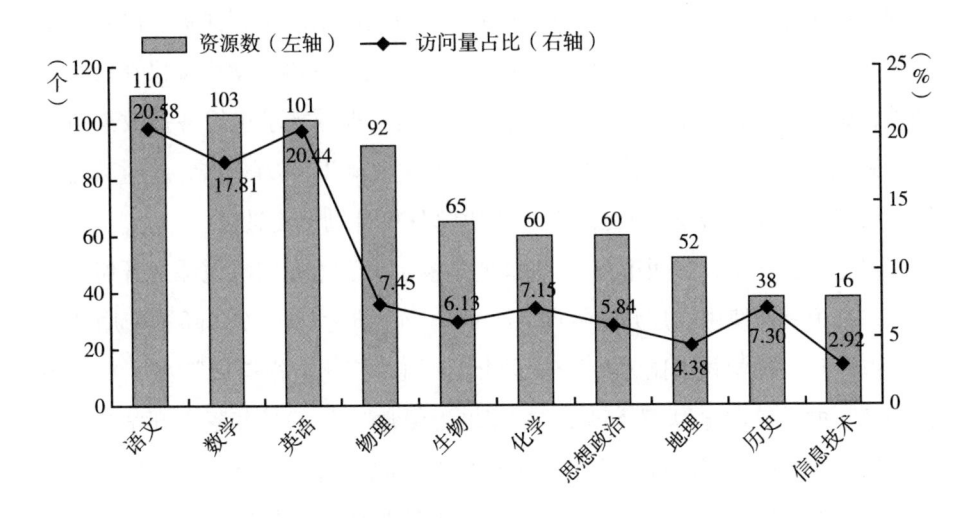

图 3　2020 年延期开学期间广州市高中各学科资源访问情况

资料来源：广州市电化教育馆《"广州线上教育平台"应用情况分析兼论"后疫情期"广州教育信息化的挑战与对策》（内部资料），2020 年 5 月 29 日。

开展在线教学优质教育资源的储备；由 9 个区（越秀区、荔湾区、海珠区、天河区、白云区、番禺区、黄埔区、花都区、增城区）各承担一个年级义务教育学段课程视频录制工作，包括小学 10 个学科及初中 14 个学科；由广州市教研院统筹安排录制心理健康教育课程的学习视频。截至 2020 年 5 月，"广州电视课堂"共录制 2577 个课时。

在疫情紧急的情况下，广州电视台调用两个大型专业演播室，全天候提供录制服务；进行网端升级扩容，并增设 11 个频道，截至 2020 年 5 月 22 日（全市学生返校前最后一个直播日），共播放 3614 个课时。① 全国 31 个省（自治区、直辖市）观课量达 12.64 亿人次，日均观课量保持在 2500 万人次左右，其中广东省内广州市外用户占 39.70%，广东省外用户接近 17.60%，在全国范

---

① 广州市教育局：《"智慧教育示范区"创建项目工作进展总结报告》（内部资料），2021 年 3 月 20 日，第 13 页。

围内形成了品牌效应。① 同时，广州市教育局积极主动协调扶贫、民政等部门，发动教育基金会等社会力量，为全市 6743 名家庭困难学生提供在线教育条件，确保在线教育不漏一人。广州市根据用户观课需求组织各播放渠道供应商紧急扩充"广州电视课堂"并发访问承载量至 2150 万人次，及时疏通区域网络堵点，并为家庭困难学生免费提供每月 30G 助学流量包。

调查数据显示，广州市有 97.30%的学校组织学生使用电视课堂开展在线学习，其中单独使用"广州电视课堂"的学校占比为 90.43%，单独使用"广东电视课堂"的学校占比为 6.87%，同时使用"广州电视课堂"和"广东电视课堂"的学校占比为 17.55%，"广州电视课堂"在 2020 年延期开学期间起到了重要的支撑作用。就广州市内用户分布情况而言，结合广州市各区中小学在校学生人数分析及各区访问量的分布情况来看（见表 1），大部分用户来自天河区、荔湾区、海珠区等中心城区，花都区、增城区等较为典型的农村区域用户访问较少，这一数据显示了广州市教育均衡化问题仍然突出。

表 1　2020 年延期开学期间广州市各区用户访问情况

区域	在校学生（万人）	访问量（万人次）	区生均访问量（次/人）
越秀区	12.39	87.20	7.04
荔湾区	10.43	203.50	19.51
海珠区	13.24	209.30	15.81
天河区	16.93	348.80	20.60
白云区	23.07	87.20	3.78
黄埔区	10.55	63.90	6.06
番禺区	23.42	290.70	12.41
花都区	20.24	37.80	1.87
南沙区	7.46	29.10	3.90
增城区	16.05	32.00	1.99
从化区	8.88	58.10	6.54

资料来源：广州市电化教育馆《"广州线上教育平台"应用情况分析兼论"后疫情期"广州教育信息化的挑战与对策》（内部资料），2020 年 5 月 29 日。

---

① 广州市教育局：《广州市以智慧教育破解教育改革难题，推动教育高质量发展》（内部资料），2021 年 3 月 20 日，第 9 页。

(三)在线直播教学初具规模

1. 社会公益平台为在线教学提供有力支撑

2020年延期开学期间,广州市向全市推介国家、省、市级可供资源共享的平台,其中,粤教翔云数字教材应用平台为广大师生提供正版的电子教材资源;市级平台包括广州智慧教育公共服务平台及智慧阅读平台;区级平台包括越秀区、海珠区、白云区、番禺区等区属在线教学平台。同时,疫情期间广州市根据本市在线教育需求,统筹了两批共20家企业免费提供资源及服务的平台供全市师生选择,用于在线讲授、课后辅导、布置作业和在线答疑等。如表2所示,2020年延期开学期间,广州市各区、学校积极结合实际,依托各类互动直播网络平台开展在线直播教学,进行在线讲授、互动答疑、布置作业、总结分析、精准推送等教学环节。就互动直播教学平台选用情况来看,广州市有47.56%的学校选择钉钉平台,28.33%的学校选择腾讯课堂,2.33%的学校选择希沃云课堂,1.53%的学校选择直播云平台,20.25%的学校选择QQ、微信、乐课网、晓黑板等其他平台。

表2 2020年延期开学期间广州市各区在线教育平台使用情况

区域	主要平台(除广州智慧教育公共服务平台外)
越秀区	越秀区优质视频资源共享平台、国家网络云课堂、粤教翔云数字教材应用平台
海珠区	海珠区基础教育资源管理平台、学而思网校、腾讯课堂
荔湾区	Moodle、UMU、北京四中网校、学而思网校、钉钉空中课堂、企业微信
天河区	腾讯课堂、智学网、钉钉空中课堂、粤教翔云数字教材应用平台
白云区	智慧白云教育大数据云平台、中国电信云课堂、粤教翔云数字教材应用平台、希沃云课堂、腾讯课堂、慧学云等
黄埔区	希沃云课堂、钉钉空中课堂、云视讯
花都区	国家中小学网络云课堂、粤教翔云数字教材应用平台、学而思网校、希沃云课堂、易课堂、钉钉空中课堂
番禺区	乐课网、北京四中网校
南沙区	智学网、智慧课堂、粤教翔云数字教材应用平台
从化区	中学:希沃云课堂;小学:钉钉空中课堂
增城区	钉钉空中课堂

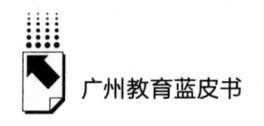

综上，在 2020 年延期开学期间广州市师生可选择的在线直播教学平台较多，其中钉钉平台在义务教育阶段和高中阶段的使用率最高。目前广州市大部分学校没有建立校级教学平台，主要借助社会力量完成在线讲授、在线答疑等环节，社会公益平台在学校开展在线教学过程中发挥了重要作用。

2. 规模化开展在线讲授式教学已见雏形

2020 年延期开学期间，广州市 74.80% 的中小学开展了在线讲授式教学。在线讲授式教学是指教师与学生在不同空间、同一时间通过网络媒介进行交互的同步教学活动，是中小学使用最多的在线教学形式。[1] 如表 3 所示，2020 年延期开学期间广州市中小学教师在在线讲授式教学中开展的教学活动主要有 6 个环节。在在线教学行为调查中，义务教育阶段占比从高到低依次是布置作业、在线答疑、推送资源、在线讲授、发布测试及组织讨论。而在线上教育备课方式的选择上，73.78% 的学校选择按原有课堂教学内容，11.51% 的学校选择使用校外专用业务系统，8.23% 的学校选择使用校内自建专用业务系统，6.48% 的学校选择使用其他方式。在学生层面上，92.94% 的学校选择按线下原班级授课，其余学校则有的选择按年级大班授课，有的选择根据学情小班授课（20 人以下），有的选择一对一授课或其他方式授课，比例大体相当。在线教学行为调查显示高中阶段占比从高到低依次是在线讲授、在线答疑、布置作业、发布测试、推送资源及组织讨论。而在线上教育备课方式的选择上，66.67% 的学校选择按原有课堂教学内容，15.32% 的学校选择使用校外专用业务系统，11.71% 的学校选择使用校内自建专用业务系统，6.30% 的学校选择使用其他方式。在学生层面上，94.54% 的学校选择按线下原班级授课，其余学校则有的选择按年级大班授课，有的选择根据学情小班授课（20 人以下），有的选择一对一授课或其他方式授课，比例大体相当。

数据显示，广州市中小学的在线直播教学已初具规模，在线讲授式教学在此次疫情中得到较为广泛的应用。高中阶段参与调查的学校 100% 组织开

---

[1] 陈丽编著《在线教育原理》，北京师范大学出版社，2021，第 40 页。

展了在线讲授,同时开展在线答疑、布置作业、发布测试、推送资源、组织讨论的比例均超过80%,在线教学的互动性明显优于义务教育阶段。在线教学具有空间灵活性的特征,其中在线教学打破传统的班级组织方式是其重要的表现形式。① 在线讲授式教学是以师生交互为主的教学形式,其教学效果依赖师生交互的层次和质量。② 调查显示广州市大部分学校在线教学的班级组织形式为按照线下原班级组织授课,由此可见,广州市中小学在线教学仍停留在起步摸索阶段,在线教学模式尚未成熟,在线教学的交互性有待加强。

表3　2020年延期开学期间广州市中小学在线讲授式教学行为情况

单位：%

学段	在线讲授	在线答疑	布置作业	发布测试	推送资源	组织讨论	其他
义务教育阶段	79.46	89.66	90.68	68.54	80.41	66.68	1.38
高中阶段	100.00	96.40	95.50	91.89	90.09	83.78	0.90

三　成效及问题

2020年新冠肺炎疫情期间,广州市汇聚各方力量,部署以信息化为支撑的在线教育教学工作有序开展,这是一次重大的考验,也是一次有益的探索,总体而言成效显著。广州智慧教育公共服务平台在疫情期间起到了很好的托底作用,"广州电视课堂"初步形成了线上教育特色品牌,为疫情期间在线教育的顺利开展提供了有力的支撑和保障。

（一）为2020年延期开学期间"停课不停学"提供了有效支撑

如表4所示,2020年新冠肺炎疫情期间广州市在线教育取得了一定的

---

① 陈丽编著《在线教育原理》,北京师范大学出版社,2021,第9页。
② 陈丽编著《在线教育原理》,北京师范大学出版社,2021,第41页。

成效，认为 2020 年延期开学期间开展在线教育有成效的学校比例达92.79%，为"停课不停学"提供了有效支撑。与此同时，在此次调查中大部分学校表示本次在线教育的效果仍未达到期望，认为在线教学效果弱于传统课堂教学。因此，如何实现高质量的在线教学有待进一步的实践探索。此外，在线教育效果较好的学科跟市级配套学科资源分布情况基本匹配，主要集中在主科，其他学科在线教育效果与主科相距甚远，这与资源的存量及分布有一定关系。

表4 2020年延期开学期间广州市中小学在线教育成效调查情况

单位：%

学段	成效显著	成效较显著	一定成效	无明显成效
义务教育阶段	5.90	19.16	67.73	7.21
高中阶段	9.01	30.63	53.15	7.21

（二）为返校复课后广州市进一步提升教育质量提供了支撑

2020 年 4 月 27 日起，广州市中小学师生分批次返校复课。广州市要求各学校要做好线上线下教育教学的衔接工作，利用学生返校前 4 周左右的时间，开展在线教育的诊断评估工作，对学生在线学习情况进行摸底和诊断，精准分析学习情况，区别不同年级、不同班级、不同学科，制订好教学计划，切实做好线上线下教学的衔接工作；持续发挥好在线教育的作用，将在线教育从应急之举变成课改、教改的常态之举。调查显示，义务教育阶段 83.47% 的学校表示在疫情后组织开展了延期开学期间在线教育总体教学质量诊断评估工作，其中 36.20% 的学校表示有建立学生在线学习档案；有 29.50% 的学校表示疫情结束后计划延续保留部分线上教育，后续会采用混合式教学。高中阶段有 91.89% 的学校表示在疫情结束后组织开展了延期开学期间在线教育总体教学质量诊断评估工作，其中 39.64% 的学校表示有建立学生在线学习档案；有 60.36% 的学校表示疫情结束后计划延续保留部分线上教育，后续采用混合式教学。数据显示，从返校复课后学校保留线上教育的意愿情况来看，高中阶段学校明显高于义务教育阶段学校，这跟学情、家庭情况等因素是分不开的。广州市绝大部分学校均开展了疫情期间总体教学质量诊断评估工作，为返校复课后广州市进一步提升教育质量提供了支撑。

（三）为疫情防控常态化时期教育教学模式创新提供了实践支撑

2020年师生返校复课后，义务教育阶段有71.50%的学校表示支持教师采用混合式教学方式开展教学，有46.36%的学校表示有制定推进混合式教学的措施；高中阶段表示支持教师采用混合式教学方式开展教学的学校比例为69.37%，已制定推进措施的学校比例为54.05%。广州市中小学校制定推进混合式教学的具体措施包括数字教育资源建设、在线教育平台建设、理论和方法培训的指导、资源制作、平台工具使用的技能性培训等。对于这5个方面学校最希望得到上级管理部门帮助的是数字教育资源支持，其次是在线教育平台建设、资源制作、平台工具使用的技能性培训，接近60%的学校希望能得到理论和方法的培训指导。数据显示，广州市70%左右的学校表示支持教师采用"线上+线下"混合式教学方式开展教学，并希望得到上级管理部门的帮助与支持，为疫情防控常态化时期教育教学模式创新提供了实践支撑。随着国内新冠肺炎疫情得到控制，在线教学将从应急走向一种"新常态"。

（四）存在的问题

2020年新冠肺炎疫情期间，广州市能够及时部署以信息化为支撑的教育教学在线有序开展，得益于广州市多年来在网络环境、教育公共服务平台、资源储备、师生信息素养等方面打下的良好基础。与此同时，此次疫情背景下的广州市在线教育也暴露出一些问题。

1. 网络基础环境待进一步加强

疫情期间，广州市教育局及广州电视台根据用户观课需求组织各播放渠

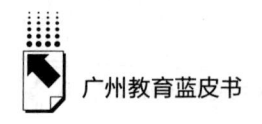

道供应商紧急扩充并发访问承载量,以确保疫情下在线教育工作的顺利开展。大规模在线教育的开展对网络等信息化基础设施的要求较高,随着在线教育的逐步推广应用,广州市的网络基础环境建设有待进一步加强。

2.市级存量数字教育资源的实用性不强

目前,广州市存量数字教育资源主要部署在广州智慧教育公共服务平台,其资源实用性不强。广州市在智慧教育公共服务平台上通过"一师一优课、一课一名师"活动积累的"优课"以及通过"教育教学创新应用评奖活动"累计收评的课例、论文、教学案例等资源主要用于教研和交流,可直接用于课堂教学或在线教学的优质资源仍然缺乏,资源配置与供给模式待改进。

3."广州电视课堂"待进一步推广应用

从广州市各区访问量的分布情况来看,"广州电视课堂"用户主要集中在中心城区,农村区域的用户较少。目前,"广州电视课堂"已积累了一定量的优质教育资源,辐射面仍需进一步扩大,在促进教育均衡发展上发挥的作用有待进一步加强。

4.线上线下教育融合方面待优化升级

新冠肺炎疫情期间,广州市中小学在开展在线教学期间将线下课堂照搬到线上的现象比较普遍,大部分学校仍按线下原班级授课,交互性弱。同时,广州市不少教师的信息化教学仍停留在PPT、微课等技术的简单应用。调查中,有96.40%的教师反映其在开展信息化教学方面遇到了不同程度的困难,其中以缺少简便的智能化教学工具的问题最较为突出。基于新技术的"教学模式重构"仅在部分信息化应用水平较高的学校开展,尚未规模化和常态化,广州市在线上线下教育融合方面的工作待优化提升。

四 对策建议

疫情防控常态化时期,线上线下相融合的全新教育秩序正在逐渐形成,教与学方式、师生角色、课程实施、教育管理等诸多方面都将产生显著变化。2020年7月15日，国家发改委等13个部门联合发布《关于支持新业态新模式健康发展 激活消费市场带动扩大就业的意见》明确指出，构建线上线下教育常态化融合发展机制，形成良性互动格局。[①] 2020年8月27日教育部召开新闻发布会，表示为巩固春季学期"停课不停学"取得的成果，将进一步推进线上线下教育教学的紧密融合。在前沿技术、疫情刺激和国家政策多重因素推动下，线上线下融合教学模式将成为"新常态"。为此，建议广州市着重加强以下工作。

（一）开展教育信息化"新基建"建设

大规模在线教育的开展对网络等信息化基础设施的要求必然更高。广州市应根据形势的发展，在各级各类学校深入推动以5G网络、数据中心等为代表的新型基础设施建设，大力推进市教育系统5G基站站点建设、教育专网骨干网络升级改造及IPV6规模化部署等专项工作，建设安全、高速、通畅的网络基础环境，实现教科网、互联网、视频专网、无线网等各类网络无缝连接。同时，广州市应大力推动人工智能、物联网等新一代信息技术软硬件技术环境的建设，如进一步优化升级广州智慧教育公共服务平台，部署以大数据为支撑的智能化在线教学平台，为推动教育教学模式重建和流程再造提供支撑，打造安全可靠、技术先进、智能化程度高的教育信息化基础设施新环境。

（二）优化优质数字教育资源供给服务

开展中小学学科线上课程资源库建设工作，推动教育供给多元化，形成"五育并举"的在线教育支撑体系。广州市可按照专业、统一的线上课程内容开发标准，围绕学生学科核心素养，根据每个学段的特点重点，针对课程核心知识点和重难点问题，建设中小学学科线上课程资源，满足师生多样化

[①] 国家发展和改革委员会：《关于支持新业态新模式健康发展 激活消费市场带动扩大就业的意见》（发改高技〔2020〕1157号），https://www.ndrc.gov.cn/xxgk/zcfb/tz/202007/t20200715_1233793_ext.html，最后检索时间：2021年1月26日。

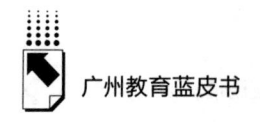

的教学需求；深入建设思想政治、家庭教育、科技教育、安全教育等特色资源，形成具有广州特色的素质教育资源库。同时，建议广州市在2020年开展的"广州电视课堂"工作的基础上优化提升，打造具有全国影响力的专业化、标准化的优秀教育资源栏目，实现广州优质教育资源的示范与辐射；配合组织开展"广州电视课堂"资源应用实践等评奖活动，进一步推广应用"广州电视课堂"教学资源，提高资源的观看及利用率，特别是提高教育基础较薄弱地区师生对资源的观看及利用率，充分发挥"广州电视课堂"的效用，在促进教育均衡发展上发挥应有的作用。

（三）深入开展混合式学习模式的研究与推广

深入开展以教学需求为导向的智能教学环境和智慧课堂建设，促进课堂学习与课外学习、真实环境与虚拟环境、线下与线上学习系统的有机结合，推动新型教与学模式的规模化应用。制定广州市智能化校园建设与应用相关规范文件，打造若干人工智能与教育融合窗口学校，以窗口学校为平台，发挥示范辐射作用，以点带面推动混合式学习模式的研究与推广；深化"三个课堂"应用，开展基于线上智能环境的翻转课堂教学、双师协同教学、多元混合教学，促进广州市教育均衡化发展。

（四）进一步提升师生信息素养

深入开展中小学教师信息技术应用能力提升工程2.0整校推进工作，通过以点带面构建以校为本、基于课堂、应用驱动、注重创新、精准评测的教师信息素养发展新机制；开展专项工作，进一步提高中小学生信息技术应用能力，信息保健、信息安全以及分辨有害信息的能力。

参考文献

陈丽编著《在线教育原理》，北京师范大学出版社，2021。

黄荣怀、虎莹、刘梦彧、王欢欢、吐尔逊艾力·巴孜力江：《在线学习的七个事实——基于超大规模在线教育的启示》，《现代远程教育研究》2021年第3期。

焦建利、周晓清、陈泽璇：《疫情防控背景下"停课不停学"在线教学案例研究》，《中国电化教育》2020年第3期。

经济合作与发展组织编《对标中国教育体系的表现：OECD中国教育质量报告》，上海教育出版社，2021。

王继新、韦怡彤、宗敏：《疫情下中小学教师在线教学现状、问题与反思——基于湖北省"停课不停学"的调查与分析》，《中国电化教育》2020年第5期。

余胜泉、王慧敏：《如何在疫情等极端环境下更好地组织在线学习》，《中国电化教育》2020年第5期。

B.14
穗港澳姊妹学校合作机制的现状与对策

杜新秀*

摘　要： 设立穗港澳姊妹学校是粤港澳三地合力发展教育、创新人才培养方式、打造人才高地的重要举措。调查表明，穗港澳姊妹学校交流合作日益呈现主体多元、内容丰富、形式创新的良好发展态势。然而，由于交流合作目标定位不清晰、浅层交流多深度合作少、交流合作机构与平台不足、制度不完善难以常态化等影响，穗港澳姊妹学校交流合作面临发展转型的关键期。为提升穗港澳姊妹学校交流合作质量，未来广州需要加强交流合作的顶层设计，提升交流合作的计划性与指导性，完善制度建设以形成长效机制，创新平台以拓宽交流合作渠道，坚持内涵发展以提升交流合作的效益。

关键词： 穗港澳姊妹学校　教育合作　中小学校

加强基础教育交流合作，鼓励粤港澳三地中小学校缔结为"姊妹学校"，是推动粤港澳大湾区教育合作发展，打造教育和人才高地的重要举措，① 更是发挥教育促进人文交流、民心相通，吸引港澳融入国家发展大局的重要举措。广州地区学校与港澳地区学校缔结姊妹学校由来已久。2005

---

* 杜新秀，广州市教育研究院教育规划与政策研究所所长，副研究员，主要研究方向为教育国际化、教育规划与政策。
① 粤港澳大湾区门户网：《粤港澳大湾区发展规划纲要》，http：//www.cnbayarea.org.cn/news/headline/content/post_ 165662.html，最后检索时间：2021年5月18日。

年 4 月,广州市教育局、广州市教育工会、香港教育统筹局、香港教育工作者联会在广州大厦举行"穗港姊妹学校缔结计划"预备会议,为穗港两地的中小学校搭建了交流平台,开辟了合作项目,此后,穗港两地中小学校陆续缔结为姊妹学校。2015 年以来,广州市积极融入广东省教育厅与港澳教育局联合举办的地区组团式粤港澳姊妹学校缔结活动。截至 2021 年 12 月底,广州市全市共缔结穗港澳姊妹学校 303 对①,姊妹学校类型更加多样,涵盖中小学、幼儿园和中等职业教育学校,缔结数量在全国、全省城市中均位居前列。

一 研究设计

穗港澳姊妹学校缔结计划实施以来,一定程度上促进了三地基础教育学校的发展,但还存在一些制约姊妹学校交流合作质量的问题。为此,项目组对穗港澳姊妹学校的合作机制开展了专项调查,主要围绕三方面问题展开研究:一是目前穗港澳姊妹学校交流合作的主要内容、形式和途径,交流合作的效果;二是穗港澳姊妹学校交流合作存在的机制性问题;三是如何完善穗港澳姊妹学校合作机制。

(一)研究思路

学界认为,合作机制是指规范合作主体行为、合作内容与手段,并最终实现合作目标的一系列规则、程序的制度体系及其行为准则。② 一种合作机制的稳定运行一般由一定的合作主体(责任人、机构或组织等)依托一定的平台构架,并依据预先设定的程序或环节展开。合作主体、运行平台及其组织程序等共同构成一种合作机制的运行机理。

穗港澳姊妹学校合作机制指的是穗港澳姊妹学校进行合作的规则、制度

---

① 数据来自广州市教育局内部资料。
② 林跃勤:《合作机制理论与完善金砖国家合作机制研究》,《亚太经济》2017 年第 3 期,第 24~32、193 页。

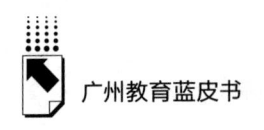

体系及其行为准则,具体包括合作的定位、原则、内容、平台、形式等要素。因此,本报告以合作机制理论为基础,围绕交流合作的理念与定位、计划与制度、内容与形式、效果与评价等方面进行研究,旨在深入了解穗港澳姊妹学校合作的现状、成效与不足,进而提出改进和完善合作机制的建议。

(二)研究对象与方法

本报告主要采用文献研究法和调查法。文献研究法主要是查阅资料、学校网站等,了解并梳理穗港澳姊妹学校交流合作现状;调查法则是对参与穗港澳姊妹学校计划的广州方学校进行问卷调查和访谈。调研对象包括姊妹学校项目负责人、参与过姊妹学校交流合作的教师和部分校长。本次问卷调查共回收问卷 149 份(各校实际情况不同,未开展活动的学校仅由项目负责人填写 1 份),其中小学 69 份、完全中学 40 份、初中 13 份、九年一贯制学校 10 份、高级中学 6 份,另有其他类型学校 11 份。访谈涉及小学 3 所、九年一贯制学校 2 所、高级中学 2 所。

二 研究结果与分析

(一)穗港澳姊妹学校交流合作的总体情况

结合文献研究法获得的资料来看,穗港澳姊妹学校间的交流主体包括校长、教师、学生和家长四个层面。校长间的交流主要通过参观学习、座谈等形式探讨各自学校的办学理念、管理理念与模式,并借鉴运用到自身办学实践当中,以提高自身的管理水平和办学效益。教师间的交流主要通过同课异构、"一课两讲"、典型课例和特色课例展示等活动,分享课程设计、教学理念、教学方法等,寻找学科教学的异同,取长补短,优势互补。学生间的交流主要以学校的节日庆典、艺术节、体育节或科技节(竞赛)等活动为契机,开展绘画、舞蹈、科技、合唱、乐团、球类竞赛等社团交流合作,强化学生的沟通合作能力、相互理解能力和文化认同感。家长间的交流主要依托学生活动进行，共同参与游学活动。其中，"探索寻根之旅"是三地开展家长学生游学活动的主旋律。

从接受调查的学校可知，穗港澳姊妹学校间开展交流合作活动的最早时间可追溯到2000年，但为数不多；2017～2018年开展活动的学校增多，达到高峰值，这说明2016年以来广东省采用地区组团方式举行的粤港澳姊妹学校缔结仪式极大地推进了姊妹学校的交流合作。① 从调查总体情况来看，84.56%的教师所在学校仅缔结姊妹学校1对，8.72%的教师所在学校缔结姊妹学校2对，约6.70%的教师所在学校缔结姊妹学校3对及以上。

（二）穗港澳姊妹学校交流合作的具体情况

就调研结果来看，穗港澳姊妹学校交流合作具有以下特点②。

1. 教师参与交流合作的态度总体上积极，认识明确

从交流合作目的来看，64.43%的教师认为穗港澳姊妹学校交流合作有助于互相学习，取长补短；18.79%的教师认为能够增进对港澳教育的认识与了解；7.38%的教师认为能够丰富本校教学活动。关于推进穗港澳姊妹学校交流合作，33.56%的教师认为应该大力提倡穗港澳姊妹学校交流合作，65.10%的教师认为有条件可以推行。此外，有80.54%的教师表示大力支持本校开展穗港澳姊妹学校交流合作。

从参与态度来看，50.34%的教师表示会非常积极地参与交流合作活动，44.30%的教师表示会积极参与。在担任交流合作项目负责人方面，22.82%的教师认为有能力承担，63.76%的教师表示愿意培训后承担相关工作。

关于穗港澳姊妹学校交流合作活动对学校发展、教师发展和学生发展关系的认识方面，17.45%的教师认为有很大促进作用，71.37%的教师认为有一定促进作用。

调查结果表明，总体上教师们认为开展穗港澳姊妹学校交流合作会对学

---

① 魏文琦：《内地与港澳姊妹学校：优势互补，协同发展》，《广东教育》（综合版）2017年第12期，第16~17页。
② 调查结果中所用材料和数据主要来自本次调查，非本次调查数据和资料将另行标明。

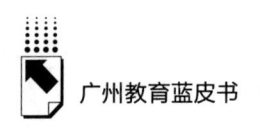

校、教师和学生带来积极的促进作用,因而愿意参与穗港澳姊妹学校交流合作。但不容忽视的是,7.38%的教师认为穗港澳姊妹学校交流合作仅仅是落实上级下达的任务,5.37%的教师认为无所谓(含不积极)参与与否,另有11.18%的教师认为交流合作的作用不大或是对其作用不大清楚。

2. 交流合作有计划有制度,但缺乏具体操作指引

调查结果显示,80.54%的学校为穗港澳姊妹学校交流合作制定了活动方案或工作方案,其中67.11%的学校能够将交流合作计划纳入学校总体计划之中,56.38%的学校制定了鼓励教师参与交流合作的制度。例如,某学校外事(含港澳台)管理制度中指出,在外事活动中自觉维护国家和民族尊严可作为教师年终考核评定优秀和学生评定学期"三好学生"的参考依据。不过,仅有28.19%的学校制定了交流合作的工作指引。

值得注意的是,对学校计划和制度表示不清楚的教师占比为16.11%,对工作指引表示不清楚的教师占比达35.57%,这在一定程度上表明穗港澳姊妹学校交流合作的宣传还有待加强。教师们只有深入了解参与穗港澳姊妹学校交流合作的目的与意义、制度与措施之后,才能更好地主动开展相关工作。

3. 交流合作内容多样,但定期化机制不健全

从交流合作内容来看,学校参观访问(86.58%)是穗港澳姊妹学校开展最多的活动,其次是课堂听课评课(67.79%),再次是体艺交流或比赛(56.38%)。此外,有近三成的学校开展了诸如课程研讨(28.86%)、课例研讨或同课异构(28.19%)、文化景点同游(27.52%)等活动;另有14.09%的学校开展了项目(课题)合作研究,6.04%的学校进行了网络教学共享(见表1)。

表1 穗港澳姊妹学校交流合作的主要内容与主要收获

单位:%

排序	交流合作的主要内容	交流合作的主要收获
1	学校参观访问(86.58)	开阔视野(74.51)
2	课堂听课评课(67.79)	增进港澳师生对内地的认识与了解(62.42)

续表

排序	交流合作的主要内容	交流合作的主要收获
3	体艺交流或比赛(56.38)	加强两地教师间的联系(58.39)
4	课程研讨(28.86)	增进港澳师生的国家归属感或身份认同(57.72)
5	课例研讨或同课异构(28.19)	了解港澳教学情况(44.30)
6	文化景点同游(27.52)	促进教师专业成长(30.20)
7	项目(课题)合作研究(14.09)	认识港澳教育制度(22.15)
8	网络教学共享(6.04)	提升学校影响力(19.46)

从交流合作过程来看，81.88%的教师认为穗港（澳）双方学校的沟通与反馈及时；80.54%的学校召开过推进穗港澳姊妹学校交流合作的工作研讨会；72.48%的学校借鉴了其他学校的交流经验。但穗港澳姊妹学校交流合作借助第三方（非官方）平台开展活动的不多，仅占7.38%。

从交流合作频次来看，穗港澳姊妹学校每年开展交流合作的次数以1~2次居多，约占七成（69.13%）；开展3次及以上活动的比例约为23.49%，有7.38%的学校尚未开展过活动。近五年来，40.94%的学校能够定期化开展交流合作，30.20%的学校不定期开展交流合作。自2017年以来，只开展过1~2次交流合作的学校占比为20.81%，尚未开展过交流合作的学校占比为8.05%。

综上可见，穗港澳姊妹学校交流合作的内容多样，但交流多合作少；形式上多为学校与学校的点对点交流，且交流次数不多，定期化交流尚不充分。

4. 交流合作认可度高，但师生参与率不高

从交流合作的主要收获来看，教师们认为开展姊妹学校交流合作的最大收获是开阔视野（74.51%），其后依次是增进港澳师生对内地的认识与了解（62.42%）、加强两地教师间的联系（58.39%）、增进港澳师生的国家归属感或身份认同（57.72%）。另有不少教师认为交流合作也有益于了解港澳教学情况（44.30%）、促进教师专业成长（30.20%）、认识港澳教育制度（22.15%）和提升学校影响力（19.46%）。受访教师表示，"两地交

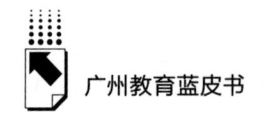

流合作活动促进学校对管理、课程建设、教学方法等方面的思考""增强了两地学校间的了解与沟通和对文化的认识""增进了港澳师生对祖国的归属感，姊妹学校在交流中取长补短，共同进步"。

从对交流合作的评价来看，60.40%的教师认为穗港澳姊妹学校交流合作的效果与预期效果相符合，28.86%的教师认为与预期效果相比一般，另有4.70%的教师认为与预期效果不相符合。13.42%的教师认为本校开展交流合作很有效，55.03%的教师认为比较有效，26.17%的教师认为效果一般。总体来看，超过六成的教师认为穗港澳姊妹学校交流合作比较有效（或符合预期），约1/4的教师认为效果一般。

从师生参与情况来看，64.43%的教师认为该校参与过穗港澳姊妹学校交流合作的师生比例在40%以下（其中认为师生参与比例在20%以下的占36.24%），18.12%的教师认为该校师生参与比例在40%~60%，11.41%的教师认为该校师生参与比例在60%~80%，仅6.04%的教师认为该校师生参与比例在80%以上。总体来看，82.55%的教师认为该校参与穗港澳姊妹学校交流合作的师生比例在六成以下，应扩大双方师生交流的覆盖面。

（三）穗港澳姊妹学校交流合作中的主要困境

综合调研结果来看，穗港澳姊妹学校交流合作由同宗同盟学校发展到缔结姊妹学校，由民间自发组织发展到政府组团，合作方式突破了传统路径，交流合作内容不断丰富，形式也在不断创新。各姊妹学校在办学模式、教育理念、课程建设、教师管理、校园文化建设等方面均有了交流，呈现了学校之间优势互补、协同发展的良好趋势。但是，作为一项政府重点推进的项目，穗港澳姊妹学校的合作机制总体上存在如下问题。

1. 交流合作的目标定位和预期效果尚不清晰

一方面，政府层面没有明确姊妹学校交流合作的定位。如广州与深圳或粤港澳大湾区其他城市相比，在推进姊妹学校交流合作中有何优势和不足、如何扬长避短、可以实现哪些预期效果以及如何实现等方面，没有提出具有本地特色的项目规划及相应的目标定位。另一方面，学校层面对该项目的认识虽然总体上正确，但缺乏有针对性的思考。从对交流合作中学校优势（多选）的调查结果来看，教师们认为学校有管理优势（59.06%）和课程优势（55.70%）的居多，其后依序为教师优势（42.28%）、教学优势（38.93%）和历史优势（35.57%），另有9.40%的教师认为学校没有优势。可见，教师们对学校优势的认识不集中，反映出学校自身的优势不是很突出，在这种情况下的姊妹学校交流合作定位必然不清晰，交流合作效果也随之削弱。

2. 交流合作的制度不完善，难以开展常态化交流合作

调查结果显示，穗港澳姊妹学校交流合作面临的两个突出困难是出访审批程序的限制（73.83%）和出访经费的限制（72.48%）（见表2）。不少教师坦陈"因公指标的现状和经费令有些活动无法开展""师生赴港澳前的手续和交流互动后报销手续极其烦琐，是阻碍三地学校交流的重要障碍"。综合实际情况可见，交流合作制度的不完善主要表现在配套制度不足。目前姊妹学校出访、审批程序及相关经费开支管理均参照出国审批管理规定，没有专门的更具科学性的管理办法。例如，姊妹学校合作协议到期、续签或退出管理，交流合作绩效评估等均未有相关的制度或管理办法。此外是缺少统一规划和部署。主管部门对姊妹交流合作的原则、规范和程序等未做出具体的安排，如年度合作交流的次数、师生参与率等。制度的不完善使得穗港澳姊妹学校的交流合作常常有来无往，难以定期化、常态化地进行，稳定性不强。

3. 交流合作的机构与平台少，效果不明显

目前推进穗港澳姊妹学校交流合作的机构和平台主要在政府，如广东省教育厅与港澳教育行政部门联合组织的缔结仪式、中华经典美文诵读比赛等。研究机构组织的论坛、联盟等社会组织处于初期探索阶段，数量少且结构松散，缺乏高端、权威、公认的平台，凝聚力和影响力还很弱小。学校层面的交流合作多是单兵作战，资源分散，未形成合力，活动覆盖面还不够大。有些以集团方式推进的交流合作，如香港圆玄学院组织旗下的学校与广

州部分中小学校开展的活动，因领导变更、发展理念改变而使得姊妹学校交流合作前路迷茫。

4.交流合作内容与方式表现为浅层交流多，深度合作少

姊妹学校缔结计划规模越来越大，总体上呈现交流合作形式多样、内容也较丰富的局面。但就单个缔结学校而言，其交流合作还停留在表面，多为蜻蜓点水，深度的、着眼内涵发展的、有系统性和持续性的交流合作不多，因而也容易受外在因素如疫情、校长变更等影响而停顿或终止。调查结果中，教育理念的差异（31.54%）、双方学校校长的变更（16.78%）是对姊妹学校交流合作阻力的看法，一定程度上证实了这一点。

表2 穗港澳姊妹学校交流合作的主要困难与主要诉求情况

单位：%

排序	交流合作的主要困难	交流合作的主要诉求（教育局）
1	出访审批程序的限制(73.83)	出台交流合作的指南(69.13)
2	出访经费的限制(72.48)	扩展经费使用范围(68.46)
3	教育制度的差异(42.95)	搭建常态化的交流合作平台(63.09)
4	缺乏专业的引领与支持(35.57)	协助学校安排交流合作活动(45.64)
5	教育理念的差异(31.54)	组织举办经验分享会(32.89)
6	缺乏教育局的指引(20.13)	收集推广优秀经验(28.19)
7	双方学校校长的变更(16.78)	提供活动内容、形式或行程建议(24.16)

三 对策建议

（一）加强顶层设计，提升交流合作的计划性与指导性

1.设立穗港澳姊妹学校交流合作专项计划

随着穗港澳姊妹学校数量不断增加，类型日益多样，交流合作涉及学校管理、教师发展和学生发展等多个维度，教育行政管理层面非常有必要进行专项工作管理，对姊妹学校交流合作提出具体目标与要求，指导各姊妹学

提出交流合作的计划及其落实举措。如香港特别行政区政府教育局自2018~2019学年起将"促进香港与内地姊妹学校交流试办计划"恒常化，为已缔结姊妹学校的本地公营及直资学校（包括特殊学校）提供经常津贴及专业支援，具体包括缔结内地姊妹学校意愿申请、姊妹学校交流计划书和报告书的模板、姊妹学校计划津贴申请等指导，并对获得津贴的学校提出年度工作要求①。深圳罗湖区教育科学研究院于2020年授牌粤港澳姊妹合作实验学校，希望在原来港澳"姊妹学校"合作的基础上，通过8所合作实验学校尝试共享跨地教育融合，将罗湖区打造成为创新引领型高质量发展的示范区。②

2. 指导学校制订姊妹学校交流合作的专门计划

香港教育局要求有意向或已缔结的学校填写有关姊妹学校的交流合作计划，但总体上比较笼统；而广州市尚未对相关学校提出此要求，仅有个别学校制订了较为粗浅的学期或学年工作计划。因此，广州市教育行政部门应要求并指导缔结学校双方制订专门计划和年度推进方案，明确缔约期间拟开展的主题或项目，探索如何加强联系、推进双方交流合作、优势互补共享教育资源等，为双方交流合作指明目标、方向、对象与内容等，切实提升姊妹学校交流合作的效果。

（二）完善制度建设，形成交流合作的长效机制

1. 建立健全姊妹学校交流合作的有关制度

广州市教育行政部门应着眼于交流合作的整个过程来完善制度，包括缔结学校的准入资格、双方开展交流合作的指引、协议到期后的退出或续约、定期化汇报和交流分享、突发事件的应急处理办法等原则性、规范性制度，对姊妹学校的交流形式、内容质量、交流效果等实施情况和总体效益的综合

---

① 香港特别行政区政府教育局：《姊妹学校计划》，https://www.edb.gov.hk/sc/sch-admin/admin/about-sch/sister-sch-scheme/sister-sch-scheme-index.html，最后检索时间：2021年5月21日。
② 叶淑萍：《打造教育高质量发展新样态，罗湖区教科院粤港澳教育研究部正式成立》，https://new.qq.com/rain/a/20201030A0ID4U00，最后检索时间：2021年5月21日。

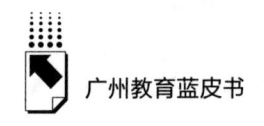

性评估制度等。当前亟须的制度包括对签约后未积极推进的学校的约束或改进制度;对结对后双方不满意的学校有明确是否解除或更换结对学校的制度;缔约协议结束后的绩效评估制度等。境内其他城市关于姊妹学校的相关管理制度不多,仅北京市教育委员会印发了《京港澳姊妹校交流活动管理办法(试行)》(京教外〔2017〕7号)。广州市港澳姊妹学校缔结数量远多于北京,也应出台相关管理意见或办法。

2. 着力完善制约姊妹学校交流合作的管理办法

当前三地交流最大的阻碍在出访审批和经费使用方面。如姊妹学校出访需依据"三公"要求,限定出访教师、学校领导的人数和次数(团组);赴港澳交流审批程序烦琐且耗时过长,导致不少出访最后被取消。因此,建议针对姊妹学校开设"绿色通道",依据审定的姊妹学校年度交流合作计划,实行人员审批和经费使用的年度总额包干管理办法,进行一次性审批;或者借鉴北京、江苏等地经验,实行教育系统因公交流项目单列,不纳入"三公"范畴管理。

(三)创新平台建设,拓宽交流合作的渠道

1. 以品牌创建为标准搭建姊妹学校交流合作的各类平台

福州市建立"联盟式"教育合作伙伴新型关系,即香港4所学校与福州市3所学校签订"七校联盟"框架协议,明确在现代中小学教育管理、教育教学理念、课程计划方案等方面开展交流。① 英国专门为促进姊妹学校教师沟通而设立了合作伙伴平台(Twins Partnership),当中包括专业合作、电子合作和战略伙伴关系,为姊妹学校教师与世界各地教师分享知识和经验、共同交流和开发协作项目提供机会。② 这些平台建设经验值得借鉴。本

---

① 《闽港姊妹校强强联合"七校联盟"签订协议》,闽南网,http://www.mnw.cn/edu/news/1138520.html,最后检索时间:2021年5月21日。
② 《〈促进香港与内地姊妹学校交流试办计划〉研究》,香港特别行政区政府教育局网站,https://www.edb.gov.hk/attachment/tc/sch-admin/admin/about-sch/sister-sch-scheme/Executive%20Summary_Chin.pdf,最后检索时间:2021年5月23日。

次调查和香港特别行政区政府教育局的姊妹学校计划相关调查均反馈了类似需求。广州市可在省组织的姊妹学校中华经典美文诵读活动外，依托自身教育优势搭建更多交流合作平台。如广州市广府文化突出，旅游资源丰富，可以依托广府文化创建学生游学项目或家长学生文化体验项目。又如广州市有丰富的红色教育资源，也可为姊妹学校交流合作提供国情教育平台。

2. 建立姊妹学校学习交流网站或端口以增强线上合作交流

欧洲的 eTwinning Plus[①] 通过使用信息和通信技术为学校提供支持，包括相关的工具和服务，来促进欧洲学校的合作，还为教育工作者提供免费、持续的在线专业发展服务机会，其建设理念值得借鉴。穗港澳姊妹学校除线下交流外，市级层面可在"广州智慧教育公共服务平台"中开设姊妹学校学习交流端口，充分整合穗港澳优质中小学教育资源，助力三地教师共同开展同课异构、同题异教、开放课堂、远程教学等项目，进行教学研究，开发科研课题，并在网站中储存和分享三地教学设计、讲义、课堂录像等资源，借此增加与姊妹学校间的交流合作，也拓展与两地其他姊妹学校间的交流合作，实现由点到面的突破，打破一一对应的局限。这种方式也能够应对疫情背景下的交流合作。

3. 支持姊妹学校进行经验分享并加强合作成效宣传和推广

受访教师呼吁要搭建常态化的交流合作平台（63.09%）、组织举办经验分享会（32.89%）和收集推广优秀经验（28.19%）。为此，市、区、校可根据不同项目、不同活动内容举办定期或不定期的、形式多样的分享会，分享三地学校在组织姊妹学校交流活动中所遇到的困难及其应对方法，交流成功经验，进而发挥先进经验的典型导向和示范作用，使之成为推动姊妹交流合作的动力。同时鼓励和支持优秀教师到对方学校进行短期任教交流，熟悉三地教育理念、教学观念、教学模式和管理模式等方面的异同，共同开展研讨与研究，为融入大湾区发展发挥实质作用。

---

① Erasmus+，"eTwinning is The Community for Schools in Europe，"https：//www.etwinning.net/en/pub/index.htm，最后检索时间：2021年5月23日。

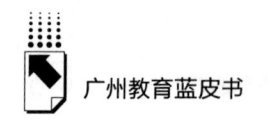

（四）坚持内涵发展，提升交流合作的质量与效益

1. 规范内容以系统开展交流合作

共青团中央办公厅、全国青联秘书处于2021年1月印发实施的《港澳青少年赴内地交流活动实施规范（试行）》提出，港澳青少年赴内地交流活动可从宪法和基本法教育模块、国情教育模块、中国历史和中华文化教育模块等三大模块九个专项进行①。这个实施规范可以作为各姊妹学校开展爱国主义教育交流合作的内容规范组织师生活动。此外，市级层面还可以设计关于学校管理、项目研究或学科教学等方面的内容规范，增强交流合作的针对性和实效性，促进深度的交流合作。

2. 发挥姊妹学校交流合作的相关主体作用

当前交流合作的主体主要集中在省级政府和校级层面，市区两级教育行政部门、教科研机构和社会力量的参与还很不充分，各方教育力量的作用还没有很好地发挥出来。本报告和港澳的相关调查均呼吁提供更多第三方平台和机构供学校选择。因此，教育行政部门应联合其他利益主体建立合作共同体，鼓励更多有资质的学术团体、科研机构或社会力量参与到穗港澳姊妹学校交流合作中，创新合作内容、合作形式与合作途径，促进三地基础教育交流合作，真正实现优势互补，整体提升三地的教育质量。

参考文献

国务院研究室课题组：《推进粤港教育合作发展——建立粤港澳更紧密合作框架研究报告之八》，《中共珠海市委党校珠海市行政学院学报》2012年第1期。

胡伟娟：《区域间政府合作机制的建构》，《中国管理信息化》2013年第16期。

李臣之：《粤港澳大湾区教育的开放与合作》，《现代教育论丛》2019年第1期。

---

① 共青团中央办公厅、全国青联秘书处：《港澳青少年赴内地交流活动实施规范（试行）》，《黄金时代》（上半月）2021年第3期，第25页。

宋秀琚:《国际合作理论:批判与建构》,世界知识出版社,2006。

张天劲:《区域推动基础教育国际交流合作的路径选择与战略思考》,《世界教育信息》2014年第2期。

朱耀顺:《中国—东盟高等教育国际合作机制研究》,云南大学出版社,2020。

B.15
广州市国家义务教育质量监测结果应用情况调查报告*

肖秀平**

摘　要： 自编问卷以应用环节为主线，包括条件保障、结果反馈、结果解读、改进措施四个维度。调查结果显示：广州市"国测"结果应用总体处于中等水平，尚有较大提升空间；"国测"结果应用的区域和学科差异不显著，学段差异显著；收到且阅读过"国测"结果分析报告的比例为七成以上，不同"国测"结果分析报告掌握程度的调查对象在结果应用水平上差异显著。本报告建议教育管理部门可以从理念、队伍建设、精准施策三个方面做出改善。

关键词： 国家义务教育质量监测　教育管理　广州市

一　问题的提出

教育质量监测在全球范围内受到重视，据联合国教科文组织2017年《全球教育监测报告》①统计，全球已有108个国家及地区建立了不同程度的国家教育监测制度，发布了国家教育监测报告。我国在2015年正式启动国家义务

---

* 本报告是广州市教育规划课题2022年度一般课题"区域管理视角下国家义务教育质量监测结果应用研究"的研究成果之一。
** 肖秀平，广州市教育研究院教育规划与政策研究所副所长，副研究员，主要研究方向为教育财政、基础教育政策。
① 联合国教育科学及文化组织：《全球教育监测报告》，http://unesdoc.unesco.org/images/0025/002595/259593c.pdf，最后检索时间：2021年3月2日。

教育质量监测工作，又称"国测"。2021年，"国测"已经进入第三个周期。

2021年3月，教育部等六部门联合印发的《义务教育质量评价指南》明确将"……加快建立以发展素质教育为导向的义务教育质量评价体系，强化评价结果运用……全面提高义务教育质量……"[1] 作为指导思想。在此基础上，教育部印发《国家义务教育质量监测方案（2021年修订版）》[2]。该方案是我国各级政府实施"国测"的重要依据和行为标准。修订后的方案，把强化结果应用作为四个基本原则之一，将结果应用放在了至关重要的位置。在广东省人民政府教育督导室开展的对市县级人民政府履行教育职责评价中，"加强义务教育质量监测结果应用"是一项重要评价指标。

作为诊断性监测，"国测"不同于中考和高考，其目的在于"提高教育质量，促进教育的民主与公平"[3]，通过对义务教育质量的诊断，发现问题，采取针对性措施提高义务教育质量。现有研究文献主要集中在规范性论述和经验总结。研究发现，队伍建设、数据驱动、督导机制建设、分层解读、问题清单、教育教学改进等是"国测"结果应用的主要经验。在实证研究方面，研究成果少，仅限于提高教育教学质量的案例研究，本研究尝试以应用环节为主线，从条件保障、结果反馈、结果解读、改进措施等影响应用效果、反映应用水平的四个维度自编问卷，对广州市"国测"结果在教育决策层面的应用情况开展调查。

二 研究设计

本研究采用自编问卷的方式开展调查研究。以下对调查工具、调查对象及抽样情况、数据清理与分析情况进行说明。

---

[1] 《教育部等六部门关于印发〈义务教育质量评价指南〉的通知》，http://www.moe.gov.cn/srcsite/A06/s3321/202103/t20210317_520238.html，最后检索时间：2021年3月12日。

[2] 《教育部关于印发〈国家义务教育质量监测方案（2021年修订版）〉的通知》，http://www.moe.gov.cn/srcsite/A11/moe_1789/202109/t20210926_567095.html，最后检索时间：2021年10月17日。

[3] 田惠生、孙智昌主编《学业成就调查的原理与方法》，教育科学出版社，2012，第18~19页。

（一）调查工具

1. 问卷的编制

本研究根据"国测"结果应用的条件保障、结果反馈、结果解读、改进措施四个环节，结合广东省人民政府教育督导室《2020年对市县级人民政府履行教育职责评价实施细则》中关于"国测"应用的具体要求，自编封闭式问卷对"国测"结果的应用情况开展调查。问卷编制过程中，对市、区教育局，市、区教科研部门"国测"管理人员进行了多人次访谈，梳理出能够反映"国测"结果应用情况的四个要素。在此基础上，问卷的编制综合采用类别性测量和连续性测量格式。其中，类别性测量主要了解调查对象的基本信息，用于后续背景分析；连续性测量选用了Likert-type五点量表，编制了27个题目，通过测量调查对象对"国测"及其结果应用的意见及态度，测量区域"国测"结果应用情况，编制了8个题目，测量调查对象对区域"国测"结果应用工作的建议。

2. 问卷的预测

问卷经过多轮专家征求意见和预测，对题目的内容、格式，问卷的信度进行了修订，正式施测前，预测问卷的信度良好。整套量表的Cronbach's α值为0.948，其中，条件保障部分的α值为0.833，结果反馈部分的α值为0.984，结果解读部分的α值为0.909，改进措施部分的α值为0.970，均高于0.8，问卷的稳定性、可靠性良好，各项量化指标符合测量学要求，具有良好的信效度。

（二）调查对象及抽样情况

1. 调查对象

本研究以区教科研机构"国测"项目主管领导、管理人员、学科教研员为调查对象。

2. 抽样方式

本次调查采用非随机抽样方法中的判断抽样方法，选取了2019年"国测"[①]

[①] 2019年"国测"是最近一次有反馈结果的"国测"。

参测学科[①]相关人员作为调查对象。鉴于各区教科研机构是"国测"实施及结果应用的重要组织机构，其中的"国测"项目主管领导、管理人员和"国测"参测学科教研员是最了解广州市"国测"结果应用情况的一个群体；鉴于"国测"采用三年一个周期的方式开展，且"国测"结果的反馈有一年以上的时间延迟，最近一次有反馈结果的"国测"项目参测学科相关人员是最能反映广州市"国测"结果应用现状的样本。

（三）数据清理与分析

1. 数据清理

本次调查共收回问卷159份。问卷收回后，通过查看答卷时间、反向题与正向题答卷的对比分析、分析作答情况等多种方式，对问卷中的异常情况进行甄别，剔除无效问卷，剔除反向题目，并对筛选出的有效问卷和题目进行编码审核、逻辑判断等，最终生成可用于正式统计分析的"国测"结果应用数据库。经数据清理，筛选出有效问卷151份，问卷有效率为94.97%。

2. 分析方法

问卷数据采用 SPSS 20.0 软件进行统计分析，主要采用了描述性统计分析、独立样本T检验、单因素方差分析、事后多重比较分析等方法。在对得分的分析中，平均分大于等于4.50分为优秀等级（$M \geqslant 4.50$分），平均分大于等于4.00分小于4.50分为良好等级（$4.00 \leqslant M < 4.50$分），平均分大于等于3.50分小于4.00分为中等等级（$3.50 \leqslant M < 4.00$分），平均分大于等于3.00分小于3.50分为及格等级（$3.00 \leqslant M < 3.50$分），平均分小于3.00分为不及格等级（$M < 3.00$分）。

3. 有效问卷信度

采用内部一致性检验，本次调查的有效问卷整体信度为0.951，条件保障部分的信度为0.847，结果反馈部分的信度为0.889，结果解读部分的信度为0.905，改进措施部分的信度为0.935，均高于0.8，具有良好的信度。

[①] 参测学科是指语文、艺术学科。

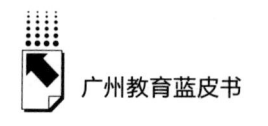

三 调查结果与分析

(一)"国测"结果应用水平总体情况

1. 结果应用总体处于"中等",离散程度不高

对整体情况的调查结果显示,全市"国测"结果应用均值为 3.92 分,处于中等水平,接近良好。其中,中位数为 3.96 分,众数为 3.85 分,二者与平均数的差距不大,三个能够描述一组数据集中量数的指标趋同,该组数据趋于正态分布。该组数据的标准差为 0.57 分,说明大部分数值和平均数之间的差异不大,离散程度不高。

2. 结果应用在"结果反馈"与"改进措施"环节达到"良好",另两个环节处于"中等"

在条件保障方面,全市均值为 3.86 分,处于中等水平。其中,中位数为 3.90 分,众数为 4.00 分,二者与平均数的差距不大,三个能够描述一组数据集中量数的指标趋同,该组数据趋于正态分布。该组数据的标准差为 0.57 分,说明大部分数值和平均数之间的差异不大,离散程度不高,和总体情况相同。

在结果反馈方面,全市均值为 4.14 分,处于良好水平。其中,中位数为 4.00 分,众数为 5.00 分,二者与平均数的差距较大,三个能够描述一组数据集中量数的指标具有一定差距。该组数据的标准差为 0.77 分,说明大部分数值和平均数之间的差异较大,离散程度较高,高于总体情况。

在结果解读方面,全市均值为 3.86 分,处于中等水平。其中,中位数为 4.00 分,众数为 4.00 分,二者与平均数的差距不大,三个能够描述一组数据集中量数的指标趋同,该组数据趋于正态分布。该组数据的标准差为 0.65 分,说明大部分数值和平均数之间的差异高于总体情况。

在改进措施方面,全市均值为 4.02 分,处于良好水平。其中,中位数为 4.00 分,众数为 4.00 分,二者与平均数的差距不大,三个能够描述一组数据集中量数的指标趋同，该组数据趋于正态分布。该组数据的标准差为0.69分，说明大部分数值和平均数之间的差异高于总体情况（见表1）。

表1 广州市"国测"结果应用基本情况

单位：分

维度	极小值	极大值	中位数	众数	均值	标准差
全市总体	2.46	5.00	3.96	3.85	3.92	0.57
条件保障	1.80	5.00	3.90	4.00	3.86	0.57
结果反馈	1.00	5.00	4.00	5.00	4.14	0.77
结果解读	2.33	5.00	4.00	4.00	3.86	0.65
改进措施	1.75	5.00	4.00	4.00	4.02	0.69

3. 结果应用在"条件保障"与"结果解读"环节8项指标低于均值

分别对条件保障、结果反馈、结果解读和改进措施四个维度内部的26个指标均值及标准差进行统计，结果显示：共有8个指标低于全市总体均值3.92分。条件保障方面有3个指标低于全市总体均值，内容涉及对服务学科"国测"学生问卷的内容框架的认知程度、区域外研究团队的参与程度、"国测"结果应用的研究及实施经费保障。结果解读方面有5个指标低于全市总体均值，内容涉及解读专家团队的构成、专家团队的层次、问题清单的提供、开展课题研究、解读效果等（见表2）。

表2 广州市"国测"结果应用低于均值指标情况

单位：分

指标维度	指标主要内容	均值	标准差
条件保障	服务学科"国测"学生问卷的内容框架	3.84	0.90
	参与区外"国测"结果应用研究团队	3.01	1.14
	提供"国测"结果应用的研究及实施经费	3.41	1.10
结果解读	邀请区外专家对"国测"结果进行专业解读	3.81	1.04
	与教育部"国测"研发团队合作情况	3.32	1.05
	研究制定"国测"结果应用问题清单或任务清单	3.89	0.88
	开展"国测"结果应用方面的课题申报	3.62	0.86
	了解广州市"国测"结果应用"八项任务"	3.77	0.77

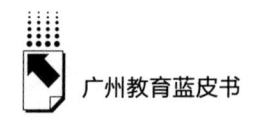

（二）不同类别"国测"结果应用水平

1. 中心城区和非中心城区在结果应用水平上无显著差异

在调查对象中，任职单位属于中心城区[①]的样本104个，非中心城区样本47个。从两类样本的均值来看，在条件保障方面，中心城区略高于非中心城区；在结果反馈、结果解读和改进措施方面，中心城区均略低于非中心城区。这一结果表明，中心城区与非中心城区在"国测"结果应用方面不存在显著差异。

方差齐性检验结果显示：总体而言，中心城区与非中心城区的均值均约等于3.92分，基本相同，两类样本方差齐性检验$F=0.152$，$P=0.697$（>0.05），表明方差同质性假设成立。在条件保障、结果反馈、结果解读、改进措施四个维度上，改进措施方面，中心城区与非中心城区的平均值分别为4.00分和4.06分，两类样本方差齐性检验$F=4.945$，$P=0.028$（<0.05），方差同质性假设不成立；其他三项的方差齐性检验P值均大于0.05，方差同质性假设成立。

对两类样本做独立样本T检验，无论是全市总体情况，还是条件保障、结果反馈、结果解读、改进措施四个维度的双侧检验显著性P值均大于0.05，表明中心城区和非中心城区在"国测"结果应用水平上无显著差异（见表3）。

表3 中心城区与非中心城区"国测"结果应用差异情况

维度	类别	样本量（个）	均值（分）	标准差（分）	Levene（F）	显著性（P）	T值	Sig.（双侧）
全市总体	中心城区	104	3.92[①]	0.57	0.152	0.697	0.005	0.996
	非中心城区	47	3.92[②]	0.59				
条件保障	中心城区	104	3.88	0.54	0.848	0.359	0.677	0.499
	非中心城区	47	3.81	0.64				
结果反馈	中心城区	104	4.13	0.78	0.029	0.864	-0.130	0.897
	非中心城区	47	4.15	0.74				

[①] 中心城区是指越秀区、荔湾区、海珠区、黄埔区、白云区、天河区，其他五区为非中心城区。

续表

维度	类别	样本量（个）	均值（分）	标准差（分）	Levene(F)	显著性(P)	T值	Sig.(双侧)
结果解读	中心城区	104	3.85	0.66	0.089	0.765	-0.324	0.746
	非中心城区	47	3.89	0.65				
改进措施	中心城区	104	4.00	0.74	4.945	0.028	-0.569	0.571
	非中心城区	47	4.06	0.56				

注：①该处小数点后保留3位的值是3.918。
②该处小数点后保留3位的值是3.917。

2. 不同学段在结果应用水平上存在显著差异，初中和其他学段均显著高于小学

按照服务学段划分，在151个样本中，服务小学学段的样本98个，服务初中阶段的样本36个，服务其他学段的样本17个。从三类样本的均值来看，不论是全市总体还是条件保障、结果反馈、结果解读和改进措施四个维度，初中学段均高于小学学段；其他学段除了在条件保障方面均值略低于初中学段外，在全市总体、结果反馈、结果解读和改进措施等方面均高于初中学段和小学学段。由于本次调研对象为学科教研员和"国测"项目管理人员，其他学段的调查对象均为"国测"项目管理人员，三类样本的均值情况可以反映出"国测"项目管理人员在"国测"结果应用方面的得分高于普通学科教研员。

方差同质性检验结果显示：在全市总体、条件保障、结果反馈、结果解读、改进措施五个方面，小学学段、初中学段、其他学段P值均大于0.05，方差同质性假设成立。

对三类样本做单因素方差分析（ANOVA），结果显示：总体而言，小学、初中和其他学段的均值分别为3.82分、4.06分、4.17分，$F=4.448$，$P=0.013$（<0.05），表明三者差异显著。在条件保障、结果反馈、结果解读三个方面，其F值分别为4.370、3.916、3.654，P值分别为0.014、0.022、0.028，P值均小于0.05，表示小学、初中和其他学段在"国测"结果应用方面具有显著差异。在改进措施方面，三个学段的平均值分别为

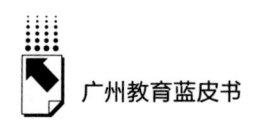

3.92 分、4.17 分和 4.24 分，F = 2.693，P = 0.071（>0.05），表明三者在"国测"结果应用方面差异不显著（见表4）。

表4 不同学段"国测"结果应用差异情况

维度	类别	样本量（个）	均值（分）	标准差（分）	Levene（F）	显著性（P）	ANOVA（F2,148）	ANOVA显著性（P）
全市总体	小学	98	3.82	0.55	0.197	0.821	4.448	0.013
	初中	36	4.06	0.58				
	其他	17	4.17	0.53				
	总数	151	3.92	0.57				
条件保障	小学	98	3.76	0.56	0.399	0.672	4.370	0.014
	初中	36	4.05	0.51				
	其他	17	4.03	0.64				
	总数	151	3.86	0.57				
结果反馈	小学	98	4.03	0.73	1.694	0.187	3.916	0.022
	初中	36	4.21	0.88				
	其他	17	4.57	0.55				
	总数	151	4.14	0.77				
结果解读	小学	98	3.77	0.64	0.734	0.482	3.654	0.028
	初中	36	3.98	0.70				
	其他	17	4.18	0.50				
	总数	151	3.86	0.65				
改进措施	小学	98	3.92	0.64	0.628	0.535	2.693	0.071
	初中	36	4.17	0.74				
	其他	17	4.24	0.75				
	总数	151	4.02	0.69				

鉴于在全市总体、条件保障、结果反馈、结果解读等方面，小学、初中和其他学段在"国测"结果应用方面具有显著差异，进一步采用最小显著差异法（LSD）进行事后多重比较。结果显示：在全市总体情况方面，初中学段显著高于小学学段，其他学段显著高于小学学段；在条件保障方面，初中学段显著高于小学学段；在结果反馈方面，其他学段显著高于小学学段；在结果解读方面，其他学段显著高于小学学段。

3. 不同学科在结果应用水平上的差异不显著，语文学科应用水平略低，结果反馈环节学科差异较大

按照服务学科划分，在151个样本中，服务语文学科的样本74个，服务艺术学科的样本39个，服务其他学科的样本38个。从三类样本的均值来看，其他学科（4.00分）最高、艺术学科（3.96分）次之，语文学科（3.85分）最低。在条件保障、结果反馈、结果解读和改进措施四个维度上，语文学科均值最低，艺术学科和其他学科各有高低。

方差同质性检验结果显示：在全市总体、条件保障、结果反馈、结果解读、改进措施五个方面，语文学科、艺术学科、其他学科P值均大于0.05，方差同质性假设成立。

对三类样本做单因素方差分析（ANOVA），结果显示：全市总体、条件保障、结果反馈、结果解读、改进措施五个方面，P值均大于0.05，表明不同学科在"国测"结果应用方面差异不显著。相对而言，在结果反馈方面，学科间的差异较大，F值为2.806（见表5）。

表5 不同学科"国测"结果应用差异情况

维度	类别	样本量（个）	均值（分）	标准差（分）	Levene (F)	显著性 (P)	ANOVA (F2,148)	ANOVA 显著性(P)
全市总体	语文	74	3.85	0.56	0.061	0.941	0.936	0.395
	艺术	39	3.96	0.62				
	其他	38	4.00	0.53				
	总数	151	3.92	0.57				
条件保障	语文	74	3.82	0.51	0.888	0.414	0.368	0.693
	艺术	39	3.89	0.69				
	其他	38	3.91	0.54				
	总数	151	3.86	0.57				
结果反馈	语文	74	3.99	0.82	0.413	0.663	2.806	0.064
	艺术	39	4.32	0.71				
	其他	38	4.24	0.66				
	总数	151	4.14	0.77				

续表

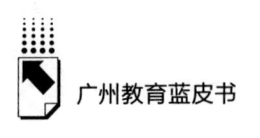

维度	类别	样本量（个）	均值（分）	标准差（分）	Levene（F）	显著性（P）	ANOVA（F2,148）	ANOVA显著性（P）
结果解读	语文	74	3.81	0.65	0.476	0.622	0.645	0.526
	艺术	39	3.87	0.71				
	其他	38	3.96	0.61				
	总数	151	3.86	0.65				
改进措施	语文	74	3.93	0.73	0.248	0.781	1.189	0.307
	艺术	39	4.06	0.63				
	其他	38	4.13	0.65				
	总数	151	4.02	0.69				

4. 七成以上人员收到且阅读过"国测"结果分析报告

在对"国测"结果分析报告的掌握情况的调查中发现，有76.82%的调查对象收到且阅读过"国测"结果分析报告，有79.47%的调查对象收到"国测"结果分析报告，有96.03%的调查对象听到过"国测"结果分析报告，有3.97%的调查对象未收到也未听到过"国测"结果分析报告（见表6）。

表6 调查对象对"国测"结果分析报告的掌握情况

类别	样本数（个）	百分比（%）	累计百分比（%）	均值（分）	标准差（分）
收到且阅读过	116	76.82	76.82	4.02	0.56
收到未阅读	4	2.65	79.47	3.40	0.56
未收到听到过	25	16.56	96.03	3.69	0.46
未收到未听到	6	3.97	100.00	3.28	0.40

5. 对"国测"结果分析报告的掌握情况对结果应用水平有显著影响

方差同质性检验结果显示：在条件保障方面，对"国测"结果分析报告的掌握程度分别为"未收到未听到""未收到听到过""收到未阅读""收到且阅读过"的四类样本P值为0.013，小于0.05，方差同质性假设不成立，表明对"国测"结果分析报告不同掌握程度的样本在条件保障方面的总体方差不同质,各样本在平均数差异之外很可能存在非随机的变异来源。

方差同质性检验结果还显示:在全市总体、结果反馈、结果解读、改进措施四个方面,对"国测"结果分析报告的掌握程度分别为"未收到未听到""未收到听到过""收到未阅读""收到且阅读过"的四类样本P值均大于0.05,方差同质性假设成立。对四类样本做单因素方差分析(ANOVA),结果显示:全市总体、结果反馈、结果解读、改进措施四个方面,P值均小于0.01,F值分别为6.693、5.120、6.007、5.945,表明对"国测"结果分析报告不同掌握程度的样本在"国测"结果应用的总体方面及其结果反馈、结果解读、改进措施三个维度存在显著差异(见表7)。

表7 分析报告不同掌握程度"国测"结果应用差异情况

维度	类别	样本量（个）	均值（分）	标准差（分）	Levene（F）	显著性（P）	ANOVA（F2,148）	ANOVA显著性（P）
全市总体	未收到未听到	6	3.28	0.40	0.293	0.831	6.693	0.000
	未收到听到过	25	3.69	0.46				
	收到未阅读	4	3.40	0.56				
	收到且阅读过	116	4.02	0.56				
	总数	151	3.92	0.57				
条件保障[①]	未收到未听到	6	3.32	0.28	3.722	0.013	5.800	0.001
	未收到听到过	25	3.57	0.29				
	收到未阅读	4	3.70	0.77				
	收到且阅读过	116	3.96	0.58				
	总数	151	3.86	0.57				
结果反馈	未收到未听到	6	3.33	0.73	0.302	0.824	5.120	0.002
	未收到听到过	25	3.88	0.67				
	收到未阅读	4	3.58	1.03				
	收到且阅读过	116	4.25	0.74				
	总数	151	4.14	0.77				

续表

维度	类别	样本量（个）	均值（分）	标准差（分）	Levene（F）	显著性（P）	ANOVA（F2,148）	ANOVA显著性（P）
结果解读	未收到未听到	6	3.20	0.57	0.530	0.662	6.007	0.001
	未收到听到过	25	3.64	0.59				
	收到未阅读	4	3.19	0.42				
	收到且阅读过	116	3.97	0.64				
	总数	151	3.86	0.65				
改进措施	未收到未听到	6	3.33	0.52	1.386	0.249	5.945	0.001
	未收到听到过	25	3.99	0.75				
	收到未阅读	4	3.00	0.82				
	收到且阅读过	116	4.09	0.63				
	总数	151	4.02	0.69				

注：①条件保障方面的单一因素方差分析的结果没有分析价值，可忽略。

四　政策建议

（一）理念先行：对"国测"结果应用的认识实现从知识到观念的转变

观念转变的主体既包括作为管理者的地方政府及学校管理队伍，也包括作为监测对象的学生和作为调查对象的教师队伍。相对而言，管理队伍的观念尤为重要，直接影响着"国测"结果的有效性及其应用的科学性。从调查结果来看，"国测"结果应用在条件保障环节的均值为3.84分，低于总体水平（3.92分）。其中，区级管理团队在"国测"结果应用的知识基础和观念方面的得分为4.04分，达到了良好水平，但这一结果也表明广州市在"国测"结果应用的知识与观念上仍有相当的提升空间。建议加强市、区、校三级管理人员对《国家义务教育质量监测方案（2021年修订版）》的学习和解读，从"国测"的性质、目的、内容、要求等方面全面理解和领悟"国测"，为形成正确的观念提供知识基础。进而在指导区域"国测"

及其结果应用的实践中不断提升,形成稳定的、正确的"国测"结果应用观念,实现从知识到观念的转变。

(二)队伍建设:培育专业的"国测"结果应用管理队伍

区域层面对"国测"的管理,虽然涉及了从培训、测试、结果反馈到解读等完整的组织程序,但工作模式主要表现为上传下达,管理的专业性亟待提高,这需要从培育专业的"国测"结果应用管理队伍入手。

首先,开展"国测"内容框架专题培训,提升"国测"项目管理队伍的知识基础。针对各区教科研机构"国测"项目相关人员对所服务学科学生测试卷、问卷的内容框架认知水平偏低(均值为3.84分,处于中等水平,标准差0.90分)的情况,建议就"国测"的内容框架开展专题培训,增强"国测"项目相关人员的知识基础,为"国测"结果应用提供专业保障。

其次,加强区域之间的交流,借助外部专业力量,提升管理团队的研究能力。针对各区教科研机构"国测"项目相关人员参与区外"国测"结果应用研究团队的比例偏低(均值为3.01分,处于及格水平,标准差1.14分)、各区在"国测"结果解读方面邀请区外专家参与解读(均值为3.81分,处于中等水平,标准差1.04分)以及与教育部"国测"研发团队合作情况(均值为3.32分,处于及格水平,标准差1.05分)等比例偏低的情况,建议加强区域之间的交流,借助更大范围外部专业力量,以提高区域结果应用管理团队的研究能力和专业性。

最后,推行"国测"结果应用"问题清单制",关注管理绩效。"问题清单制"是目标管理模式的一种表现形式,针对研究制定"国测"结果应用问题清单或任务清单(均值为3.89分,处于中等水平,标准差0.88分)、对广州市"国测"结果应用"八项任务"的了解(均值为3.77分,处于中等水平,标准差0.77分)两个题目的调查结果低于均值的问题,建议区、学校层面在管理上推行"问题清单制",加强对"国测"结果应用目标、任务的梳理与研究,通过目标管理模式提高管理绩效。

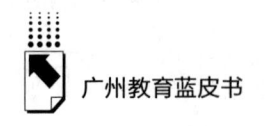

(三)精准施策:强化对"国测"结果应用的过程监管

"国测"结果应用过程涉及条件保障、结果反馈、结果解读、改进措施四个环节,每个环节面临着不同的工作内容,都对结果应用的总体水平产生不同程度的影响。建议根据本次调查结果,加强过程监管,精准施策。

首先,实施政府履职督导与问责机制,确保市、区层面"国测"专项经费的设立。针对提供"国测"结果应用的研究及实施经费不足(均值为3.41分,处于及格水平,标准差1.10分),以及开展"国测"结果应用方面的课题申报不到位(均值为3.62分,处于中等水平,标准差0.86分)等问题,根据广东省人民政府教育督导室对市、县级人民政府履行教育职责的具体要求,建议加强政府督导与问责,设立市、区层面"国测"专项经费,用于"国测"的实施、培训及相关研究。

其次,加强对"国测"结果反馈环节的管理。鉴于对"国测"结果分析报告的掌握情况对结果应用水平有显著影响的研究结论,建议市、区"国测"管理部门和技术团队在结果反馈环节确保分析报告"应收必收、应收必读"。"应收必收"是指在遵循"国测""不排名排序、不评优评级、不公布公开、不操练应对"的"四不"原则的前提下,对项目管理人员、参测学校相关管理与学科教师团队发放。"应收必读"是指"国测"管理部门和技术团队应采取措施,使收到报告的人员能够真正阅读、了解、掌握报告的内容。

再次,加强"国测"结果解读的精准性。鉴于"国测"结果应用的学段差异显著,初中学段明显优于小学学段的研究结论,建议加强相关研究,在结果解读环节,分类制定解读方案;在二次解读环节,针对不同学段、不同学校采取相应的解读举措。

最后,加强"国测"改进措施环节的针对性。鉴于研究制定"国测"结果应用问题清单方面的得分低于均值,建议市、区两级"国测"管理部门按照各自的职能要求和内部发展部署,采用问题清单、任务清单的方式,分层研究问题，确定市、区参测学校、参测学科的"国测"结果应用目标与任务。

参考文献

韩方廷：《深耕质量监测数据，推进区域教育优质均衡发展——国家义务教育质量监测结果应用的福田经验》，《中小学管理》2020年第1期。

李高峰：《国家义务教育质量监测的愿景、障碍及建议》，《基础教育研究》2019年第15期。

李勉：《基础教育质量监测结果的应用路径》，《教育科学》2018年第3期。

梅仕华、韩方廷：《发挥国家义务教育质量监测结果作用：引领福田教育创新优先发展——访中共深圳市福田区委教育工委书记，福田区教育局党书记、局长田洪明》，《现代教育》2020年第7期。

汪琪：《区域教育质量监测体系研究》，浙江大学出版社，2015。

薛瑾、周家荣：《"精度、深度、广度"：提升教育质量监测结果运用的有效路径——以苏州教育质量监测结果运用为例》，《云南教育》（视界时政版）2020年第4期。

周红霞：《基于义务教育质量监测结果的教育教学改进案例分析》，《管理信息》2020年第28期。

Luisa Araujo, Andrea Saltelli, Sylke V. Schnepf, "Do PISA Data Justify PISA-Based Education Policy?" *International Journal of Comparative Education and Development* 19 (2017).

B.16 广州市普通高中拔尖创新人才培养项目评估报告

方铭琳 李建民 王轶晰*

摘　要： 为评估广州市普通高中拔尖创新人才培养项目的实施效果，评估组围绕学生自主报告整体感受、课程参与、师生互动、满意度等方面进行抽样调查。结果发现，参与学生对学校整体感受方面的评分显著高于未参与学生，且表现出更高的课程参与水平、师生互动水平，对学校拔尖创新人才培养项目的满意度也更高。同时，影响项目效果的要素包括学校提供课程和资源的丰富性和灵活度、项目对学生兴趣特长和创新能力等个性化发展需求的满足程度、教师的综合素养。为此，建议广州市有序扩大普通高中拔尖创新人才培养对象范围、营造良好的创新人才培养氛围、提升教师胜任力、丰富课程体系，以进一步促进创新人才培养。

关键词： 普通高中　拔尖创新人才培养　广州市

　　高中教育阶段是拔尖创新人才培养的关键阶段，普通高中学校作为具体实施拔尖创新人才培养项目的重要主体，应科学构建学校拔尖创新人才培养目标，提供课程和师资两大重要资源保障。广州市高度重视普通高中

---

* 方铭琳，管理学博士，中国教育科学研究院副研究员，主要研究方向为基础教育学校管理、教育政策研究；李建民，教育学博士，中国教育科学研究院副研究员，主要研究方向为基础教育改革与发展、中日教育比较研究；王轶晰，教育学博士，中国教育科学研究院助理研究员，主要研究方向为教育评价评估、数据分析与定量研究方法。

拔尖创新人才培养。2018年底,广州市教育局遴选6所市属普通高中学校和11所区属普通高中学校作为项目校,参与为期三年(2019~2021年)的普通高中拔尖创新人才培养项目。各项目校制定和实施拔尖创新人才培养三年行动计划、课程实施方案和教师培养方案,积极探索促进拔尖创新人才培养质量提升和学校育人方式转型的有效路径。中国教育科学研究院接受委托指导,并作为第三方评估项目的实施效果。项目评估采用自编问卷,对部分项目校的学生随机抽样调查。本报告围绕学生的课程参与度与满意度及对学校拔尖创新人才总体项目感受和师生互动两项背景因素指标进行分析,并与未参与项目或相关课程学生的调查结果对比,分析影响参与度和满意度的成因要素,进而提出普通高中拔尖创新人才培养的对策建议。

一 评估目标与方法

拔尖创新人才培养项目旨在引导项目校将拔尖创新人才培养与学校整体育人模式相结合,根据学校办学理念和育人目标制定拔尖创新人才培养目标,实施配套的课程方案、师资方案,辐射带动学校育人质量的整体提升,而不仅是针对少数资优生和以提高考试成绩为目标。项目最大的受益者是学生,本次评估主要聚焦于学生的主观感受与个体成长,要求学生根据自编问卷内容报告自身主观感受。

(一)评估目标

评估的主要目的有三:一是考察广州市普通高中拔尖创新人才培养课程实施状况,从学生的主观层面衡量学生群体对学校拔尖创新人才培养课程实施的感受;二是考察拔尖创新人才培养课程实施能否帮助学生获得更好、更快的发展,即参与课程的学生是否能够脱颖而出、与未参与的学生是否有差异;三是分析影响参与课程学生收获的因素。

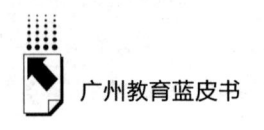

（二）评估样本

评估通过分层抽样的方法获得样本。样本学校包括参与项目的11所区属普通高中学校和3所随机抽取的市属普通高中学校。在抽样学校中抽选2479名学生参与在线问卷调查，其中有效问卷2252份，有效率为90.84%。有效问卷中，男生有1022人，占有效问卷数的45.38%；女生有1230人，占总样本的54.62%。从年级组成上看，高中一年级学生有1346人，占总样本的59.77%；高中二年级学生有538人，占总样本的23.89%；高中三年级学生有368人，占总样本的16.34%。样本学生中，共有731名学生（32.46%）明确表示自己正在或曾参与拔尖创新人才培养课程，其余1521名学生（67.54%）表示未参与过拔尖创新人才培养课程。

（三）评估问卷设计

问卷设计以里克特量表（Likert Scale）为主，开放性问题为辅。量表采用5点计分方式，即1为"非常不好"，2为"不太好"，3为"一般"，4为"良好"，5为"非常好"。问卷设计突出课程与教师两方面，针对拔尖创新人才培养注重创新、注重多样化和灵活培养、教师专业素养要求高等特点设计了相关问题（见表1）。

表1　广州市普通高中学校拔尖创新人才培养的总体效果

指标	问题	得分[①]（分）	
对学校的总体感受	你愿意参与学校的拔尖创新人才培养吗？	3.53	67.73
	你觉得学校拔尖创新人才培养能够提升你的创新意识吗？	3.52	
	你觉得学校拔尖创新人才培养能够满足你的求知欲吗？	3.48	
	你觉得学校拔尖创新人才培养有利于升学吗？	3.66	
	你觉得学校拔尖创新人才培养有利于发挥你的兴趣和特长吗？	3.48	
	学校开始拔尖创新人才培养以来，你觉得学校的学习氛围变好了吗？	3.07	
	你觉得学校拔尖创新人才培养推动学习资源丰富了吗？	3.23	
	你觉得学校拔尖创新人才培养带来的与大学老师学习的机会多吗？	3.10	

续表

指标	问题	得分[①](分)	
课程参与水平	你愿意修习学校为拔尖创新人才培养而设置的课程吗？	3.60	65.60
	你觉得学校拔尖创新人才培养课程能提升你的创新能力吗？	3.49	
	你觉得学校拔尖创新人才培养课程设置丰富吗？	3.08	
	你觉得学校拔尖创新人才培养课程设置能满足你的兴趣吗？	3.22	
	你觉得学校拔尖创新人才培养课程的设置灵活吗？	3.11	
	你觉得学校拔尖创新人才培养课程有利于发挥你的特长吗？	3.33	
	你能参与到学校拔尖创新人才培养课程的开发过程中吗？	3.09	
	通过参与学校拔尖创新人才培养课程学习，你的个人综合素养得到提升了吗？	3.32	
师生互动水平	你接触到的学校老师整体素质水平怎么样？	3.74	74.06
	你觉得身边老师对教育教学工作投入程度怎么样？	3.88	
	你觉得学校老师备课授课认真吗？	3.96	
	你觉得学校老师知识能力水平怎么样？	3.89	
	你们学校老师能及时帮你解决疑难问题吗？	3.86	
	你们老师能关注到班级中每个学生的发展吗？	3.47	
	你们学校老师经常鼓励学生发表不同意见吗？	3.79	
	你们学校老师重视发展学生的特长吗？	3.50	
	你觉得参与拔尖创新人才项目的老师与学校其他老师区别大吗？	3.25	
对学校拔尖创新人才培养项目的满意度	你通过学校拔尖创新人才培养（或相关课程）收获大吗？	3.16	67.80
	你对学校拔尖创新人才培养满意吗？	3.24	
	你对学校拔尖创新人才培养的相关课程满意吗？	3.26	
	你对学校教师队伍整体水平满意吗？	3.62	
	你觉得中学阶段有必要开展拔尖创新人才培养吗？	3.67	

注：①本次评估中，所有题目的得分均为5分制标准分数，满分为5分，最低得分为0分。所有指标得分或维度得分均为百分制标准分数，满分为100分，最低分为0分。通过线性转换，单题均值达到2.5为"一般"，单题均值达到3.75为"比较好"或"良好"水平，单题均值接近5为接近"优秀"或"非常好"水平。

问卷内容包括以下四个方面。一是学生对学校的总体感受。学生发展与学校能提供的总体资源水平、校园环境等密切相关。评估包括学生对学校学习氛围、资源提供等方面的整体感受，并着重了解学生对学校支持学生创新、激发创新意识、满足个性特长发展需要等方面的感受程度。二是课程参与水平，包括学生对课程设置、课程对个人创新能力和综合素养的提高、课程满足兴趣和特长、学生参与课程开发等方面的程度水平。三是师生互动水平，包括学生对教师的整体素质、工作投入、授课内容和知识水平等方面的感受，以及教师对学生在疑难问题解决、照顾学生发展和鼓励发表不同意见等方面的互动水平。四是学生对学校拔尖创新人才培养项目的满意度。学生对自身发展以及对学校、课程、教师关系等方面的感受最终集中体现在学生对项目的满意度上。评估问卷将满意程度作为学生通过拔尖创新人才培养而获得主观发展的重要依据。

此外，开放性问题包括学生对拔尖创新人才的理解，以及对学校拔尖创新人才培养的意见与建议等。

（四）数据分析方法

针对不同评估目标，本次评估采用不同的数据分析方法。描述统计方法主要用于了解广州市普通高中拔尖创新人才培养的总体状况。在数据清理过程中，将学生对学校的总体感受、课程参与水平、师生互动水平和对学校拔尖创新人才培养项目的满意度等方面的总体得分全部转换为百分制标准分数。根据里克特量表的计分方式，通过线性转化，确定维度平均分数达到50分为"一般"水平、达到75分为"良好"水平、接近100分为"优秀"或"非常好"水平，并通过估算平均数、计算频率等方法了解广州市普通高中拔尖创新人才培养的总体效果。

多元方差分析方法主要用于了解参与拔尖创新人才培养项目或选修相关课程的学生发展情况，了解参与学生与未参与学生的差异，并通过逐步建模的方式，最终确定学生发展是否可归因于学生参加拔尖创新人才培养相关项目或选修相关课程。在多元方差分析中，因变量为学生对学校总体感受、课程参与水平、师生互动水平和对学校拔尖创新人才培养项目的满意度等方面的四项标准分数，零和模型中的自变量为学生的性别、年级、项目参与或课程选择、家庭经济状况、校外培训参与状况等人口学因素；随后逐步去掉模型中表现不显著的自变量，获得最终模型，并根据最终模型对参与和未参与培养项目或课程的学生之间的区别进行解读①。

主成分分析方法主要用于进一步梳理政府统筹、学校方案设计和落实过程中对学生发展的决定性因素。本评估对所有题目进行重新归类，从题目间的相互关系入手，寻找与学生满意度和项目参与意愿等相关程度最高的变量。

二 评估结果与分析

结果分析主要包括两个方面：一方面是样本学生对学校拔尖创新人才培养的总体感受，另一方面是参与学生与未参与学生的对比分析。

（一）广州市普通高中拔尖创新人才培养的总体效果

总体效果评估主要从学生对学校的总体感受、课程参与水平、师生互动水平和对学校拔尖创新人才培养项目的满意度等四方面进行，结果分析如下。

1. 学生对学校的总体感受处于一般与良好之间

如表1所示，学生对学校拔尖创新人才培养的总体感受为67.73分，处于"一般"与"良好"之间的水平。具体来看，学生总体感受得分最高的是对"拔尖创新人才培养有利于升学"的认可程度（M=3.66），其次是参与培养的意愿（M=3.53），再次是对拔尖创新人才培养能够提升创新意识的认可（M=3.52）。由此可见，大部分学生认可拔尖创新人才培养及其对学生的创新能力和意识、升学水平的提升作用，但也说明"唯分数""唯升学"的问题没有通过拔尖创新人才培养获得本质上、系统性的破解，仍是当前广州市拔尖创新人才培养所面临的问题。相较之下，学生对学校学习氛围的认可（M=3.07）和与大学老师共同学习机会（M=3.10）的评价较低，说明学校应在相应方面投入更多资源。

---

① Barbara G. Tabachnick, Linda S. Fidell, *Using Multivariate Statistics* (6th Edition)（Boston：Pearson, 2013），pp. 245-313.

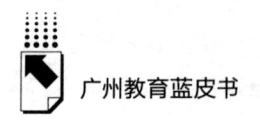

2.学生课程参与水平处于一般与良好之间

如表1所示,学生的课程参与水平(65.60分)处于一般与良好之间。具体来看,学生对拔尖创新人才培养相关课程的参与意愿(M=3.60)和对于课程能够提升创新能力的认可(M=3.49)居前两位,对课程的丰富程度(M=3.08)和对课程研发的参与水平(M=3.09)则居后两位,说明学生对于相关课程具有较好的修习意愿,但学校所提供的课程体系与学生预期之间存在落差。

为进一步了解学生对各类课程形式的参与程度,问卷列举了"选修课程""走班制"等8类课程形式供学生选择。结果表明,学生参与程度居前的两类课程设置分别为"选修课程"(75.67%)和"多种课程形式"(49.02%),参与程度居后的两类课程形式则分别是"自主制定课程表"(22.11%)和"自主选择任课教师"(23.62%)。学生对"多样授课场地""多种班级组织形式""班级特色课程""走班制"的选择概率在30%~45%,说明仍有不少学生需要更加灵活、多样的课程设置以满足其多样化的课程需求(见图1)。

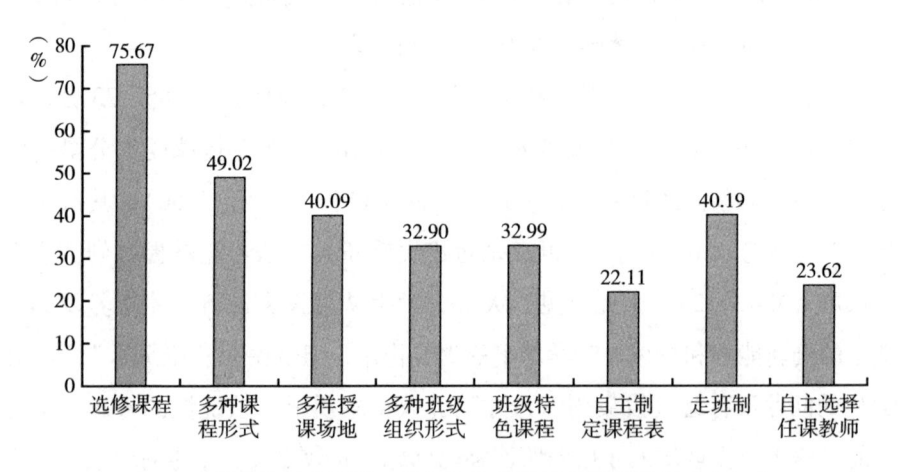

图1 广州市普通高中学生参与各类灵活课程的总体样本参与率

3.师生互动水平接近良好水平

如表1所示,学生对教师感受接近良好水平(74.06分),其中有6道题目的均值接近或超过了3.75分(良好水平),说明多数学生比较认可自己的授课教师。具体而言，学生认可居前三的依次是教师备课的认真程度（M=3.96）、教师的能力水平（M=3.89）和对教育教学的投入程度（M=3.88）。说明学生认可其教师的工作态度、工作热情和专业基础。同时，学生对教师能否及时帮助学生解决问题（M=3.86）、是否鼓励学生发表不同意见（M=3.79）、教师整体素质水平的认识（M=3.74）等也超过或接近良好水平。但教师对学生特长发展的重视程度（M=3.50）和关注所有学生发展（M=3.47）则评分相对较低。

4. 学生对学校拔尖创新人才培养项目的满意度处于一般和良好水平之间

如表1所示，学生的满意度（67.80分）介于一般和良好水平之间。具体来看，评分居前二的分别是对中学阶段开展拔尖创新人才培养必要性的认可（M=3.67）和对教师队伍整体水平的满意程度（M=3.62）。相较之下，学生对相关课程培养收获（M=3.16）、对学校拔尖创新人才培养的满意程度（M=3.24）和相关课程的满意程度（M=3.26）的评分则偏低，说明学校在相关课程和总体培养方案设计方面仍有较大提升空间。

（二）参与拔尖创新人才培养对学生发展的影响

本部分对比参与和不参与拔尖创新人才培养或选修相关课程的学生在对学校总体感受、课程参与水平、师生互动水平及对学校拔尖创新人才培养项目的满意度等四个方面的评价，结果分析如下。

1. 参与学生对学校拔尖创新人才培养的总体感受处于良好水平

评估结果表明，参与拔尖创新人才培养课程的学生对后续相关项目的参与或课程选修具有更高的主观意愿。同时，参与学生对学校拔尖创新人才培养的整体感受也更好，认为此类培养更能满足学生的求知欲、更有利于学生的升学、更能提升学生的创新意识，同时也更能调动相关学习资源，改善学校的学习氛围。在对学校拔尖创新人才培养整体感知和学生参与意愿方面，参与学生总体评分为73.79分，而未参与学生的平均得分仅为64.82分。在排除性别、年级、校外培训参与度、家庭经济收入等其他相关因素影响的前提下，参与学生对学校总体感受的评分显著高于未参与学生的评分（$F=124.519$，$p<0.001$）。

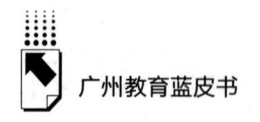

2. 参与学生表现出更高的课程参与水平

评估结果表明，参与拔尖创新人才培养课程的学生，相较于未参与课程的学生而言，表现出更高的课程参与水平。这些学生认为相关课程相较于其他课程设置更丰富、更灵活、更能满足学生兴趣、更能提升学生的创新能力、更能发挥学生的特长等。71.14%的参与学生认为自己可以参与到课程开发的过程中，帮助教师开发最适合自己的课程；对于未参与学生而言，能够参与课程开发的概率仅为44.91%。在课程参与方面，两组学生差异十分明显，参与学生的平均分数为72.35分，而未参与学生的平均分数仅为62.35分，且差异达到显著水平（$F=147.12$，$p<0.001$）。

如图2所示，本次评估利用非参数检验的方式，对是否参与拔尖创新人才培养或选修相关课程的学生在选择具体灵活课程设置的概率方面进行了检验。结果表明，在除"自主制定课程表"和"自主选择任课教师"之外的6项灵活课程设置上，参与学生的参与率均高于未参与的学生。在所有的灵活课程形式中，两组学生参与率相差最多的灵活课程设置形式是"走班制"（两组学生相差10.58个百分点）、"多种课程形式"（6.61个百分点）和"选修课程"（4.64个百分点）。统计检验同样显示，参与相关培养或课程的学生在选择参与上述三类灵活课程设置的可能性上显著高于未参与的学生（走班制：$\chi^2=22.99$，$p<0.001$；选修课程：$\chi^2=5.76$，$p=0.016$；多种课程形式：$\chi^2=8.64$，$p=0.003$）。由此可见，学校拔尖创新人才培养和相关课程为学生提供了更灵活的课程设置和更多课程选择，而参与的学生也更乐于参与到更灵活的课程设置当中。

3. 参与学生具有更高的师生互动水平

评估结果表明，与未参与拔尖创新人才培养课程的学生相比，参与学生具有更显著的师生互动水平，并对身边的老师有更高的评价（$F=98.21$，$p<0.001$）。较之于未参与的学生，参与学生一方面得到了教师更多的投入和关注，另一方面也更能及时向教师求助，从教师处获得更多可用于发展自身特长的资源，并得到教师对发表不同意见的鼓励。86.60%的参与学生认为教师比较或非常鼓励自己发表不同意见，而在未参与的学生中这一比例则

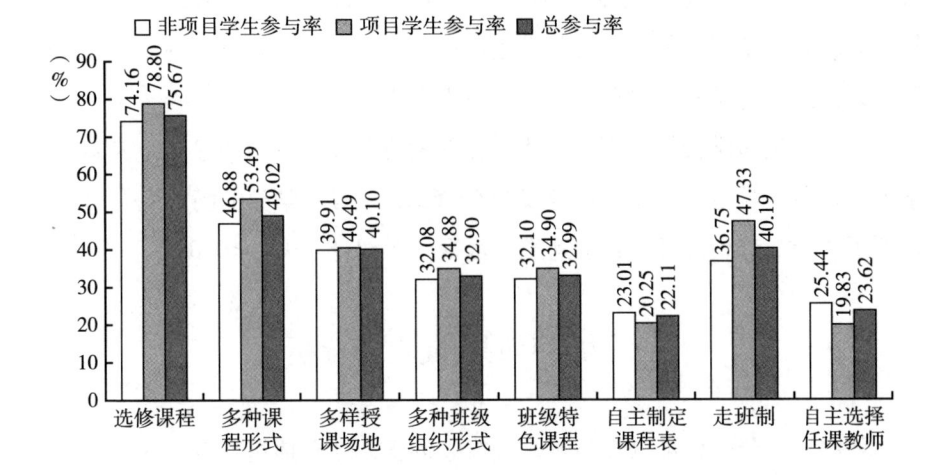

图 2　广州市普通高中学生选择不同灵活课程形式的概率

为 74.20%，显著低于参与相关培养或课程的学生（x^2 = 44.35，$p<0.001$）。同时，在未参与学生中，明确表示教师不鼓励发表不同意见的学生比例（3.90%）高于参与学生的比例（3.00%）。

参与学生给予教师的正面评价显著高于未参与学生。未参与学生群体对教师感受的平均分为 71.83 分，而参与学生群体对教师感受的平均分则为 78.69 分。同时，参与学生对师生互动有更高的共识。未参与学生对教师感受的标准差为 16.03 分，而参与学生对教师感受的标准差为 13.51 分，说明参与学生对教师和师生互动的感受更加一致。统计结果显示，参与学生的师生互动评分显著高于未参与学生（F = 98.21，$p<0.001$）。这一结果说明，参与学生与教师间互动更多，且对师生互动的认识更加积极、正面。

4. 参与学生对学校拔尖创新人才培养项目的满意度更高

评估结果显示，相较于未曾参与拔尖创新人才培养或相应课程的学生而言，参与相应培养或课程的学生对学校拔尖创新人才培养的满意度明显更高。参与学生普遍对学校的课程设置、教师队伍水平、自己在学校的收获等表达了更满意的态度。同时，85.10% 的参与学生明确表示中学阶段有必要开展拔尖创新人才培养，而在未参与相关培养或课程的学生中，只有

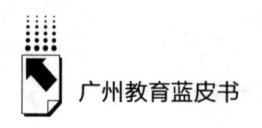

65.40%的学生明确表示开展拔尖创新人才培养的必要性。由此可见，参与拔尖创新人才培养或相关课程的学生通过项目获得了使自己更满意的成长经历，并由此提升了对拔尖创新人才的认识水平。

参与学生对学校拔尖创新人才培养的满意度总体评分明显高于未参与的学生。未参与学生的满意度评分仅为64.62分，参与学生的满意度平均分则达到了74.40分，两者差异达到显著水平（$F=148.59$，$p<0.001$）。

三 培养效果的成因分析

利用主成分分析可获知影响学校拔尖创新人才总体培养效果的关键因素有三个，即学校提供课程和资源的丰富性和灵活性、项目对学生兴趣特长和创新能力等个性化发展需求的满足程度及教师水平。相关分析结果如下。

（一）学生创新性发展和个性化发展需求的满足程度决定学生的参与意愿

学生参与培养的总体意愿与学校培养方案设计，尤其是与课程设置是否满足学生求知欲、能否提升学生创新能力、能否发挥学生兴趣特长等密切相关。当学校的拔尖创新人才培养越能满足学生的创新性发展要求和个体化发展需求，即能发挥学生自身兴趣特长、满足自身求知欲时，学生参与的意愿就越强烈。统计结果显示，满足学生创新性发展需求、个性化发展需求与学生参与意愿高度相关，各问题间标准化相关系数 r 在 0.52~0.78，所有相关问题的内部一致性系数为 $\alpha=0.93$，说明在项目设计和课程设置过程中，对学生创新性发展和个性化发展需求的满足程度对学生参与培养的意愿具有重大且显著的影响。

（二）学校提供课程和教学资源配置的保障情况决定学生的满意度

拔尖创新人才培养的总体设计，尤其是课程和教学的资源配置和保障情况与学生对相应培养和课程的满意度以及学生对学习效果的感受高度相关。

学校整体氛围越好，学习资源和课程设置越丰富、越灵活，学生的满意度和获得感就越高。同时，当学校为拔尖创新人才培养设置的学习资源和课程越丰富时，往往该校的课程设置和学习资源配置也越灵活，学校的学习氛围也越好。统计结果显示，学校课程和教学资源配置的丰富程度、灵活程度，学校的学习氛围情况和学生的满意度高度相关，各单一问题间的相关系数 r 在 0.64~0.80，各相关问题间的内部一致性系数为 $\alpha = 0.949$，属于高内部一致性，说明学校对拔尖创新人才培养的课程和教学资源配置的丰富性、灵活性，学校和项目的整体氛围等，对学生的满意度有重要影响。

（三）教师的综合素养是决定项目执行水平的关键因素

学生对教师综合能力素养，即教师整体素质水平、知识能力水平、对教学工作的投入程度，以及对学生个体的关注和尊重程度等的认知，决定了学生对教师整体水平的认可程度，从而决定了学生对学校拔尖创新人才培养整体水平的判断。统计结果显示，学生对学校拔尖创新人才培养的总体认可程度中，有近10%取决于学生对教师综合能力素养的判断。由此可见，教师的综合能力素养是决定项目执行水平和成败的关键因素[1]。分析结果还显示，教师综合素养和能力水平首先体现在教师对教学工作的态度上，其次体现在教师的个体知识水平和能力上，最后体现在教师对个体学生的尊重上。

四 对策与建议

为进一步提升拔尖创新人才培养成效，特别是学生参与拔尖创新人才培养的意愿和满意度、课程或项目的参与水平、师生互动水平等方面，建议广州市、区教育行政部门和学校从以下几个方面予以整体优化。

---

[1] 根据主成分分析的要求，如果能够解释5%以上的总体方差或其他特征值达到一定水平即可成为关键因素，本研究中教师因子的方差总体解释量（10%）及其他特征值均表明教师因子是关键因素。

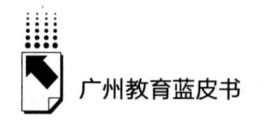

（一）有序扩大拔尖创新人才培养对象范围

高中拔尖创新人才培养能够为未来各行各业领军人物或创新人才必备的"创新人格、创新思维和创新实践体验"① 打下坚实的素质基础。高中学校在具体实施的过程中，应充分认识高中作为基础教育最高阶段的地位，明确遵循"有教无类，因材施教"的总体原则，将全体学生视为拔尖创新人才的"后备军"，抓住拔尖创新人才潜能、个性、志向等方面的关键特征，通过科学合理设计学校培养体系和课程供给，实现不同禀赋、不同类型、不同层次学生的有效发展。广州市一些普通高中学校已意识到拔尖不等于创新，强化比加速培养更重要。不是少数学生的超前学习，而是尽可能让全体学生能接受个性化关注和针对其发展的指导，避免将拔尖创新人才培养和唯分数的应试教育捆绑一起。但是，从整个项目随机抽样看，参与拔尖创新人才培养项目的学生数量仍有限。要改变这种状况，普通高中学校需要在育人模式改革和优化的基础上，创新培养目标设计，重在培养学生的创新思维、社会责任感，鼓励学生突破界限以实现成长。同时，学校还需有序扩大培养对象范围，以全体学生为备选对象，让更多的学生了解、参与、受益，进而提高学生对项目的满意度。

（二）营造良好的创新人才培养氛围

拔尖创新人才培养是一个系统化工程，需要在科学的理念引领下凝聚家庭、学校、社会、政府部门等多方主体的共识，引导各方合理有效地参与培养过程，各安其位、各司其职、各享其成。首先，需要明确高中阶段的拔尖创新人才培养重心在"创新"，要点在打牢拔尖创新人才必备品格、关键能力、知识技能等基础，先成人后成才。这就需要发挥市级政府的统筹责任，引导教育行政部门、学校、家长和社会各方各界科学认识高中阶

---

① 方中雄：《创新人才基础培养的核心意旨与实现路径》，《中国教育学刊》2022年第2期，第22~27页。

段拔尖创新人才培养问题,从底层逻辑上化解"唯分数""唯升学"的传统思想根源。其次,区域政府应持续推动学校以课程建设为核心,科学构建拔尖创新人才培养实施机制。在区域层面上,应优化考试评价制度对基础教育学校育人引导功能,增强考试招生制度对特殊类型人才的回应性,尤其是优化和健全拔尖创新人才的早期发现机制。在学校层面,应合理利用办学体制机制优势,探索小—初—高各教育阶段贯通联动的拔尖创新人才培养实施体系。同时,强化高中学校与高校、企业、社会团体和专业机构的联合,创建"高中+高校+企业+专业机构"的协同融合式人才培养模式,让社会科研单位有途径、有渠道参与到中学拔尖创新人才培养过程之中。

(三)提升教师培养学生创新人格和思维的胜任力

专业化的教师队伍是提高拔尖创新人才培养质量的关键。拔尖创新人才具有思维灵活、独立思考能力较强、具有批判精神等一系列个性特征,对教师能力提出了一定的挑战。能够胜任拔尖创新人才培养的教师,应具有教书育人的职业信念和理想,扎实过硬的专业基础,认真负责的专业态度,钻研探究的科研精神和能力等;不仅要在专业结构和教学水平上更胜一筹,还要关注学科前沿并具有学术引领力。尽管调查显示广州市学生对教师的肯定程度是最高的,但与拔尖创新人才培养需要之间还存在一定差距,尤其是区属普通高中学校的教师对有潜质学生的学术引领方面还明显不足。

为不断提升教师培养学生创新人格和思维的胜任力,推动单一教学型教师向学科学习导师和学术研究导师转化,首先,应增加教师参加省级和国家级培训的机会,尤其是参加学科领域学术性较强的会议和培训,促进教师关注本学科领域的最新研究动态和前沿发展等;其次,要重视教师自身创新意识与创新思维品质的提升,做"学生创新思维的引路人",营造学校创新文化,鼓励学生发表不同意见,真正建立平等的师生关系;最后,在教师评价机制上,应逐渐弱化升学率、"985"率、清北率等显性指标的评价,更多

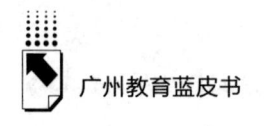

考虑教师在促进学生整体提升，引导、保护和发展学生潜质等方面的成效，让教师更多关注学生成人成才。

（四）丰富学校创新人才培养课程体系的多样性建设

课程体系是实施拔尖创新人才培养的重要基础和支撑力量。拔尖创新人才的成长需要外界环境的刺激和支持，提升其能力、创造力和执着精神。但很多学校长期存在不同类型课程的整体性和关联性不足等问题。[1] 广州市一些项目校为学生提供了丰富的课程和灵活多样的学习活动，如通过优化课程资源，开设有针对性的课程，实施分层教学，使课程设置更加灵活，重视保护和培养学生学习兴趣、独立解决问题能力以及动手能力等。[2] 但相对学生的多样性发展需求，学校课程体系建设应进一步充分关注学生的现有基础、兴趣特长和实际情况，开发具有特色和创新性的项目课程和活动，扩大活动类课程、项目制课程、实验和动手操作等形式课程的比重，增加选修课程的数量并扩大其范围。同时，学校要立足各类学生成长需求，有针对性地开设生涯规划指导课程，引导学生更好地认识自我、发展自我、实现自我，激发学生自主发展的内驱力。此外，学校在扩充课程资源、丰富课程形式、提供更灵活课程设置的同时，应鼓励教师和学生一起开发选修课程，以满足学生接触相关领域前沿、拓宽眼界和视角、将课程所学知识与实践相结合的需求。

参考文献

李建民、陈如平：《新时代普通高中教育转型发展关键在育人模式变革》，《中国教

---

[1] 郑太年、赵健主编《国际视野中的资优教育：拔尖创新人才培养的理论、政策、实践》，华东师范大学出版社，2013，第53页。
[2] 方铭琳：《普通高中拔尖创新人才培养课程建设调查——以广州市为例》，《师道》2022年第2期，第52~53页。

育学刊》2019年第9期。

李建民:《"全面普及高中阶段教育"的内涵释要与路径选择》,《教育研究》2019年第7期。

王小飞等:《普通高中特色发展调研报告》,教育科学出版社,2013。

中国教育科学研究院高中教育课题组:《中国普通高中发展十大热点难点解析》,西南师范大学出版社,2020。

B.17
广州市基础教育设施发展水平评估与优化建议

陈晓明 李邵华 蔡泰成*

摘　要： 党的十九大提出要优先发展教育事业，加快教育现代化，办好人民满意的教育。"十四五"时期是广州市进一步完善公共教育服务体系，奋力开创教育高质量发展新局面的机遇期。广州市教育需要适应新要求、直面新挑战、抢抓新机遇，加快构建高质量教育体系，推进教育现代化。根据国内外先进经验，探索建立基础教育设施发展水平评估体系，从多维度评价广州市基础教育设施发展成就与存在问题。近年来，广州市基础教育设施发展取得了一定的成就，但仍面临人口结构变化快、生均校舍资源低、设施布局不均等挑战与问题。针对上述问题，按照新时期教育设施发展特征，为广州市基础教育设施发展提出新思路，助力广州市教育事业高质量发展。

关键词： 基础教育设施　教育体系　广州市

一　基础教育设施评估体系构建

（一）我国基础教育设施建设水平评估相关政策梳理

国内现有基础教育设施建设水平评估体系主要沿用两种评价方式：

---

* 陈晓明，广州市城市规划勘测设计研究院副所长、高级工程师，主要研究方向为区域战略规划研究、国土空间规划、教育专项规划；李邵华，广州市城市规划勘测设计研究院规划师、高级工程师，主要研究方向为经济地理、产业规划、国土空间规划、教育专项规划；蔡泰成，广州市城市规划勘测设计研究院主任规划师、高级工程师，主要研究方向为战略规划研究、国土空间规划、教育专项规划。

教育行业指标体系和规划（建设）行业指标体系（见表1）。教育行业指标体系主要涉及财政、设施总数、人口总数等宏观方面。而规划行业指标体系更多的以建筑物的角度理解教育设施，专注于学校单体的建设情况[1]。两者由相关标准与政策的发布部门进行区分。教育行业指标体系常见于教育部门的政策，而规划行业指标体系更多的由住建与规划自然资源主管部门发布。

广州市目前的基础教育设施建设水平评估体系是由国家级、广东省级和广州市级的相关政策和标准构建。按法律位阶可分为国家强制标准、国家建筑工程标准、部门规范性文件、省政府规范性文件、市政府规章、市部门规范性文件等。

教育行业指标体系有教育部的规范性文件《中国教育监测与评价统计指标体系（2020年版）》（教发〔2020〕6号），由教育部于2020年12月发布；省级方面有广东省政府规范性文件《广东省推动义务教育优质均衡发展行动方案》（粤府办〔2018〕28号），由广东省政府办公厅于2018年7月颁布；地市及以下级别的有由广州市教育局每年发布的《广州市招生考试工作意见》，以及各区招生地段政策等。

规划行业指标体系有由国家住房和城乡建设部于2011年6月发布的国家强制标准《中小学校设计规范》（GB50099—2011），以及由国家建设部于2002年4月发布的国家建筑工程标准《城市普通中小学校校舍建设标准》（建标〔2002〕102号）；地市级文件有由广州市政府于2018年修订的《广州市城乡规划技术规定》（市政府令第168号）和由广州市教育局等5个单位于2022年1月联合印发的《广州市普通中小学校建设标准指引》等。

---

[1] 韩高峰、秦杨：《需求与供给分析视角下教育设施布局规划指标体系构建——以南康市中心城区中小学布局专项规划为例》，《规划师》2013年第12期，104~109页。

表 1 广州市基础教育设施建设水平评估体系涉及政策和标准一览

级别	指标文件	法律位价	发布部门类型	规划建设领域要求							
				教育事业相关要求（包括综合教育程度,科学研究）等	地区学位总量	学校单体容量	学校单体建设	上学距离	区位安全要求	服务半径用地覆盖	服务半径人口覆盖
国家级	《中国教育监测与评价统计指标体系（2020年版）》（教发〔2020〕6号）	部门规范性文件	教育部门	√	√	—	—	—	—	—	—
	《中小学校设计规范》（GB50099—2011）	国家强制标准	规划住建部门	—	—	√	√	—	—	—	—
	《城市普通中小学校校舍建设标准》（建标〔2002〕102号）	国家建筑工程标准	规划住建部门	—	—	√	√	√	√	—	—
省级	《广东省推动义务教育优质均衡发展行动方案》（粤府办〔2018〕28号）	省政府规范性文件	教育部门	√	√	√	—	—	—	—	—
	《广州市城乡规划技术规定》（市政府令第168号）	市政府规章	规划住建部门	—	—	√	—	—	√	—	—
地市级	《广州市普通中小学校建设标准指引》	市部门规范性文件	教育发改规划住建部门	—	—	√	√	√	√	√	—
	《广州市招生考试工作意见》、各区招生地段政策	市部门规范性文件	教育部门	—	—	—	—	√	√	—	—

（二）教育行业指标体系

我国基础教育设施相关政策中所涉及的教育行业指标体系以《中国教育监测与评价统计指标体系》为核心。《中国教育监测与评价统计指标体系》试行版由教育部于1991年发布，30年来历经数次修订与完善，具有较长的应用历史。2020年，为深入学习贯彻党的十九大和十九届二中、三中、四中、五中全会精神，全面贯彻落实全国教育大会精神以及《深化新时代教育评价改革总体方案》要求，充分发挥教育统计工作对教育管理、科学决策和服务社会的重要作用，教育部组织专家对2015年发布的《中国教育监测与评价统计指标体系》进行了修订。此次修订以推进高质量教育体系建设为导向，更加关注促进全员育人、全过程育人、全方位育人和深化教育评价改革的需要，主动对接联合国于2016年发布的《2030年可持续发展议程》中的教育目标，在原监测评价指标的基础上，删减了部分陈旧指标，新增思想政治教育、劳动教育、体育美育、家庭教育、终身教育等相关指标。同时，修订了部分指标统计口径和计算方法，进一步明确了指标定义、适用范围和资料来源。此指标体系旨在指导各级教育行政部门和学校科学开展教育事业发展监测与评价工作。修订后的指标体系分为5类120项，5类指标包括综合教育程度、国民接受学校教育状况、学校办学条件、教育经费和科学研究。因科学研究部分的评价指标对象为普通高校，不属于此次研究的基础教育范畴，下文不予展开论述。与修订前的指标体系相比，保留原指标36项，修订整合原指标50项，新增指标34项。修订后的指标体系中，有18项为国际组织的常用教育指标，有18项借鉴了《2030年可持续发展议程》教育监测评价指标，并结合我国教育事业发展情况进行了适当调整。

1. 综合教育程度

综合教育程度旨在反映教育事业的总体状况。在《中国教育监测与评价统计指标体系（2020年版）》中综合教育程度评价包括8项指标，共20个子项指标。其中人口口径常以总人口作为统计对象，财政方面归纳为财政性教育经费投入总量。本报告不再对人口、受教育程度、财政等方面进行分

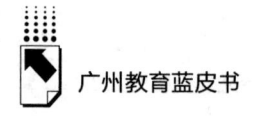

组统计。统计范围以国家级与省级为主。此类指标可明显反映教育行业指标体系偏重宏观整体性的特点。

2. 国民接受学校教育状况

国民接受学校教育状况中对人口、受教育程度等方面进行分组统计，形成颗粒度较细的统计结果。《中国教育监测与评价统计指标体系（2020年版）》中的国民接受学校教育状况包括33项指标，共108个子项指标。

3. 学校办学条件

学校办学条件对学校教职工，学校校舍、占地，学校图书、教学仪器设备，学校信息化建设，学校医疗、卫生、安全情况方面进行统计。《中国教育监测与评价统计指标体系（2020年版）》中的学校办学条件包括63项指标。

4. 教育经费

教育经费对一般公共预算支出比例、生均一般公共预算教育事业费、生均一般公共预算公用经费等方面进行统计。《中国教育监测与评价统计指标体系（2020年版）》中的教育经费包括7项指标，共22个子项指标。

（三）基础教育设施发展指标选取原则

1. 指标选取依据

基础教育设施水平评价主要有以下两方面。一是以综合教育水平为主的"软件"评价体系，与财政学、公共管理学、社会学、地理学等相关评价研究相联系[1]；主要是度量内容和方法定义较为明确的指标体系，包括综合教育程度和教育经费水平两方面，是目前教育事业领域的传统评估指标[2]。二是以校舍设施本体与布局相关的"硬件"评价体系，与地理学、规划

---

[1] 黄婷茹：《陕西省域中心城市住区基础教育设施配置标准研究》，西安建筑科技大学硕士学位论文，2018，第21~22页。

[2] 申美云、张秀琴：《教育成本、规模效益与中小学布局结构调整研究》，《教育发展研究》2004年第12期，第85~88页。

学、运筹学等公共服务设施分布评价与布局优化研究相联系①；以起点、终点、链接形式的概念度量可达性，是评价基础教育空间公平的方法核心②。

2. 指标选取原则

（1）确定基本底线。根据相关规范落实确定基本底线，属于达标型指标。在达标情况下，指标高低并不影响教育设施质量，但优质学校应按"引导高质量建设"原则进行指标评估。此类指标主要包括学位需求与供给匹配度、教育设施覆盖率、生均校舍建筑面积、生均学校占地面积、千人指标、民办教育在校生所占比例、各级学校平均班额、生师比等。

（2）引导高质量建设。此类指标并无相关规范参考，但与教育设施质量呈现正相关性，应尽可能对标高值，属于对标型指标。此类指标主要包括优质教育设施的引领性、优质学校办学条件、国际学校数、公共财政预算教育拨款增长率、公共财政预算教育经费占公共财政预算比、生均公共财政教育投入等指标。

（3）反馈教育关键特征。此类指标并无相关规范参考，应根据城市实际情况所产生的现状统计值，体现城市产业和教育特征，主要用于上述指标的解释，属于参考型指标，主要包括义务教育阶段在校生中随迁子女所占比例、普通高中与中等职业教育在校生比、财政教育经费占 GDP 比重、公共财政预算教育经费等指标。

（四）基础教育设施发展水平指标评价体系构建

根据上文指标的选取依据及原则，基础教育设施发展水平指标评价体系研究建立了以空间公平性及资源引领性为核心的"2 维度 4 大类 17 子项"的维度指标评价体系。"2 维度"是指"硬指标"和"软指标"两个维度，

---

① 张京祥、葛志兵、罗震东等：《城乡基本公共服务设施布局均等化研究：以常州市教育设施为例》，《城市规划》2012 年第 2 期，第 9~15 页。
② 刘宏燕、陈雯：《中国基础教育资源布局研究述评》，《地理科学进展》2017 年第 5 期，第 557~568 页。

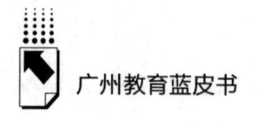

4大类是指"硬指标"中的设施空间匹配度、学校办学条件2类指标,以及"软指标"中的综合教育程度、教育经费2类指标。

硬指标维度,重点是根据国家和行业标准进行达标性评估,研究主要是对"十三五"时期广州市基础教育设施的规划建设情况进行全面梳理,从教育设施空间匹配度、学校办学条件两方面进行评估,总结广州市基础教育设施的情况及面临的问题,对未来教育设施规划建设及学位分配机制提出工作建议。

软指标维度,重点是与国内其他特大城市、国家中心城市的相关指标进行比较性评估[①],基于广州市的实际情况提出优化教育事业指标的建议(见表2)。

表2 基础教育设施发展水平指标评价体系

软指标	综合教育程度	每千常住人口各级学校在校生数(千人指标)
		国际学校数
		民办教育在校生所占比例
		义务教育阶段在校生中随迁子女所占比例
		普通高中与中等职业教育在校生比
		各级学校平均班额
	教育经费	财政教育经费占GDP比重
		公共财政预算教育经费
		公共财政预算教育拨款增长率
		公共财政预算教育经费占公共财政预算比
		生均公共财政教育投入
硬指标	设施空间匹配度	学位需求与供给匹配度(单元内人口需求与设施容量的匹配度)
		教育设施覆盖率(教育设施对居住用地的覆盖率)
		优质教育设施的引领性
	学校办学条件	生师比
		生均校舍建筑面积
		生均学校占地面积

---

① 尹德挺、胡玉萍、郝妩阳:《首都教育资源配置与人口发展态势的互动》,《人口与经济》2016年第4期,第62~70页。

二 广州市"十三五"时期基础教育设施发展水平评估

(一)基础教育设施发展水平指标评估

1.基础教育与学龄人口空间存在错配

由于幼儿园、小学、初中设施属于社区及配套类教育设施,而高中属于片区统筹类教育设施,本次空间布局维度的跟踪主要针对前述3类教育设施,根据其现状地理位置,结合《广州市城乡规划技术规定》中有关社区配套服务半径、服务人口等技术标准,跟踪全市基础教育设施覆盖率,从而判断基础教育设施布局现状能否满足学生出行需求。

通过叠加全市现状居住用地与各类教育设施,从空间覆盖率、上学距离两个指标分析评估教育设施与居民点的空间关系。

表3统计了幼儿园300米与500米半径范围内居住用地的覆盖率现状。其中,幼儿园300米范围内的居住用地覆盖率达54%。广州市幼儿园设施主要集中在主城核心区,外围城区分布不足,特别是农村地区存在部分盲区。

表3 广州市幼儿园居住用地覆盖率情况一览

选取跟踪指标		广州
幼儿园居住用地覆盖率(%)	300米范围	54%
	500米范围	68%

资料来源:《广州市基础教育设施发展策略研究与布点规划(2019—2035年)》。

根据表4所示,全市小学500米半径范围内居住用地覆盖率达67%,1000米半径范围内居住用地覆盖率达87%,表明全市小学设施能较好地覆盖现有居民点,但在花都区、增城区和从化区等外围农村地区的覆盖率仍较低。

全市初中1000米半径范围内居住用地覆盖率仅为40%,其中中心城区为60%，基本达标，但外围农村地区覆盖率仅为10%，表明农村地区初中阶段仍以远距离上学为主。另外，根据表4所示，全市初中、小学的平均出行距离为4.9千米，与国家教育部门规定的3千米内就近入学要求仍存在差距。

表4 广州市中小学居住用地覆盖率情况比对

选取跟踪指标		广州	北京	国家教育部门指标
中小学平均出行距离(千米)		4.9	4~7	3
小学居住用地覆盖率(%)	500米范围	67%	—	无
	1000米范围	87%	—	无
初中居住用地覆盖率(%)	1000米范围	40%	—	无

资料来源：教育部、各市地教育局2020年统计数据。

2. 学校办学硬件条件有所改善，但仍存在提升空间

广州市幼儿园生均校舍建筑面积为9.71平方米/生，小学为7.18平方米/生，初中为18.63平方米/生，高中为40.66平方米/生（见表5），各项指标均低于北京市，表明广州市基础教育设施建设硬件水平比国内北京市低，水平有待提升。

表5 学校办学条件评价指标比对

选取跟踪指标		国内主要城市			
		广州市	深圳市	上海市	北京市
生均校舍建筑面积(平方米/生)	幼儿园	9.71	8.51	12.20	10.79
	小学	7.18	8.22	7.62	7.71
	初中	18.63	12.09	14.01	23.22
	高中	40.66	35.53	46.75	71.92
生均学校占地面积(平方米/生)	幼儿园	11.85	9.85	17.33	16.10
	小学	13.24	11.03	12.57	14.38
	初中	31.62	16.42	23.13	43.29
	高中	54.29	25.89	66.20	100.67

资料来源：各地市教育局2020年公开数据。

由图1可见，近年来广州市幼儿园、初中、高中生均校舍建筑面积不断增加，教学条件不断改善。但是，小学生均校舍建筑面积有所下降，2020年仅为7.18平方米/生。

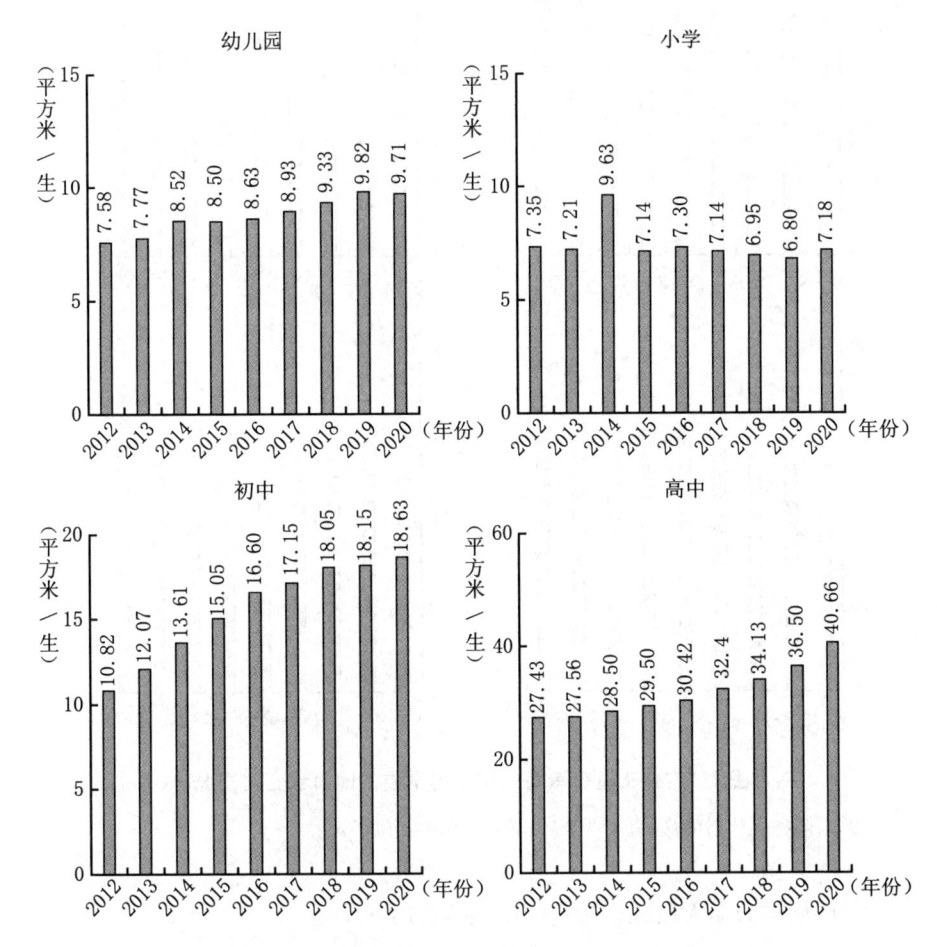

幼儿园（平方米/生）

年份	2012	2013	2014	2015	2016	2017	2018	2019	2020
面积	7.58	7.77	8.52	8.50	8.63	8.93	9.33	9.82	9.71

小学（平方米/生）

年份	2012	2013	2014	2015	2016	2017	2018	2019	2020
面积	7.35	7.21	9.63	7.14	7.30	7.14	6.95	6.80	7.18

初中（平方米/生）

年份	2012	2013	2014	2015	2016	2017	2018	2019	2020
面积	10.82	12.07	13.61	15.05	16.60	17.15	18.05	18.15	18.63

高中（平方米/生）

年份	2012	2013	2014	2015	2016	2017	2018	2019	2020
面积	27.43	27.56	28.50	29.50	30.42	32.4	34.13	36.50	40.66

图1 广州市基础教育历年生均校舍建筑面积变化情况

资料来源：《广州市教育统计手册》（2012~2020学年度）。

由图2可见，近年来广州市幼儿园、初中、高中生均用地面积不断增加，其中高中生均用地面积已达到国家标准的2倍以上，教学条件不断改善。

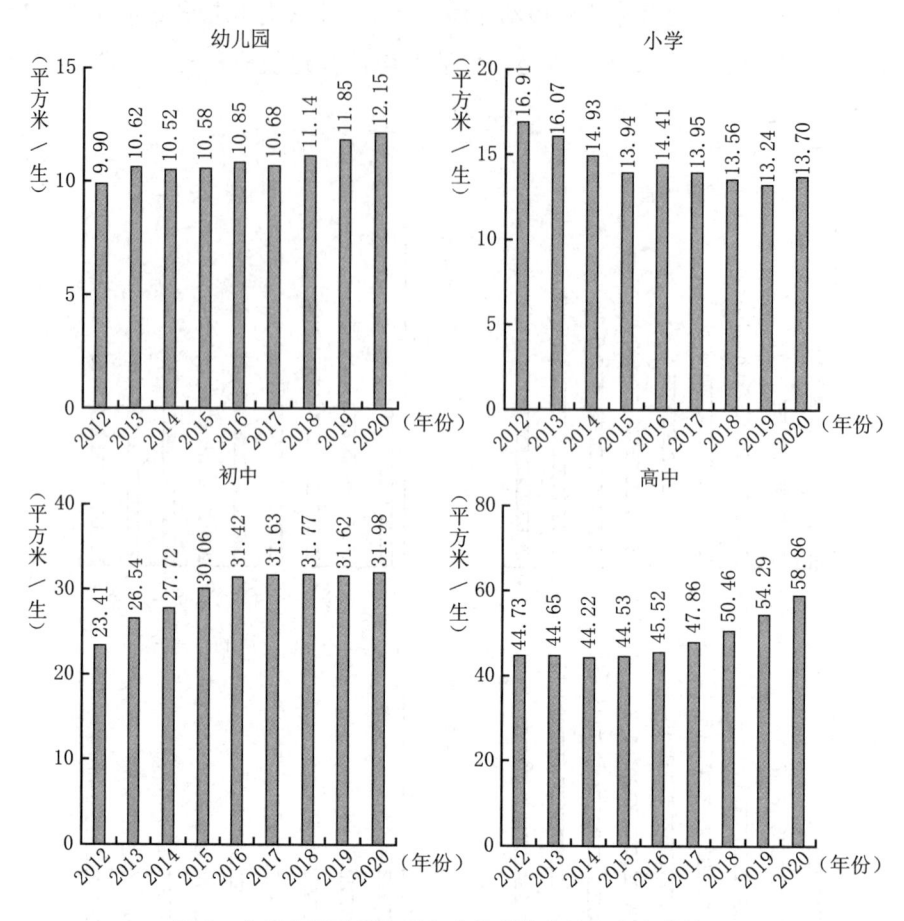

图 2　广州市基础教育历年生均学校占地面积变化情况

资料来源：《广州市教育统计手册》（2012~2020学年度）。

3. 广州市劳动人口综合教育程度仍待提高

广州市主要劳动年龄人口平均受教育年限为14.0年，高于北京市、上海市、深圳市等城市，表明广州市劳动力受教育年限较长。而全市仅有34.00%的劳动人口接受过高等教育，虽达到国际标准，但远低于北京市、上海市比例（见表6），广州市劳动人口素质仍待进一步提高。

全市幼儿园千人指标为30.76个学位/千人，小学为60.24个学位/千人，初中为20.55个学位/千人，高中为8.54个学位/千人，小学、初中、高中三项指标均高于北京、上海，但低于深圳指标，表明广州市人口有年轻化趋势，也表明城市基础教育配套设施需求较大。

全市外籍人员子女学校仅11所，相比上海市38所、北京市19所，广州市国际化程度仍待提升。为吸引国际高素质人口，需进一步加强涉外学校建设。

表6 综合教育程度指标比对

选取跟踪指标		国内主要城市				国际通用指标		
		广州市	深圳市	上海市	北京市	世界银行上中等收入国家平均值	经济合作与发展组织（OECD）均值	联合国教科文组织（UNESCO）较发达地区
主要劳动年龄人口平均受教育年限（年）		14.0	11.8	11.8	12.6	无该项指标	29%高中以下水平；44%高中水平；28%高等教育水平	无该项指标
主要劳动年龄人口中受过高等教育的比例（%）		34.00	36.27	50.69	61.26	无该项指标	28	无该项指标
各级学校在校生数（千人指标）（个学位/千人）	幼儿园	30.76	31.87	22.91	31.44	无该项指标		
	小学	60.24	62.14	34.62	45.45			
	初中	20.55	20.92	18.82	15.10			
	高中	8.54	8.56	6.69	7.32			
外籍人员子女学校数（所）		11	7	38	19			

资料来源：各地市教育局、世界银行、OECD、UNESCO。

受招生政策影响，广州市幼儿园、小学面向常住人口招生，学位需求不断增加，千人指标增幅较为明显[①]；而初中和高中招生范围以本地户籍为主，千人指标呈下降趋势（见图3）。

---

① 因2020年常住人口根据七普统计，故与以往年份有偏差。

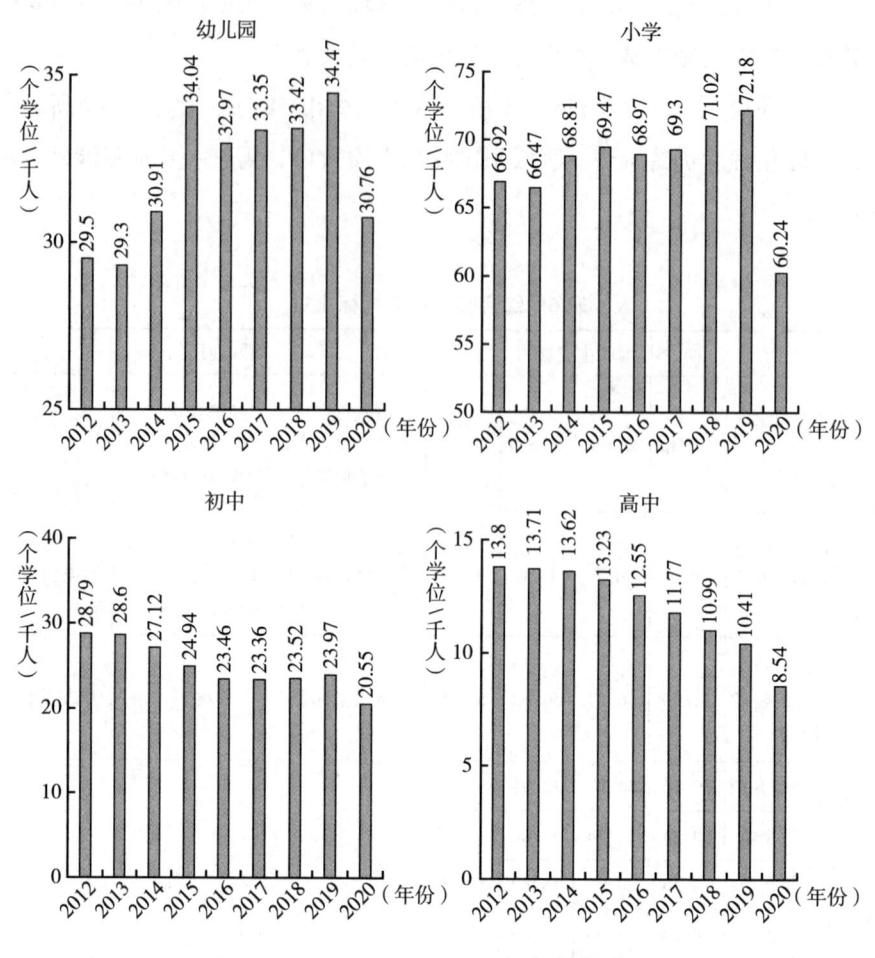

图3　广州市基础教育历年千人指标变化情况

资料来源：《广州市教育统计手册》（2012~2020学年度）。

4. 教育经费有待提升

近年来，广州市基础教育经费投入不断增长，全市2020年教育经费达558.75亿元，占公共财政预算18.92%，教育拨款增长6.70%，但由于地方财政总量较小，教育投入在总量上与北京市、上海市、深圳市仍有较大差距，需要进一步努力提升。

受制于地方财政总量较小，2019年，广州市小学生均财政投入仅为

22530.9元，初中为40073.2元，远低于北京市、上海市和深圳市。因此，民办教育在广州市基础教育发展中承担了重要的补充角色（见表7）。

表7 2020年教育经费评价指标比对

选取跟踪指标		国内主要城市				国际通用指标		
		广州市	深圳市	上海市	北京市	世界银行上中等收入国家平均值	OECD均值	UNESCO较发达地区
公共财政预算教育经费（亿元）		558.75	851.0	1093.8	1128.0	—	—	1098.4亿美元（国家指标）
占公共财政预算比重(%)		18.92	20.0	13.5	12.62	14	13.3	无该项指标
公共财政预算教育拨款增长率(%)		6.70	18.80	2.70	10.50	无该项指标	无该项指标	无该项指标
生均一般公共预算教育经费（元）	小学（2019年）	22530.9	35207.5	30463.0	37292.9	无该项指标	无该项指标	4992美元
	初中（2019年）	40073.2	56946.8	45751.0	66365.9	无该项指标	无该项指标	
	高等教育	—	—	—	—	无该项指标	无该项指标	6437美元

资料来源：各地市教育局、世界银行、OECD、UNESCO。

（二）广州市"十三五"时期基础教育设施评估情况小结

1. 基础教育实力不断增强，为经济社会发展提供有力支撑

"十三五"时期，广州市基础教育规模随城市发展不断扩大，教育公平和包容程度不断提高，教育整体发展水平跃上新台阶，华南科教之城、全省教育中心功能进一步巩固，人民群众在教育方面的获得感、幸福感进一步增强，教育事业对全市经济社会发展的支撑作用更加突出。全市基础教育实力的不断增强，为广州市建设科技创新城市、先进制造业强市、现代服务业强市、人才强市、文化强市和国际大都市，提升国际商贸中心、综合交通枢纽和科技教育文化医疗中心功能，提升城市发展能级和核心竞争力提供了有力的支撑。

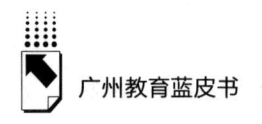

2. 生均资源相对较低，部分设施生均规模未达标

广州市基础教育设施供给能力不断加强，但部分地区仍存短板需完善。庞大的基础教育服务人口给城市教育投入带来较大压力。广州市基础教育财政投入近年来不断增长，但受制于地方可支配财力，教育经费投入总量、生均公共财政教育投入等指标仍远低于京、沪、深等城市。

全市生均用地、生均校舍建筑面积等部分硬件指标偏低，高中硬件指标较好，但仍有12个重点中学校区的生均用地或建筑面积未达标准，基本位于越秀区、荔湾区、天河区等中心城区，设施规模与外围城区新建优质中学相比［如广州市执信中学（天河校区）、广州市铁一中学（白云校区）、广东广雅中学（花都校区）等］存在差距。

3. 基础教育资源分布不均，区域空间布局有待优化

在设施与人口的匹配度方面，约83%的适龄人口可通过规划单元内的小学解决学位需求，约58%的适龄人口可通过规划单元内的初中解决学位需求。仍有17%的适龄人口需在规划单元外的小学就读，主要包括花都区、南沙区、增城区、从化区等外围地区村庄及部分中心城区学位严重紧缺的规划单元。42%的适龄人口需在规划单元外的初中就读，中心城区人口密度较大，初中分布相对不均。

三 广州市"十四五"时期基础教育设施优化建议及展望

（一）主动保障，提高教育设施供给能力

基于国家"三孩政策"、广州市外来人口增长等发展趋势，对接新一轮广州市国土空间规划的发展定位和发展规模，全市基础教育设施建设规划应充分体现广州市新时期的人口疏解、新区建设、教产融合等发展战略，围绕国土空间规划提出的重大产业平台和城市新区，高标准配置教育基础设施的要求，牵引带动地方发展。

广州市应在财政投入上重点加大新建、扩建校舍，以及购置仪器设备所

需的投入；优化财政支出结构，统筹各项收入，收取教育设施配套建设资金，鼓励多元化办学模式，多渠道增加教育投入，把教育作为财政支出重点领域予以优先保障；将基础教育全面纳入财政保障范围，进一步完善财政分项目、按比例分担的基础教育经费保障机制，逐步扩大基础教育投入资金，并健全国家资助政策体系；增加全市统筹扶持基金，推动各区基础教育均衡发展。

（二）补齐短板，完善教育设施布局并落实到规划单元

广州市应结合教育设施现状空间匹配度评估分析，侧重补齐配套短板地区的教育设施，有效增加教育资源供给；落实"十五分钟社区生活圈"[①] 的要求，与国土空间规划的规划单元相衔接，根据规划单元适龄人口增长适配相应设施，促进人口分布与教育设施布局的空间匹配，整体提升基础教育设施的覆盖率。

广州市应制定优质学校外迁计划，让市属学校在重点发展平台和重点建设地区设立分校，带动老城区入学人口向外围地区转移；细化入学许可政策，按照确定的学区划分方案，对现有入学政策进行统一的梳理调整，制定学位申请、学生居住地审查具体实施办法，出台详细的入学准许实施细则，确保学区内学生与学校基本对应，以统一到教育均衡发展思路中，使教育资源配置与空间资源配置形成合力，确保规划的基础教育设施有效发挥其使用效益，促进教育公平、均衡发展。

（三）战略引领，配置高标准教育设施牵引地方发展

广州市应发挥基础教育设施对城市发展的牵引带动作用，强化教育设施的公共资源属性，在均等化覆盖基础上，充分发挥基础教育设施在牵引城市新区建设、旧区改造、产城融合等方面的作用，推动广州市的国家中心城市

---

① 根据《广州市国土空间总体规划（2018-2035年）》草案，到2035年，主城区、南沙副中心和外围城区实现卫生、教育、文化、体育、养老等社区公共服务设施15分钟步行可达覆盖率90%，新型城镇实现社区公共服务设施15分钟慢行可达覆盖率90%。

建设。

广州市应结合市级重点平台加强优质教育资源投入倾斜,综合节点城市和市级重点战略平台原则上各配置1所以上优质中学、国际学校、特色学校,推动优质教育资源向外围城区中心覆盖,提升区域服务人口承载能力。

(四)全链条整合,提高设施达标率

广州市应按照"盘活一批、外迁一批、更新一批"的思路,在对全市现有教育设施建设水平综合评估的基础上,选取中心城区部分不达标的上层级学校外迁到外围地区或城市更新地区,遗留下的设施通过资源再次整合利用,为下层级教育设施提供新的载体空间,实现高中—初中—小学—幼儿园4级基础教育设施的全链条资源整合再利用。

参考文献

林小英、陆一:《分层与自主:重整中国基础教育事业评价体系的纵横逻辑》,《全球教育展望》2020年第3期。

辜元、易峥、孟庆:《重庆主城区基础教育设施配套指标研究》,《城乡治理与规划改革——2014中国城市规划年会论文集》,中国建筑工业出版社,2014。

黄明华、王琛、杨辉编著《县城公共服务设施:城乡联动与适宜性指标》,华中科技大学出版社,2013。

宋小冬、陈晨、周静等:《城市中小学布局规划方法的探讨与改进》,《城市规划》2014年第8期。

尹德挺、胡玉萍、郝妩阳:《首都教育资源配置与人口发展态势的互动》,《人口与经济》2016年第4期。

区域实践篇
Regional Practice Reports

B.18
广州市花都区学前教育全覆盖教研的实践探索[*]

洪静翔[**]

摘　要： 针对学前教育教研覆盖面较窄、教研方式比较单一、教研内容不够全面、教研主体受到忽视等问题，广州市花都区探索建立横向联动、纵向深入的全覆盖学前教育教研指导网络体系，采取了科学合理划分片区、"五联"区域教研合作、基于实践解决真实问题、研修一体化教师培养模式等举措，在构建全覆盖教研网络体系、建立"两类三级"教研管理模式、发挥优质园示范龙头作用、创设以人为本的教研文化氛围等方面取得了成效。为更好地实现学前教育教研规范、引领、创新、高效的目标，全覆盖教研应做到目

---

[*] 本文系 2021 年广东省基础教育教研基地项目 "学前教育学科教研基地" "县（市、区）教研基地" 的研究成果之一；广州市教育科学规划 2020 年度课题 "创生取向的区域幼儿园课程建设研究"（项目编号：202012725）的研究成果之一。

[**] 洪静翔，广州市花都区教育发展研究院幼教教研员，幼儿教育高级教师（副高），主要研究方向为幼儿园教科研、幼儿园管理。

标导向——让区域教研全覆盖更有方向，问题导向——让区域教研全覆盖更有实效，学习导向——让区域教研全覆盖更有品质。

关键词： 全覆盖教研　区域教研　学前教育　广州市花都区

2019年11月，教育部在《关于加强和改进新时代基础教育教研工作的意见》中指出：新时代教研工作还存在机构体系不完善、教研队伍不健全、教研方式不科学、条件保障不到位等问题，教研要服务学校教育教学、服务教师专业成长、服务学生全面发展、服务教育管理决策。① 2021年2月，广州市花都区教育发展研究院在《广州市花都区学前教研方式改革方案》中提出：坚持"优势互补、资源互通、成果共享、区域推进"的实践策略，以区统筹、以园为本、研修一体、合作共研，营造创新的、开放的、合作的、立体的教研方式和教研文化，建立横向联动、纵向深入的全覆盖学前教研指导网络体系，促进幼儿园教师专业成长，推动区域内幼儿园均衡发展，提升全区幼儿园保教质量。② 近两年来，花都区努力探索新时代学前教研管理模式、教研合作方式转型升级的方法，不断整合区域优势和建立教研共同体，构建全覆盖教研指导网络体系，全力实现规范、引领、创新、高效同研共赢的奋斗目标。

一　广州市花都区学前教育教研的现状分析

（一）教研覆盖面较窄

截至2022年2月28日，花都区共有幼儿园171所，其中，公办幼儿园

---

① 《教育部关于加强和改进新时代基础教育教研工作的意见》（教基〔2019〕14号），中华人民共和国教育部网站（2019年11月25日），http://www.moe.gov.cn/srcsite/A06/s3321/201911/t20191128_409950.html，最后检索时间：2022年6月8日。
② 《广州市花都区学前教研方式改革方案》（内部资料），广州市花都区教育发展研究院（2021年2月1日）。

69 所，民办幼儿园 102 所。在没有提出全覆盖教研体系之前，花都区学前教研指导责任区架构尚不健全，未统一划分片区统筹管理，缺乏完善的组织管理机制，只成立了 1 个花都区学前教育中心教研组，每年参加区域教研的只有花都区中心教研组下属的 40 所幼儿园，仅占花都区幼儿园的 23.39%，教研受益覆盖面比较小，很难达成通过区域教研促进每一位教师专业成长和提升区域保教质量的目标。

（二）教研方式比较单一

探索有效的区域教研方式是落实片区之间和园际互动的关键环节，不同的教研模式能够为落实全覆盖教研提供不同的助力。但是，考虑到区域教研活动组织的流程化程度和受益覆盖面这两大因素，组织教研活动主要采用集体讲座、专题培训、参观环境、观摩教学等形式，使得区域教研活动呈现单方面灌输的现象，缺乏园际互动参与、分析诊断、对话争鸣、火花碰撞，导致区域教研专业引领不足、区域教研机制不健全、区域教研质量难以保障、教师专业发展的层次性受忽视、专业发展共同体的构建被忽略。

（三）教研内容不够全面

区域教研内容必须以一线教师在教育教学实践中遇见的困惑问题为中心锁定研究主题，这是提高教研活动实效性和教师积极性的重要途径。然而，由于策划者缺乏对不同类型、不同办园水平幼儿园和教师实际情况的了解与分析，忽视了他们对教学实践的真实需求，教研内容注重教学活动研究、轻一日生活各环节研究，注重对教师"教"的研究、轻对幼儿"学"的研究，注重教学过程研究、轻教师专业发展研究，[①] 使得教研内容显得随意、空泛，未能紧跟新时代学前教育发展趋势，容易导致教师教研视野狭窄、专业发展片面化。

---

① 周红梅：《幼儿园区域联动教研存在的问题及对策》，《教育导刊》（下半月）2015 年第 7 期，第 60~63 页。

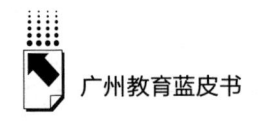

（四）教研主体受到忽视

教师在区域教研过程中既是学习者、研究者，又是受益者。可是，在区域教研开展过程中，出现公办幼儿园骨干教师往往有着较强的问题意识和研究意识，积极发表见解，占主导地位，而民办幼儿园教师往往参而不语，成为教研活动的配角甚至旁观者，未能真正发挥其教研的主体性，导致公办幼儿园和民办幼儿园教师之间很难建立平等的对话机制，使得区域教研失去其原本的目标性、民主性、参与性、合作性特点，不能引发全体教师的情感共鸣和意见碰撞，更不能满足教师个体化专业发展需求。

二 花都区学前教育全覆盖教研的主要举措

（一）科学合理划分片区，保障全覆盖教研的运行机制

全覆盖教研体系对区域教研管理工作进行全方位思考，重新调整布局与规划。按照"资源整合、优势辐射、帮扶联动、相对均衡"以及"名园+新园、公办园+民办园、强园+弱园、城区园+农村园"的基本原则，结合区域教研基础条件、片区差异、片区发展状况及片区实际需求，[①] 将花都区幼儿园划分为九大片区教研共同体。分别是教育局直属片区（含集团办园）14所园，新华街片区42所园，花城街片区18所园，秀全街片区17所园，新雅街片区16所园，狮岭镇片区26所园，花东镇片区16所园，西片区12所园，北片区10所园，园所的数量涵盖花都区171所幼儿园，教研覆盖面达100%。

为推进全覆盖教研工作，实现对花都区幼儿园、教师的教研全覆盖，由花都区教育发展教研院学前教育研究室统筹组织，资深学前教研专家担任理

---

① 苏婧、李一凡：《加强教研指导网络建设为北京市学前教育发展助力赋能》，《学前教育》2020年第5期，第24~27页。

论指导顾问，由办园水平高、师资队伍强、教育质量好、教育资源优的教育局直属公办幼儿园与花都区镇街中心公办幼儿园任片长园，由一线管理经验丰富、专业指导能力强的园长或业务园长担任片长，组成片区教研中坚力量。由各片区属地新办幼儿园、农村幼儿园、民办幼儿园、薄弱幼儿园共同参与构成区域教研共同体，实现结对帮扶、共同发展。由花都区教育发展教研院学前教育研究室牵头研究制定《广州市花都区关于加强学前教育教研工作的实施意见》，建立区域教研学习共同体，明确区域教研工作意义、基本原则、主要内容、实施策略，设立人员保障、领导保障、培训保障、经费保障支持区域合作开展教研活动；研究制定《广州市花都区关于加强幼儿园园本教研工作的指导意见》，进一步明确园本教研工作目标、基本要求、职责分工、活动方式、组织领导等，将园本教研工作纳入区域推进的教研制度建设；研究制定《广州市花都区、片、园三级教研管理制度》，建立区、片、园三级教研管理模式，明确区、片、园三级教研职责任务，保障各片区教研工作的落实；研究制定《广州市花都区学前教育中心教研组教研工作制度》，进一步明确中心教研组成员的工作职责，明确常态教研制度，为全覆盖教研指导网络体系提供了有力的组织保障、专业保障和制度保障。

（二）"五联"合作区域教研方式，加强全覆盖教研的纵横联动

区域教研是推动区域学前教育均衡、优质发展的重要途径。为了达到教研对象、教研方式、教研内容、教研主体的全覆盖，花都区教育发展教研院学前教育研究室依托九大片区教研共同体，通过区域联动教研、区域联片教研、园所联合教研、课题联组教研、城乡联结教研等"五联"合作区域教研方式，① 充分发挥优质园所示范辐射作用，加大对各片区新办幼儿园、薄弱幼儿园、民办幼儿园、农村幼儿园的关注与帮扶，规范办园行为，促进均

---

① 殷静、涂德兰：《"五联"合作区域教研 助推师资均衡发展——以重庆市渝北区幼儿园联片教研建设为例》，《今日教育（幼教金刊）》2019年第11期，第12~15页。

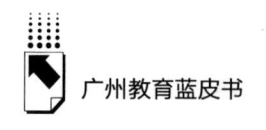

衡发展，提高区域学前教育质量。

"五联"合作区域教研平台，以"协同发展"为核心理念，以"共性问题"为切入点，以"多层次、多角度、多方位"为研究共同体。通过区域推动一个主题，以"专家引领、片区共学、园内自学"的方式实现资源的优势互补、互助合作、均衡发展。通过联片互动"一片一方案、一年一专题、一学期一展示"教研方式，开展"追随儿童、循序渐进、差异互补"的分层研究活动，拓展联片教研活动的广度与深度，提升区域教研活动专业水平。通过园际联合教研围绕"共性问题—诊断问题—解决问题—共同发展"的思路，不断厘清研什么、为什么研、怎么研，让研究内容与教师需求更加吻合。通过课题联组教研带动"文献梳理、阶段推进、教研合一、活动展示、共享资源"研究活动，实现课题研究深入推进、教师专业发展、幼儿园保教质量提升。通过城乡联结教研遵循"提出问题—分析诊断—现场研讨—专家引领"的活动流程，重参与强过程、重问题强诊断、重引领强服务，使幼儿园和教师端正教育教学思想，完善教育教学管理，改进教育教学方法，提高幼儿园保教质量。

（三）基于实践解决真实问题，聚焦全覆盖教研的主题内容

花都区全覆盖教研体系的建立，能围绕幼儿园教育教学过程中的共性的重点、难点问题，及时发现幼儿园教师在课程实践中存在的实际困惑与需求，从中获取这些问题的教研要素，准确地捕捉基于课程改革背景下的教研主要内容，聚焦教研问题，确定教研主题，较好地提升了区域教研质量。

如花都区教研员每周的常规教学视导，可以从一个班级的教育教学现象折射出幼儿园是如何理解"幼儿园一日活动皆课程"的观念，以点带面提出幼儿园实践中存在的共性问题，集全体教师共同智慧有针对性地开展园本教研活动。花都区中心教研组共同体每月的诊断性集体视导活动，主要是对民办幼儿园或新办幼儿园一日生活安排的合理性、科学性进行面对面剖析，引导教师从不同的角度对问题进行诊断与反思，使教师成为教研主体并逐渐

学会直面问题。① "1+2+N"② 教研共同体聚焦自主游戏活动观察的参与性教研活动，重点把握幼儿兴趣、幼儿已有经验、幼儿最近发展需求的核心点，对自主游戏活动中对幼儿的观察分析、介入指导和有效支持等问题进行研讨，目的是让教师更好地了解幼儿、读懂幼儿，改善教师的教育教学行为，提升教师课程评价能力。直属片区教研共同体聚焦场景化课程理念、课程设计、课程场景、课程资源构建等沉浸式教研活动，为场景化课程的实施提供指引。"1+3"③ 课程改革实验园教研共同体聚焦有关幼儿园课程实施方案的制定与实施的融合教研活动，促进区域教研和园本教研的规范性、科学性，起到很好的引领、指导、示范作用。

（四）研修一体化教师培养模式，助力全覆盖教研的师资队伍

园长、教师的专业能力是全覆盖教研最基本的条件与保障。花都区学前教研机构承担着对花都区幼儿园教研活动指导与教师专业成长继续教育培训的双重职责，"研中有训、训中有研"的一体化培养模式让研训融为一体，形成有效的教师培养模式。④ 在全覆盖教研体系要求下，为了提高教师教研和培训的有效性，花都区学前教研机构按需对分层研修的课程体系和框架进行构建，制定《广州市花都区幼儿园教师队伍培训方案（2021—2025年）》，尝试通过多种方式进一步提高不同类型、不同性质、不同等级、不同层次的园长、教师培养的广度和深度，特别关注民办幼儿园、农村幼儿园、薄弱幼儿园和新办幼儿园园长、教师成长的需求。如通过实地观摩、现场研讨、蹲点指导等形式对新教师开展适应性培训；通过课题研究，案

---

① 洪静翔：《区域幼儿园教学视导的特点及实施方式初探》，《教育导刊》（下半月）2019 年第 11 期，第 49~53 页。
② "1+2+N"是指区—片—园三级教研管理机制，"1"代表花都区学前教研机构，"2"代表龙头片长园，"N"代表片区内薄弱幼儿园、民办幼儿园、农村幼儿园和新建幼儿园。
③ "1+3"是指市—区—园三级教研管理机制，"1"代表广州市学前教研机构，"3"代表"区诊断—跟进式辅导教研"+"区内试点园展示交流"+"改进后的后续园本教研"等 3 次区域课程教研活动。
④ 朱璟：《沈阳市学前教育区域教研联盟教研模式的探索与实践》，《基础教育论坛》2019 年第 26 期，第 10~12 页。

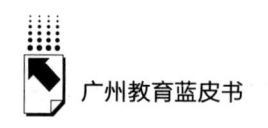

例分析、参与式、沉浸式教研等形式对骨干教师开展发展性培训；通过理论学习、卓越园长班、名师工作室等形式对园长开展主题式、项目式培训，不断提升教师观察和组织幼儿园一日生活的能力，提升园长课程管理意识与能力。

注重过程研修模式。如在开展"1+2+N"区域教研带教过程中，从省级园"点"的层面到片长园"线"的层面再到新手业务园长"面"的层面，不管是公办幼儿园还是民办幼儿园，组织园本教研活动的每一位业务园长，都经历了"写方案""晒过程""挑问题""化意见"的实战演练，每一个园本教研活动都拥有"观摩、参与、讨论、点评、分享、反思"环节，充分地调动每一位业务园长的学习积极性，能较好地解决他们如何基于园内教师专业发展进行园本教研活动的背景分析，如何在制定园本教研活动目标时避免"空而大""烦而杂"，如何体现园本教研内容及如何满足活动的系统性、连贯性、针对性和有效性等实际问题。在"1+2+N"新型研训模式中，教研员负责专业引领，业务园长带着任务参与，有效发挥了该模式"实践反思、同伴互助"的作用。事实上，这也是一个双向互动的过程，无论是教研员、资深业务园长还是新手业务园长都在不断发现问题、思考问题、解决问题、迁移问题，然后再次实践。这种研训是高效的，以"学习共同体"的方式把导师和学员联结在一起，实现了互相交流和共同学习的目的。

三 花都区学前教育全覆盖教研的成效

（一）构建全覆盖教研网络体系

经过两年的实践探索，花都区建立起横向联动、纵向深入的全覆盖学前教研指导网络体系。"横向联动"是指基于花都区公、民办幼儿园共同发展的理念，形成跨片区学前教研共同体，实现公民办结合、城乡结合、资源共享、优势互补、互联互通、共建共享形成片区联动的学前教研协作机制。[①]"纵向深入"是指形成市—区—园和区—片—园"两类三级"教研管理机制。"全覆盖"包含四个维度,分别是"教研对象全覆盖",是指将花都区各级各类型幼儿园纳入教研体系;"教研方式全覆盖",是指建立区域联动教研、区域联片教研、园所联合教研、课题联组教研、城乡联结教研等"五联"合作区域教研方式,有序开展主题明确、层次分明、形式多元的教研活动;"教研内容全覆盖",是指涵盖幼儿园教育教学活动的所有内容;"教研主体全覆盖",是指将花都区各级各类型幼儿园的园长、保教人员纳入教研体系。全覆盖学前教研指导网络体系的构建,以促进区域教师专业成长为根本目的,以促进区域教育均衡发展为工作目标,以园际合作、区域联动、优势互补为行动策略。[②]

(二)建立两类三级教研管理模式

幼儿园课程改革背景下,区域教研建立起市—区—园和区—片—园"两类三级"教研管理模式,助力全覆盖教研纵向深入,是国家、省、市教育政策法规落地、区域教育资源互通、区域教育成果共享的重要保障。如建立"1+3"融合大教研的市—区—园三级教研管理机制,是指确定市学前教研机构"1"为融合教研活动的一级网络,主要负责幼儿园课程实施方案的制定与实施以该方案为抓手的课程视导教研活动,引领基层幼儿园和教师共同研究和解决幼儿园课程质量提升存在的真实问题;确定区级教研机构为融合教研活动的二级网络,确定实验园为融合教研活动的三级网络,开展"区诊断—跟进式辅导教研"+"区内试点园展示交流"+"改进后的后续园本教研"3次课程教研活动,帮助实验园提炼幼儿园课程实施的经验与成果。建立"1+2+N"区—片—园三级教研管理机制,是指由花都区学前教

[①] 苏婧、李一凡:《加强教研指导网络建设为北京市学前教育发展助力赋能》,《学前教育》2020年第5期,第24~27页。

[②] 朱璟:《沈阳市学前教育区域教研联盟教研模式的探索与实践》,《基础教育论坛》2019年第26期,第10~12页。

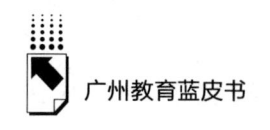

研机构"1"统筹管理，充分发挥"2"龙头片长园的带头示范作用，带动片区内"N"所薄弱幼儿园、民办幼儿园、农村幼儿园和新建幼儿园共同发展。构建两类三级教研机制，突出以生为本、以师为本、以园为本的教研理念，形成以专家学者和教研员为引力、业务园长为助力、一线教师为主力的教研学习共同体，实现区域内幼儿园优势互补、互联互通、共建共享，有效促进区域教研水平规范化、科学化、均衡化发展。

（三）发挥片长园示范龙头作用

片长园在全覆盖教研推广过程中起到示范龙头作用，承担着辐射、指导、合作职能。在片区联合教研活动中，充分利用片长园优质的环境资源、师资队伍、课程建设、教学水平等优势，发挥"层级带教、融合参与"的作用，将幼儿园正确的办园理念、"幼儿在前、教师在后"的教育教学方式、特色品牌创设等推广辐射，形成片区效应。特别是在一些民办、农村、薄弱幼儿园，可以迅速将优质幼儿园的模式运用到自身幼儿园教育教学活动的开展中，不断提升自身办学质量和办学水平，带动片区内教研共同体的专业成长，缩小园际差距，促进区域学前教育均衡发展。如广州市场景化课程实验园、花都区片长园——广州市花都区深航幼儿园，带领片区属地幼儿园基于问题、需求、成效的原则，通过沉浸式研训工作坊，围绕挖掘场景价值与特点、分析场景蕴含的学习经验、了解场景中幼儿的学习特点、观察与评价幼儿与场景的互动、投放场景适宜的辅助材料、支持幼儿深度学习的有效策略、拓展幼儿场景学习的活动环境等七个方面，采取集中研训、园本教研、材料体验、幼儿观察、行为分析等研训方式，引领片区内幼儿园积极参与探索建构场景化课程建设，不断改变片区内园长、教师课程构建的思维模式，提高园长、教师的课程资源规划与整合能力。

（四）创设以人为本教研文化

公、民办幼儿园，城乡幼儿园，优质幼儿园与薄弱幼儿园的实际情况、目标定位、发展需求不一样，必然造成它们之间存在教研水平、师资水平、教研氛围的差异。因此，在全覆盖教研工作的推进过程中，力求突出教研的"对话文化"，为一线教师创设尊重、平等、温馨的教育生态发展系统。在区域教研层面，民办幼儿园、农村幼儿园、薄弱幼儿园园长与教师有了更多的机会走进优质幼儿园、公办幼儿园，改变以往走过场的参观、模仿照搬，真正地参与研讨，经历了答疑、学习、实操、分享、应用的过程，大胆与新理论、新观念对话，与优质幼儿园、公办幼儿园教师对话，与自己内心对话，能够基于自身在教育教学中的困惑吸收新经验，并在实践中加以验证、反思、调整、总结、提高，体现了教研活动的针对性、实操性和有效性。在园本教研层面，由于教研内容是幼儿园迫切需要解决的现实问题，又是教师要求解决和力所能及的教研主题，整个教研过程充分地发挥了教师的主体地位和积极性，是教师与保教管理者的对话，是教师与教师的对话，是教师与一切教育教学相关要素之间的对话，更是真正意义上完成专业引领、同伴互助、自我反思的过程。这种基于现场、立足于现场、发展于现场的区域教研和园本教研活动，本质上不是用一种观点来反对另一种观点，也不是将一种观点强加于另一种观点上，而是一种知识、经验、智慧的分享和共享。

四 花都区学前教育全覆盖教研的未来展望

花都区学前教育虽然架构起横向联动、纵向深入的全覆盖教研指导网络体系，但要全面实现纵横交错、立体交叉教研机制，达到规范、引领、创新、高效的目标仍需努力。全覆盖教研改革要面对不同类型、不同质量、不同层次的幼儿园，依托区域教研不断提升园长、教师专业素养，助力幼儿园课程建设深入推进，最终实现基于课程改革背景下全覆盖教研的不断优化，构建继承性和创新性、计划性和灵活性、科学性和有效性相结合的良好教育生态发展系统。[1]

---

[1] 苏婧、李一凡：《加强教研指导网络建设为北京市学前教育发展助力赋能》，《学前教育》2020年第5期，第24~27页。

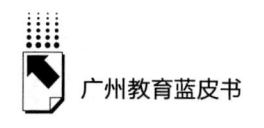

（一）目标导向，让全覆盖教研更有方向

"五联"合作区域教研方式，是以区域幼儿园在课程改革和教育教学改革实践中存在的"共性问题"为切入点，从众多问题中梳理目前最迫切需要解决的真实问题，制定教研主题开展的区域教研活动。在实施过程中，作为承担示范、指导作用的优质幼儿园、片长幼儿园，以自身幼儿园教研内容为主体，以完成片区教研活动任务和次数为目的，导致片区教研活动的组织形式化。从某个角度来说，虽然片区内幼儿园在观摩学习中也会有一定收获，但毕竟不是针对片区内薄弱幼儿园、民办幼儿园存在的共性问题开展的教研活动，因此造成精准帮扶的错位，会影响整个片区联动教研活动的质量与深度。基于此，面对质量层次不同、师资水平不同、课程建设能力不同的幼儿园，要思考为什么要进行区域课程改革，课程改革对幼儿园、园长、教师、幼儿有什么意义，如何通过区域教研活动推进课程改革。只有经过教研员、片长、园长不断自上而下、自下而上集体研讨、集中审议，才能明确区域课程建设目标、区域教研目标、区域教师专业发展目标。① 在明确区域目标导向过程中，要思考如何深化横向联动、纵向深入的全覆盖学前教研指导网络体系的建设，如何结合区域课程建设目标开展有针对性、有效性的区域教研活动，如何通过"五联"合作区域教研方式立体、交叉地落实区域课程建设目标的达成，让目标导向成为区域均衡发展的共同愿景。

（二）问题导向，让全覆盖教研更有实效

由于花都区公、民办幼儿园办园水平、教研意识、教研制度存在较大差异，因此，九大片区教研共同体的龙头片长园均为公办幼儿园，由他们牵头带动片区内各类型幼儿园开展协作共研、落实结对帮扶、实现共同发展的区域教研活动。为了保证教研活动的质量与效果，花都区学前教研机构把承担

---

① 吴颖颖：《四个导向助力课程建设背景下区域教研不断优化——以T市为例》，《第二课堂（D）》2020年第8期，第80~81页。

区域示范引领教研活动的机会分配给公办幼儿园,导致教研公开活动被公办幼儿园包办的局面,使公、民办幼儿园综合实力的差距越来越大,不利于民办幼儿园快速发展。这种"自上而下"的布置任务式教研方式,只会让民办幼儿园园长和教师丧失专业自信,沦为教研活动的"边缘参与者",而不是主动参与者。基于区域公、民办幼儿园共同发展的全覆盖理念,针对教研活动示范辐射被公办幼儿园包办的现象,结合公、民办幼儿园专业水平参差不齐的现状,应组织适宜民办幼儿园教研共同体参与的区域教研活动,真正解决民办幼儿园发展进程中的共性问题,真正解决民办幼儿园教师在教育教学实践中遇到的困惑,真正促进民办幼儿园教师的专业发展。在每年的区域教研计划中,有针对性地向薄弱幼儿园、民办幼儿园倾斜常态教研视导和中心教研组集体视导资源,落实教研指导的有效性,精准帮扶,真正实现区域均衡发展、互利共赢。

(三)学习导向,让全覆盖教研更有品质

为了贯彻落实《国务院关于当前发展学前教育的若干意见》和省、市、区学前教育三年行动计划,随着学前教育公办资源迅速扩充,大部分公办幼儿园领导班子的提拔选派来自基层年轻教师。他们大多缺乏管理经验,未经过专业性、系统性的统一培训,导致他们在主持教研活动中出现各种不专业、不恰当、不到位的问题,特别是对于教师在教研现场提出质疑、抛出的新问题,无法从专业角度来分析解决,呈现出专业知识的缺乏与专业能力的不自信。针对以上问题,应开展读书学习制度,通过会议、培训、研讨、沙龙、教研,有针对性地向区域教师推荐相关书单,提供专业学习的有效帮助和支持。① 有计划、有目的地安排区域教研系列活动,理论结合实践,秉承"教学做合一"思想,立足业务园长岗位的工作需求,设计以"讲""做""研""展"为主要手段的参与研训方式,通过任务驱动、互动研讨、展示

---

① 吴颖颖:《四个导向助力课程建设背景下区域教研不断优化——以T市为例》,《第二课堂(D)》2020年第8期,第80~81页。

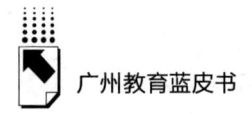

交流，建构系统的岗位知识体系，在实践中积累问题意识，立足教师困惑锁定研究问题，精准聚焦研究主题，考虑教研形式设置与教研内容匹配度的适宜性。在主动学习、分享智慧的过程中，让新手业务园长深切感受教研带来的冲击、深刻感受教研的价值，并把新经验带入实践中，促进整个区域教研生态的变化。

参考文献

陈向荣：《区域幼儿园联盟对教师专业发展的促进作用》，《学前教育研究》2020年第8期。

韩秀云：《构建区域学前教育教研体系的路径探索——以广州市番禺区为例》，《教育导刊》（下半月）2021年第12期。

何孔潮、尚凤娇：《学前教育区域教研制度建设研究》，《教育导刊》（下半月）2020年第6期。

苏静等：《基于幼儿园课程实施的园本教研活动指导手册》，北京出版社，2018。

周玮炜：《幼儿园"1+N"联片教研模式的研究》，《吕梁教学院学报》2020年第1期。

B.19 广州市越秀区区域教研机制改革创新的实践探索

何 军*

摘 要： 推动教研工作转型是教研部门深化基础教育课程改革、落实立德树人根本任务的必然要求。广州市越秀区教育发展研究院为了适应新时代教育发展需要，适应区域办学新思路的要求，在充分调查区域教研机制现状的基础上，把握影响教研生态发展的关键因素，创建起以"共治共享，立体协同"为特点的区域教研新机制。通过明确教研机构"三个定位"、完善"七大中心"内设机构、形成"1+3+N"教研新格局、创建"一二三四五"教研新机制、创新落实"四项服务"、建设教研共享平台等创新举措，完善教研体系，促进区域教育优质均衡发展。

关键词： 区域教研　教研机制　教研改革　广州市越秀区

一 越秀区区域教研机制改革创新的背景

（一）政策背景

教研转型是教研工作在理念、内容、方式和工作机制上的系统性、深层次变革。推动教研工作转型是教研部门深化基础教育课程改革、落实立德树

---

* 何军，广州市越秀区教育发展研究院院长，中学高级教师，主要研究方向为教育教学管理。

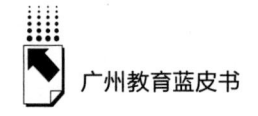

人根本任务的必然要求，也是教研工作随着内部条件的变化而实现自我更新的需要①。在新课程改革深入推进的背景下，实现教育的内涵发展，不能仅仅依赖于学校的自发努力，还需要在直面学校优势与不足的基础上，通过教研系统各组成部分的协调运作才能实现。2019年，中共中央、国务院印发的《关于深化教育教学改革全面提高义务教育质量的意见》明确提出"发挥教研支撑作用"，这是中共中央、国务院第一次对中小学教研工作的具体部署，它从理顺机制、完善队伍、明确职责、改进方式以及扩大教研参与五个方面对教研工作提出了具体要求。2019年11月，教育部发布《关于加强和改进新时代基础教育教研工作的意见》，明确提出教研的主要任务是服务学校教育教学、服务教师专业成长、服务学生全面发展以及服务教育管理决策。②

（二）现实背景

2021年4月，广州市越秀区以实现区域基础教育优质均衡为目标，实施学校布局调整，在集团、学区和联盟"共治共享"办学思路下，提出了优化办学格局的"669"③项目，形成了越秀区"669"学区化集团化办学新格局。

为适应区域教育新发展的要求，广州市越秀区教育发展研究院（以下简称越秀区教研院）对全体教研员和中小幼校（园）长进行了调查分析，盘点了区域"教科培评"的工作现状，了解了区域学校及教研员对学区化、集团化、联盟化办学新思路下教研发展的需求。调查研究基于"669"办学新格局的要求，结合越秀区常态化教研工作实践，对区域教研机制现状进行反思归因，形成了《广州市越秀区深化教研机制改革调查报告》，报告真实反映出越秀区原有教研机制存在的主要问题。

1. 教研机构体系不完善和教研队伍不健全

调查表明，校/园长和教研员在"教研员的职能""教研员应具备的基

---

① 王艳玲、胡惠闵：《基础教育教研工作转型：理念倡导与实践创新》，《全球教育展望》2019年第12期，第31~41页。
② 刘月霞：《中国教研的价值与使命》，《基础教育课程》2017年第5期，第1页。
③ "669"是指广州市越秀区学区化集团化办学新格局中的6个教育集团、6个小学学区、9个幼教联盟。

本素养""教研方式""教研活动对提升教师教育教学能力"等教研工作的认识上存在较大的差异,如关于"开展数据分析""指导课题研究"是否为教研员的基本素养,这两项校/园长的认同度都远高于教研员。这说明现行教研机制仍存在行政化倾向,教研机构及教研员职能定位不清、活力不足,教育专业服务有效性供给不足,也从一定程度上反映教研队伍结构不合理、综合素质有待提升(见图1)。

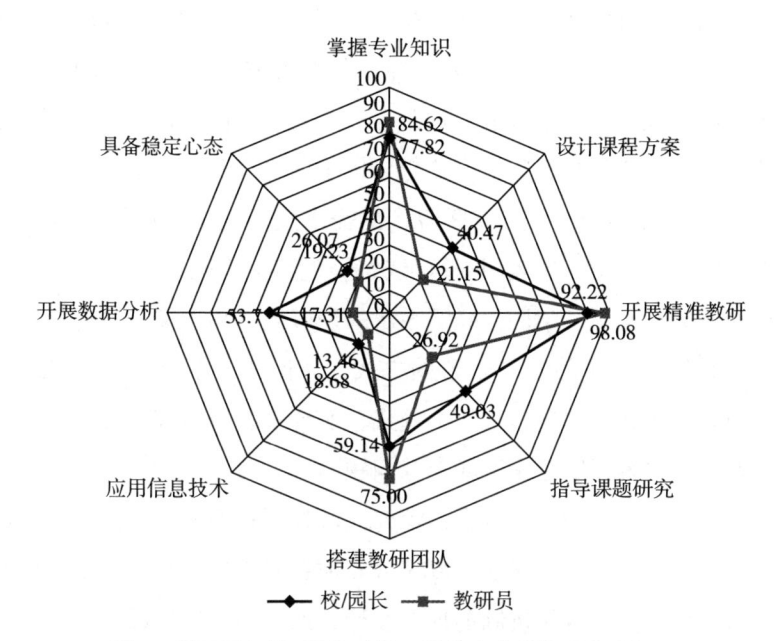

图1 教研员与校/园长对教研员基本素养的观点分析

资料来源:《广州市越秀区深化教研机制改革调查报告》。

2.教研优化转型的内容与方式融合不深入

调查表明,关于"指导开展教育科研课题研究""帮助学校完善校本教研计划"能否对提升教学质量发挥作用以及"教研活动对教师教学评比能力"是否有提升作用等方面,校/园长和教研员的认同度都相对较低,平均认同度只有20%~40%[①],一定程度说明当前区域教研存在开放度不够、资

---

① 资料来源:《广州市越秀区深化教研机制改革调查报告》。

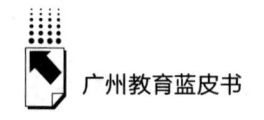

源共享度偏低、整体规划缺乏等诸多无序现象；教研培训实效不够、指导不力、教师参培动力不足。教研员沿袭行政化的思维方式，主要以行政管理者、活动策划者的身份出现，教研工作还停留在帮助教师"弥补缺陷"、指出教师教学工作的不足等零散、孤立的活动上，教研转型还没有受到普遍重视。

3. 对教研转型的积极经验宣传推广不充分

调查表明，目前区域教研在"指导集团（学区/联盟）打造学科教学特色""根据集团（学区/联盟）教学需求指导开展学科研讨活动""指导开展集团（学区/联盟）的学科教研活动""指导区内集团（学区/联盟）打造名师教学和学科领军教师""参与分析集团（学区/联盟）的学业水平并提供建议""根据集团（学区/联盟）的需求进行针对性的学科培训"等方面的工作还略显不足，这表明对区域教研转型的积极经验宣传还不够，校/园长和教研员对集团、学区、联盟教研的理解还不够透彻。目前的网络教研主要采用的是建立微信群、QQ 群的方式，讨论频率不高、缺乏持续性。一些新兴的教研方式，如项目式、主题式、实证式教研也存在针对性、深入性不够，方式和内容还缺乏深度融合等问题。

如何结合新时代的政策要求，探究区域教研转型发展的优势与瓶颈，思考其转型与发展的可行性路线，以充分发挥教研机构作为教师专业发展引领者的作用，加强区域教研机制的顶层设计，助力高素质教师队伍成长，助力越秀教育优质均衡发展，成为越秀区教研院当前亟待解决的关键问题。

二 越秀区区域教研机制改革创新的主要举措和成效

为建立以教育质量提升为基础的教研体制，越秀区教研院开展了教研机制建设的探索和实践，实现了教研理念、工作任务、工作机制和工作平台的创新。一年多的实践，初步探索了区域教研机制改革路径，"共治共享，立体协同"的特色初显，也为进一步构建越秀区高质量教育体系奠定了坚实的基础。

（一）完善教研机构体系，明确教研机构职责

1. 明确"三个定位"，凸显职责功能

教研机构的定位问题一直困扰着教研机构发展和教研工作实效提升。主要表现在教研机构的职能定位不清、行政化色彩较浓，导致其活力不足，功能发挥不足，教育服务的有效供给不足。越秀区教研院把完善教研体系作为重要抓手，在结合区域实情、洞悉教研机构及教研工作本质的基础上，提出了"越秀教育发展的参谋人，越秀教育质量的领头雁，越秀教师成长的助推器"的方向定位，并在这一定位的基础上，开始探索和系统构建区域教研新机制，整体规划区域教、科、培、评的工作体系。方向和定位厘清后，教研机构活力得以激发，能够集中力量为区域教育提供专业、精准服务，由此越秀区教研院的区域地位大幅提升。

2. 建设"七大中心"，完善机构体系

根据中共广州市越秀区委机构编制委员会文件《关于调整区教育局所属事业单位机构编制事项的通知》的要求，越秀区教育局将广州市越秀区教育评估中心并入广州市越秀区教育发展中心，组建广州市越秀区教育发展研究院，加挂广州市越秀区教师发展中心、广州市越秀区教育评估中心牌子。新组建的越秀区教育发展研究院迅速进行内设机构的优化和调整，形成了由院长室及下设的"七大中心"组成的扁平化组织架构（见图2）。全院以服务区域、服务基层为核心，以专业引领、深度研究为主旨，各内设机构职能明确，聚焦"教科培评"，建设了一支乐于服务、执行力强的教研管理队伍。

（二）构建教研新格局，创建教研新机制

1. 构建"1+3+N"教研新格局，形成区域教研新样态

针对当前区域教研开放度不够、资源共享度偏低、缺乏整体规划等诸多无序现象，越秀区教研院结合越秀区"669"的办学新格局，在建设省级、市级、区级、集团、校本五级教研工作体系的基础上，强化区域三级教研的

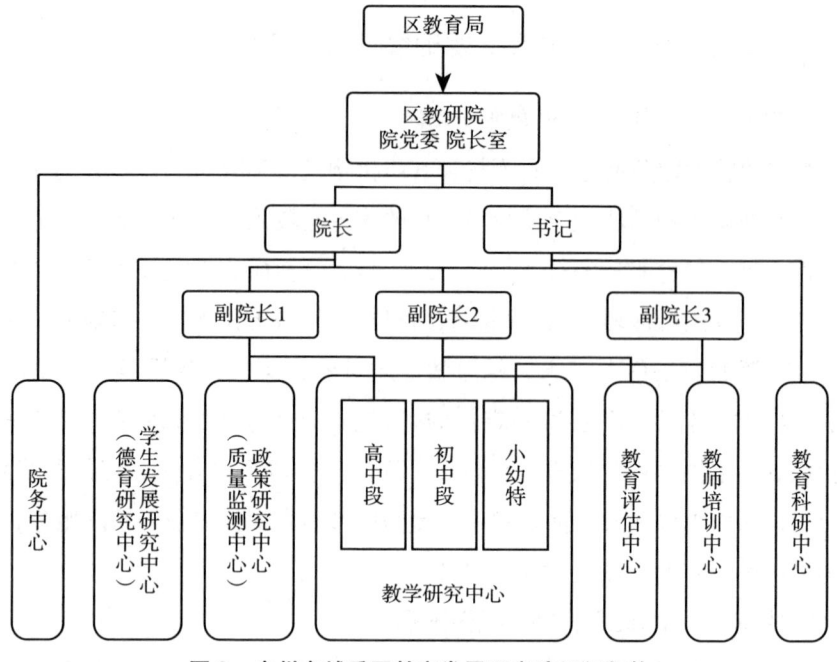

图2　广州市越秀区教育发展研究院组织架构

贯通融合，开展指向共治共享教育新生态的区域立体协同教研机制的创新研究，积极探索"1+3+N"①教研新格局（见图3）。

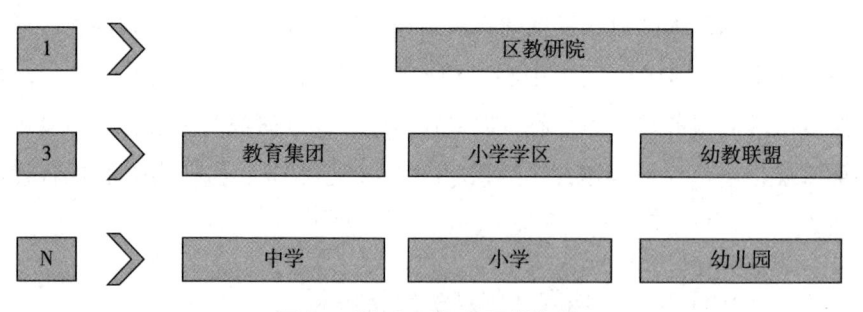

图3　"1+3+N"教研新格局

---

① "1"是越秀区教育发展研究院；"3"是越秀"669"学区化集团化办学新格局中的6个教育集团、6个小学学区和9个幼教联盟；"N"是支撑学生全面发展的区域内各级各类学校和幼儿园。

2. 创建"一二三四五"教研新机制，形成共治共享教育新生态

为了适应构建高质量教育体系的需要，推动区域教育优质均衡发展，进一步完善区域教研机制，越秀区教研院对区域教研工作作了系统规划，构建起以教育行政部门为主导、以教研机构为主体、以中小学校和幼儿园为基地的区域教研新机制，形成共治共享教育新生态（见图4）。

```
越秀区域教研机制改革 → 一支队伍：教研核心队伍（专职教研员、兼职教研员、学科中心组）
                    → "三个定位"：越秀教育发展的参谋人、越秀教育质量的领头雁、越秀教师成长的助推器
                    → "四位一体"：教研机制、科研机制、培训机制、评价机制
                    → "五大转型"：
                        教研重心：学科教学—学科教育
                        教研目标：知识传授—素养提升
                        教研重点："教"—全要素
                        教研方式：单一方式—多元样态
                        教学研究：传统教学研究—基于信息化的教学研究
                    → 一支队伍：区域名教师队伍（正高级教师、特级教师、名师工作室主持人等）
                    → 共治共享教育新生态
```

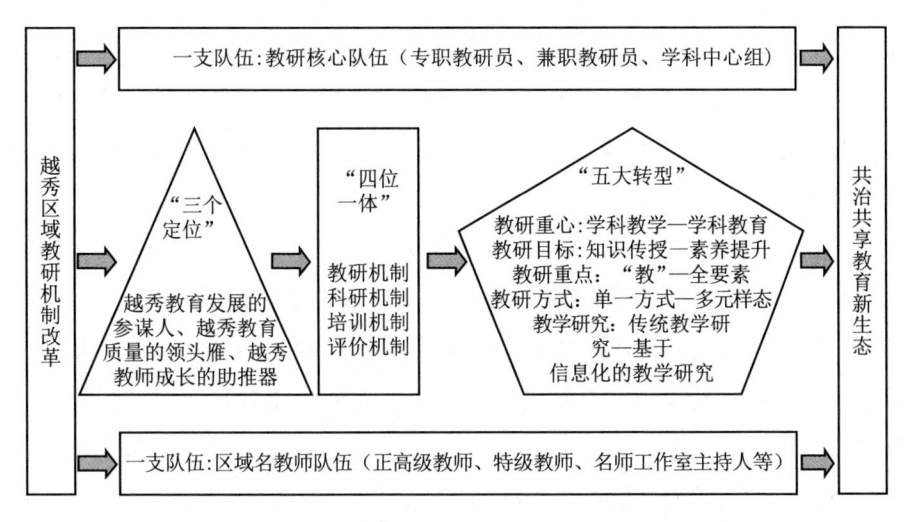

图4　"一二三四五"教研新机制改革

"一"指构建一种教育新生态。中国社会的大踏步向前、国家发展的战略需求和社会发展对高水平教育质量的期待，催生教育新生态，其主旨在于教育回归本真，即教育为谁培养人、培养什么样的人、怎么培养人的问题。教研机构比任何时候都需要更加准确、毫不含糊地做出回答，而坚持正确的政治方向、尊重教育教学规律、贯彻新课程理念、关注学生全面发展是必然选择。此外，学生的生活环境到学习环境、学生的思想认知到行为表现都发生了颠覆性的变化，时代呼唤教育新生态。教研机构必须把握教育新常态，发挥引领作用，推动学校办学思路、教师教育方法及家庭引导技巧做出有力调整，与时俱进。

"二"指抓好两支队伍的建设。一是教研核心队伍，包括专职教研员、

兼职教研员和学科中心组。通过研制人才培养方案、健全相关配套制度、明确岗位职责、加强人员交流、引进专业人才等举措加强了教研核心队伍建设，如制定了《广州市越秀区教育发展研究院岗位设置方案》《广州市越秀区教育发展研究院教研员定期到中小学任教制度》《广州市越秀区兼职教研员选聘方案》等相关制度，提高了教研员与学校互动和交流的质量，积蓄了强有力的教研后备力量。二是区域名教师队伍，包括正高级教师、特级教师、名师工作室主持人等，充分利用越秀区基础教育名师云集的优势，充分发挥区域骨干名师的引领辐射作用，搭建教、科、培、评的各类平台，成立专项工作专家库，构建起服务区域教育高质量发展的人力资源体系。

"三"指实现"三个定位"——越秀教育发展的参谋人，越秀教育质量的领头雁，越秀教师成长的助推器。越秀区教研院以三个定位为工作方向，务实、担当、进取，并在具体工作中提出"谋越教发展、强质量品牌、助教师成长"的行动要求。在教研文化建设、大型活动以及宣传方面时时处处强化三个定位要求，使之成为全院上下高度认同的文化理念和行动指南。

"四"指促进教科培评"四位一体"融合发展。越秀区教育评估中心并入越秀区教研院，使教研工作的教学评一体化和教师成长的过程管理在教研部门形成"闭环"。我们不仅根据教、科、培、评四方面工作的特点和规律分别作了细致分工、系统设计，更重要的是找到四方面工作的契合点，提出了融合发展的目标要求。分管四项工作的四大中心建立起各自工作体系的同时，还开展了多方面的合作研究和探索，教科培评"四位一体"融合发展取得初步成效。

"五"指教研实现"五大转型"，包括教研重心从学科教学向学科教育转型、教研目标从知识传授向素养提升转型、教研重点从关注"教"向关注全要素转型、教研方式从单一方式向多元样态转型、教学研究从传统教学研究向基于信息化的教学研究转型。通过创新教研运行机制，推动区域教研优化转型，充分发挥教研机构在推进课程改革、指导教学实践、促进教师发展、服务教育决策等方面的专业引领作用。

（三）创新四项服务，促进教育优质均衡

越秀区教研院全力落实《教育部关于加强和改进新时代基础教育教研工作的意见》提出的教研机构"四项服务"主要任务，在服务内容、形式上积极细化、创新，形成了专题化服务学校教育教学、系统化服务教师专业成长、精细化服务学生全面发展、科学化服务教育管理决策的特点。

1. 专题化服务学校教育教学

越秀区教研院按照需求导向、问题导向、目标导向，从国家新政策、学校新发展的需要出发，直面问题、迎难而上，瞄准越秀教育高位发展的总目标，制定每学期教学研究主题，融入各项教研工作中，渗透到教、学、评的各个环节，逐步生成教育教学改革的越秀方案。如系统规划和设计区域高中"逐梦"、初中"强腰"、小学"固基"、幼教"优育"四大工程，组建专业指导团队，建立常态指导工作机制；在"三新"（新高考、新课标、新教材）背景下，重新修订越秀区《课堂教学质量评价表》，补充和强化了课堂观察点，推动以增值评价为导向的教育评价改革，为学校的教学转型提供了强力的专业支持，效果明显；根据国家义务教育质量监测、区域学业质量监测等数据，针对区域性的教育教学管理、学科教学问题，对课标和教材进行二次解读，找准切入点进行区域性研究，专题化开展日常教研和下校调研，促进区域学科教学质量及学生综合素养的提升。

2. 系统化服务教师专业成长

在教师培训方面，越秀区教研院牢牢把握专业能力、岗位胜任和突出问题三个抓手，通过线上与线下相结合的组织形式，探索出赛事、命题、共同体、课例、课题、专题等六种培训范式，全面助力教师的发展需要，完善了以"梯次有序、途径多元"为特色的教师培养系统，形成了教科培评"四位一体"的研训模式，使教研有深度、教师专业发展有高度，为区域教育优质均衡发展提供了有力保障。如每年举办"青越杯"青年教师技能比赛，以赛促训，切实引导教师更新教育观念；依托区教研院"进德修业大讲堂"学术活动平台，开展自内而外的"研讨—辐射"式培训；开设区级继续教育课程，及

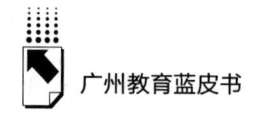

时传达教育新精神、新理念；以课题为抓手的教师培训，主要以点线结合、按需推进的原则开展工作；围绕师德师风、课堂教学等核心内容，通过专题讲座、案例教学、工作坊、实践观摩等形式进行教师入职、进阶和提升培训。

3. 精细化服务学生全面发展

越秀区教研院成立学生发展研究中心（德育研究中心），负责区域德育、心理健康、美育、体育、劳动教育、生涯规划等工作的规划、研究、指导与管理，以"精心策划、精深研究、精准施策、精品迭出"为工作追求，精细化服务学生的全面发展。如根据国家相关政策，创造性研制五育并举的"越秀图谱"，化繁为简、综观全局，发挥了脱虚向实、挂图作战的功能，为学校全面育人提供了重要抓手，成为区域学校开展学生发展工作的重要依凭；成立了"心护航"导师团队，科学把脉学生和家长的身心状态和需求，精心打造了面向高三年级和初三年级家长与学生的系列心理健康、志愿填报等课程，精准提供一对一的心理咨询服务，从2021年9月开始的直播讲座，截至2022年5月，点击量超过5万[1]，助力学生逐梦路上放下心理包袱，扬帆起航，得到家长、学生的充分肯定和高度评价；开展《中小学教育惩戒规则》《中华人民共和国家庭教育促进法》等教育新政和教育法规宣传，通过公众号宣传、到校宣讲、实施顾问等方式，助力学校掌握学生全面发展的新政策；开展艺术素养监测、家长学校实验区建设、体育素养飞行监测、劳动教育推进会等工作，有力服务学生的全面发展。

4. 科学化服务教育管理决策

越秀区教研院成立政策研究中心，以深入研究党和国家及政府部门的教育政策、法规，为教育行政部门决策提供专业服务。为做好科学化的教育管理决策服务，越秀区教研院以高度的政治责任感，结合区情，开创"学—研—调—宣—督"的政策研究和落实机制。如"双减"政策出台后，越秀区教研院以政策研究中心为依托，从研究、指导和服务的角度，立足"共治共享，立体协同"教研机制，落实"学—研—调—宣—督"工作机制，以"政

---

[1] 资料来源于《心育越秀》公众号统计。

策研究中心学习研究、全院头脑风暴活动、全区师生问卷调查、政策宣讲团到校宣讲、专项推进会宣传、专题下校调研督导"的方式，提高课堂教学质量，以优化作业设计为抓手，改进学生培养模式和教育评价方式，实施优质教育资源共享，助力区域全面落实"双减"政策，落实"双减"工作整体设计、同步实施、一体推进，促进学校减负提质，服务区域教育新发展格局。

（四）建设教研共享平台，传播越秀教育好故事

1.《越秀教育》新改版，共享区域教育新发展

为进一步宣传区域教研转型的积极经验，加强校/园长和教研员对学区化、联盟教研的透彻理解，越秀区教研院优化改版了《越秀教育》，强化"服务"定位，以"为越秀教育改革与发展服务，为越秀教育工作者服务"为宗旨，调整或新增了"封面人物""教改动态""区域特色""智慧教育""教育科研""教师发展"等栏目，明晰各栏目定位、突出板块重点，从宏观和微观视角全面呈现越秀教育的新面貌，在色彩与细节中叙说越秀教育最新鲜、最动人的新闻与故事，力求及时传达教育信息，引导教育舆论，展示教育形势，提供工作经验，传播新理论、新知识、新观点，提升教师素养水平。

2.教研院公众号新上线，共享区域教研新成果

通过加强越秀区教研院"公众号"平台建设，全力打造一个能读懂领会教育政策、传递教研资讯动态、传播深度教育观点、彰显学术研究品格的"线上"分享平台和宣传阵地（见图5）。

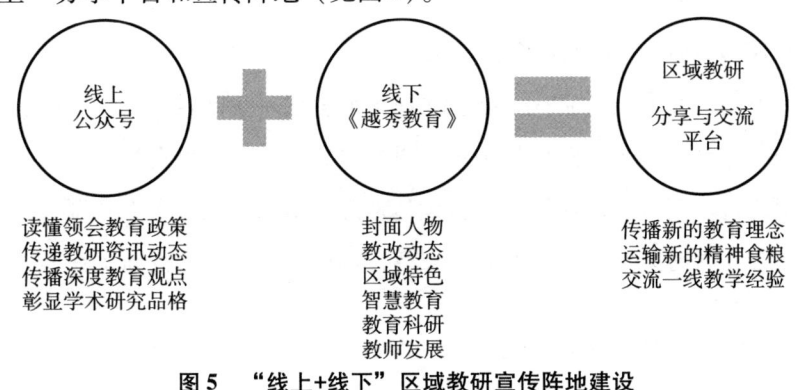

```
┌─────────┐     ┌─────────┐     ┌─────────┐
│  线上   │     │  线下   │     │ 区域教研 │
│ 公众号  │  +  │《越秀教育》│ = │ 分享与交流│
│         │     │         │     │  平台   │
└─────────┘     └─────────┘     └─────────┘
读懂领会教育政策  封面人物        传播新的教育理念
传递教研资讯动态  教改动态        运输新的精神食粮
传播深度教育观点  区域特色        交流一线教学经验
彰显学术研究品格  智慧教育
                教育科研
                教师发展
```

图5 "线上+线下"区域教研宣传阵地建设

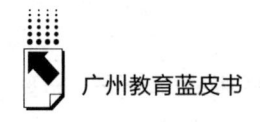

3. 进德修业大讲堂新登场，共享教育学术新故事

越秀区教研院以"做有深度的学术，讲有温度的故事"为目标，创建"进德修业大讲堂"学术交流平台，并通过"线上+线下"的形式，定期面向全区及帮扶地区全面准确地宣传党和国家关于教育工作的方针政策、法律法规，传达教育部、省、市、区指导教育工作的意见和具体工作规划及措施，以前沿的教育视野、快捷的教学信息、深入的改革探讨、动人的育才故事，成为越秀教育事业沟通的平台，为广大一线教师传播新的教学理念，运输新的精神食粮，交流宝贵的教学经验。

三 越秀区区域教研机制改革创新存在的问题及未来展望

资源要共享才更有效，思想要碰撞才有火花，灵感要激发才有新意，经验要交流才有提升，观点要切磋才更深刻。[①] 上一阶段，越秀区教研院主要在内部的管理机制、教研员人才队伍建设、组织结构、宣传推广等方面进行了改革创新，但对于区域教研机制改革中关于区域教研—学区教研—校本教研如何协同创新发展，在具体的管理内容上还存在诸多问题。

（一）存在的问题

1. 区域教研机制的管理完善问题

一方面，在省级教研—市级教研—区域教研—学区教研—校本教研五级教研网络体系中，越秀区仅仅进行了设备设施资源、课程资源、人力资源等单方面的共享实践，还未能将设备设施资源、知识资源、人力资源、信息资源等多方面同时共享来综合实现区域教育均衡问题。另一方面，在五级网络

[①] 袁仕伦：《创新教研机制 推进学科研修 促进均衡发展》，《教育科学论坛》2018 年第 2 期，第 57~58 页。

体系中，越秀区在联动联通省市各级各类教研中，尚未充分有效地发挥区域教研承上启下的关键作用。

2.学区教研和校本教研的成果共享问题

在越秀区"669"新格局背景下，学区教研和校本教研是最具活力和创新性的。然而，当前学区教研和校本教研中优质资源的共享方面越秀区还存在诸多不足之处。

首先，"学区"教育管理机制的变革，是满足群众对受教育机会平等的强烈需求、由教育行政管理部门推行的、自上而下的强制性变革，不是教育内部的自我需求驱动下教育管理机制的变革，这会使变革缺乏内驱力。

其次，当前越秀区学区教研只停留在硬件资源、课程资源和人力资源的共享，缺少学校作为知识生产与传播地的知识资源的共享，以学区作为学校合作与发展的平台开展的校本教研还较少体现。

最后，以校为本的教学研究是当前教研的主要方式，也是教研成效落到学校发展改革实处的关键环节。然而当前越秀区的校本教研还存在泛泛而研、浅尝辄止的情况，发挥专业研究人员的引领作用、有效促进教师个人自我反思和集体同伴互助，在许多地方还缺乏相应机制。

（二）未来展望

教研机制转型是服务理念、组织方式和运行机制的转变，旨在促动教研员、推动学校、拉动教师主动发展。为了从根本上转变教研"隔靴搔痒"的现状，越秀区教研院需进一步改变教研的思维方式和行走方式，有效应对主体复杂性与变革动态性，提高不同主体的责任意识与能力，增强教研部门与学校、学校与学校间的知识分享、互动回应、多方协同，从而形成以"聚焦课堂、聚焦问题、聚焦实践"为路径的共同体教研机制，系统谋划"省级教研—市级教研—区域教研—学区教研—校本教研"的五级教研，形成指向共治共享的教育新生态的区域教研机制。

首先，越秀区教研院将大力促进区域教研"四位一体"的融合发展，坚持在教学研究、教育科研、教师培训、考试评价等方面打通各个关键点，推动区域"立体协同"教研机制的构建和发展。在教研机制创新研究过程中，我们将对区域"立体协同"机制的"立体"概念进行认真研究，进一步丰富其内涵，明确"立体协同"教研机制改革"长""宽""高"三个维度的内涵和要义，比如，"长"将实现各学段的全面贯通、融合，促进幼小科学衔接、小初良性衔接和初高优质衔接，从而实现使每个孩子成长"长度"的最大化；"宽"将拓展每个学科教研工作的外延，推动各学科融合、多学科融合，五育融合、思政一体等"宽度"的延展；"高"则将推动区域教研的深度融合，促进五级教研网络"深度"发展。

其次，越秀区教研院将前置教研阵地，驻校开展"沉浸式"教研，以专业引领深化校本教研。比如遴选驻点学校进行至少为期一年的跟进指导，通过"四步走"战略，有效落实区域教研机制改革的创新实践。第一步在省市教研层面，积极参与省级教研和市级教研的各项教研活动，在省市教研活动的专业指引下，正确领会国家政策要求，结合区域发展实际，将先进的经验和做法吸引并转化为区域教研的各项工作中。第二步在区域教研层面，将继续采取诊断式听课，鼓励教研员下沉到学校，全学科、全员覆盖式听课评课，帮助学校诊断课堂教学中存在的问题。第三步在学区教研层面，将以学区化教研为单位，积极开展专题型讲座与交流分享，教研员要根据各学区的实际情况，整合学区资源，搭建交流学习平台，分学科开展有针对性的讲座，提供改进策略。第四步在校本教研机制层面，将继续通过展示示范性课例，鼓励学科教研员辅导教研组磨课，通过骨干教师示范、学科组教师同伴互助，落实解决问题策略；开展反馈式听课，教研员继续跟进听课，主要观察问题解决成效，指导学校形成有效的校本教研机制。

最后，教研员将继续充分发挥专业优势，以学习者、研究者、合作者的身份深入基层学校，对一线教师进行诊断性、发展性的评价和指导，调动学科组整体教研能力解决区域教研、学区教研、校本教研的深层问题，引领教师树立专业发展和自我成长目标。希望通过"学校主动约报、教研员主动研究、教师主动发展"的联动联通教研模式，增强教学研究的整体性、系统化。

参考文献

蔡定基、高慧冰:《越秀区学区知识资源共享管理机制探讨》,《中国电化教育》2011年第7期。

华应玉、宋保举:《区域教研的改革与进阶》,《基础教育课程》2019年第1期。

刘畅:《创新校本教研机制 实现教师自主发展》,《中国教育学刊》2008年第6期。

孙朝仁:《"大教研":指向立德树人的区域教科研整体改革实践进路》,《江苏教育》2022年第34期。

王晨霞:《教育治理理念下的教研机制转型》,《中国教师报》2020年4月8日,第14版。

谢晨、尹弘飚:《教师视角下教研工作质量与发展均衡程度的省际比较》,《华东师范大学学报》(教育科学版)2021年第5期。

徐淀芳:《探索基于证据和合作共同体的教研机制》,《人民教育》2016年第8期。

张莉、武俊学:《构建教研共同体:区域教研机制建设新途径》,《河北教育》(综合版)2012年第5期。

B.20 广州市海珠区区域教育质量综合评价改革实践报告[*]

陈兆兴[**]

摘　要： 海珠区区域教育质量综合评价改革结合广州市阳光评价项目、国测项目实施，全面构建涵盖品德与社会化水平、学业发展水平、身心发展水平、兴趣特长潜能、学业负担状况、对学校认同等六大方面23项关键性指标的"海珠区中小学教育质量阳光评价指标体系"；构建了"学业测试+问卷调查+非学业量表"的综合评价新模式；针对相应对象编制了非学业量表、学科试卷、学科调查问卷等测评工具；依托大数据，运用新一代多元概化理论、LPA分类等技术手段进行归因分析，找到影响学生测试成绩的关键因素，分别从六大方面对教育教学提出改进，真正实现通过教育评价的引领、诊断、改进、激励功能，促进区域教育高质量发展。

关键词： 区域教育　综合评价改革　评价体系　教育质量　广州市海珠区

一　海珠区教育质量综合评价改革背景

（一）深化区域教育质量综合评价改革是贯彻落实国家教育政策的重要举措

《深化新时代教育评价改革总体方案》提出，要扭转教育评价不科学

---

[*] 本文系广东省教育科研"十二五"规划2014年度研究重点项目"'大数据'背景下的区域教育质量综合评价"（项目编号：2014ZQJK006）的研究成果之一。

[**] 陈兆兴，广州市海珠区教育发展研究院院长、正高级教师，主要研究方向为学校管理、师资队伍建设及家庭教育。

的导向，树立科学成才观念，完善综合素质评价体系①。《中国教育现代化2035》提出"建立教育发展监测评价机制和督导问责机制，全方位协同推进教育现代化"②。当前素质教育和建设人力资源强国的目标对我国的人才培养模式提出了新任务，要求对教育评价进行如下改变：建立以学生为本的发展性评价模式；评价手段多元化，质性评估和定量评估适当结合；借助现代教育测评、统计分析等技术③，推动教育质量评价向精细化、科学化、全面客观的评价转化④；着眼于国家教育发展目标与战略规划，制定适宜的区域教育质量评价指标体系⑤；立足于区域教育改革现状与实际，通过区域教育评价改革助力区域教育生态重构。

（二）深化区域教育质量综合评价改革是推动区域教育质量发展的必然选择

党的十九大报告已明确指出，"中国特色社会主义进入新时代，我国社会主要矛盾已经转化为人民日益增长的美好生活需要和不平衡不充分的发展之间的矛盾"。海珠区作为广州市中心城区，人民群众对优质学位的需求日益增长，对优质教育的渴求与现实资源的差距成为当前社会主要矛盾的重要影响因素。推进教育质量综合评价改革是推进海珠区教育高质量发展、解决海珠区社会矛盾的重要举措；是坚持立德树人、着力培养担当民族复兴大任的时代新人的需要⑥；

---

① 《中共中央 国务院印发〈深化新时代教育评价改革总体方案〉》，http：//www.moe.gov.cn/jyb_xxgk/moe_1777/moe_1778/202010/t20201013_494381.html，最后检索时间：2021年11月10日。
② 《中共中央、国务院印发〈中国教育现代化2035〉》，http：//www.moe.gov.cn/jyb_xwfb/s6052/moe_838/201902/t20190223_370857.html，最后检索时间：2021年11月10日。
③ 何怀金、龚春燕、卢锦运、田海林、冯友余：《让数据说话：教育质量评价的重庆经验》，《人民教育》2017年第Z3期，第100~102页。
④ 施久铭、邢星、魏倩：《教育评价改革的"破"与"立"》，《人民教育》2019年第6期，第21~24页。
⑤ 黄涛、王一岩、张浩、刘三妤：《数据驱动的区域教育质量分析模型与实现路径》，《中国电化教育》2019年第8期，第30~36页。
⑥ 《中共中央 国务院关于深化教育教学改革全面提高义务教育质量的意见》，http：//www.moe.gov.cn/jyb_xxgk/moe_1777/moe_1778/201907/t20190708_389416.html，最后检索时间：2021年11月10日。

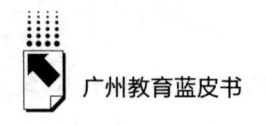

是建设大湾区人才高地，为广州建设大湾区科技教育文化中心做出应有贡献的需要。

（三）海珠区具备深化教育质量综合评价改革的良好实践基础

广州市作为全国 30 个中小学教育质量综合评价试验区之一，几年来，积极贯彻落实教育部精神，制定并落实《广州市中小学教育质量阳光评价改革方案》，全面开展中小学教育质量阳光评价项目。作为实验区，海珠区全程参与了广州市阳光评价项目实验，不仅有良好的研究基础，亦可充分依托相关资源。因此，海珠区深化区域中小学教育质量综合评价改革的时机和条件已经成熟，需要进一步把握中小学教育质量综合评价的改革方向、构建阳光评价指标体系，不断完善测评工具和测评手段，科学规范教学和学业评价，充分发挥教育评价多重功能，突破区域教育瓶颈，促进区域教育高质量发展。

二 存在的主要问题

广州市阳光评价项目已实施多年，海珠区中小学整体参与了实验，几年来探索出诸多经验举措，但也存在以下问题。

（一）基础教育质量评价难以走出"五唯"困境

综观我国基础教育质量评价现状，受应试教育影响，多数地区中小学至今仍以单纯的分数作为衡量学生学业质量与学校教育质量优劣的依据。"唯分数、唯升学、唯文凭、唯论文、唯帽子"是当前教育评价改革存在的根本问题，也是最难啃的"硬骨头"。虽然国家和地方在教育质量评价改革方面做出了很多努力，但在"五唯"面前很多的努力都如蚍蜉撼树。这种单一的评价方式不能对影响教学质量的教育过程诸环节作诊断性评价，反而强化了应试教育。教育评价改革如何从"五唯"的困境中突围，需要从区域层面进行全面的梳理与分析，理出教育评价改革的大方向、突破点与实施路径,在"唯"与"不唯"之间找到平衡,切实扭转中小学教育质量单纯以学生考试成绩和学校升学率作为评价标准的不良倾向,促进学生社会责任感、创新精神和实践能力的培养,促进学生全面发展、健康成长。

(二)以学校为主体的教育评价改革导致教育质量发展不均衡

教育评价改革自提出到实施,从国家层面而言,不断地出台了相应的政策与指导性文件,作为改革试验区的广州,也从地方层面制定了方案进行引导。但调查发现,很多学校在教育评价改革的实施过程中,会因为资源有限与软硬件设施制约,或实施者自己的认知与理解问题,导致教育评价片面化。教育评价是一个科学化、多元化、精细化、全面化的完整体系,从学校层面而言,科学地制定教育评价体系并有效地实施,需要人力、物力支撑,有不小的难度系数,目前很多学校的教育评价体系不完善,缺乏相应的理论支撑,各模块之间的逻辑关系不够清晰,实施过程中也存在形式重于内容。由于不同学校在教育评价改革方面的认知不同、投入不同,学校教育质量发展不均衡。

(三)教育评价改革没能得到多方面的足够重视

教育评价改革以促进学生全面发展为本,是一项系统工程,需要教育管理部门、学校、教师、家长共同重视。但目前的教育评价改革更多的是如何评价学生的发展状况,而忽视对相应参与部门、机构、人员的评价。教育评价改革如果不能充分发挥相应部门的引领、监督作用,不能通过评价引导、激励相关的教育工作者改进教育方式、提升教育质量,不能引导家长端正育人观念与育人方式,教育评价改革将难以深入实施。

三 海珠区教育质量综合评价改革实施策略

教育质量评价改革是实现"五育"并举、全面发展素质教育、落实立德树人根本任务的重要举措。海珠区在教育评价改革中立足于实践,不断积

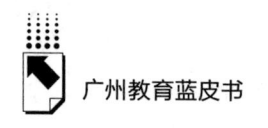

累经验，坚持以学生为本，以问题为导向，建立海珠区教育质量阳光评价指标体系，使教育评价的引导、诊断、改进和激励功能得以充分发挥，促进区域教育质量有效提升。

（一）构建涵盖六大方面23项关键性指标的区域教育质量阳光评价指标体系

海珠区教育质量评价体系的构建以"广州市中小学教育质量阳光评价指标体系"为基础，其构建基于"项目反应理论"和"概化理论"的融合模型，同时注重构建评价对学生发展指导的模块化结构，即利用"认知诊断"在判断学生现状与理想目标之间认知差距的功能优势，探索"自适应测试"对提高个体评估结果的准确度，进一步增强指导学生发展策略的有效性和针对性。

海珠区教育局在落实广州市阳光评价指标体系的基础上，学习借鉴其中小学生学业质量评价指标体系，全面构建涵盖品德与社会化水平、学业发展水平、身心发展水平、兴趣特长潜能、学业负担状况、对学校认同六大方面23项关键性指标的"海珠区中小学教育质量阳光评价指标体系"。其中，品德与社会化水平方面包括道德品质、社会责任、国家认同、国际理解四项关键指标，学业发展水平方面包括学会学习、知识技能方法、科技与人文素养三项关键指标，身心发展水平方面包括身体健康、心理健康、自我管理三项关键指标，兴趣特长潜能方面包括审美修养、爱好特长、实践能力、创新意识四项关键指标，学业负担状况方面包括学习时间、课业质量、课业难度、学习压力四项关键指标，对学校认同方面包括文化认同、教学方式、师生关系、家校关系、组织公民行为五项关键指标。

（二）创建融合"学业测试+问卷调查+非学业量表"的区域教育质量综合评价新模式

海珠区教育质量综合评价新模式的创建，以定量评价与定性评价、形成性评价与终结性评价、内部评价与外部评价综合为原则，不仅能充分反映影响学生学业成绩的内外因素,还能充分发挥其引领、诊断、改进功能,对提高学校教育教学质量、推进区域教育高质量发展具有重要意义。

海珠实验区结合"阳光评价"引进了具有认知诊断功能的自适应测验(CD-CAT),同时关注学生的学业因素和非学业因素,创建出融合"学业测试+问卷调查+非学业量表"的区域教育质量综合评价新模式,从多层面对学生进行综合评价。这种评价模式的具体操作分为三个方面:(1)学业测试,以精心编制的不同学段的学业测试试卷测试学生的学业发展水平;(2)问卷调查,以与学生学业测试配套的问卷进行调查,通过对问卷调查结果进行研究,分析学生学业发展的影响因子;(3)非学业量表,运用非学业量表对学生从多方面进行非学业问卷调查,综合了解、评价学生的整体素质。

(三)针对不同测量对象编制测评工具

1. 研制学生、家长、教师和校长等家校协同共育的量表体系

海珠区教育局组建专家团队,依托教育部综合评价指标体系,根据小学、初中和高中各阶段教育的不同性质与特点,对综合评价体系中的每一项关键指标下涵盖的若干观测点进行完善,提高各指标的可观测性和可操作性。根据完善后的指标体系及各观测点的测量方法要求,除了"知识技能方法"和"身体健康"两项指标比较特殊,需分别以"学业测试"和"国家体质健康数据"进行测量外,学生量表的其他各项关键指标与六大方面是一一对应的,是整体与局部的关系。

明确指标体系的内部关系后,专家组经反复研究,决定不破坏它们之间的整体关系,采用"大量表"形式实现测试,以"大量表"统领"小量表",各量表分工合作。为保证量表这一非学业测试工具的准确性和实操性,第一步,要确定不同测量对象的研究变量;第二步,明确不同研究变量的观测点和测量方式(即确定操作性定义);第三步,根据各研究变量的内涵、观测点及测量方式,确定问卷题目题型并编制问卷题目,形成初步编制的问卷;第四步,通过对问卷初稿进行试测,收集试测数据,评估问卷初稿

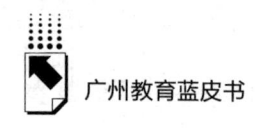

试题的性能指数（信度、结构效度等指标），对题目进行修订或删除，最终确定问卷的正式稿。

海珠区教育局从学生、家长、教师和校长四个角色出发，根据各测量对象的研究变量开发编制出完整的量表体系。量表体系中，学生的研究变量有六大方面：品德与社会化水平、学业发展水平、身心发展水平、兴趣特长潜能、学业负担状况、对学校认同。家长的研究变量包括四大方面：家庭环境、家庭教育、亲子关系、家校关系，其中亲子关系一项变量因学生年段不同而不同，小学为家长参与，初中为亲子沟通，高中为亲子矛盾。教师的研究变量包括四大方面：教师职业幸福感、学校管理现状及评价、工作现状、专业发展状况。校长的研究变量也包括四大方面：师生情况、学校课程教学与评价、学校风气、学校政策实施情况。

2. 针对不同学段学生发展规律编制学业测试试卷

海珠区阳光评价参测学科有六科，参测对象为刚升上六年级和九年级的学生，六年级学科测试的内容为五年级的阅读和数学，九年级学科测试的内容为八年级的阅读、数学、物理和历史。学业测试试题由广州市教育研究院十多名具有丰富命题和教研经验的教师命制。此外，这六科都配套了学业影响因素调查问卷。

3. 面向学生个体发展差异编制学业测试配套问卷

以上六个学科测试配套的学科调查问卷主要面向学生本人，目的在于从学生自身综合评价学生阅读素养、数学能力、物理和历史学科学习的影响因素。阅读素养的学生配套问卷包括学生的阅读量、阅读兴趣、阅读策略、阅读能力、阅读支持力等方面；数学能力的学生配套问卷包括学习时间、学习态度、学习兴趣、数学学习方法策略等方面；物理测试的学生配套问卷包括学习时间、学习态度、学习兴趣、学习方法策略、学习投入、自我效能和思维能力；历史测试的学生配套问卷包括学习兴趣、学习方法策略、学习动机、思维能力和阅读时间。

问卷依据教育与心理测量学关于测评工具开发的科学程序进行编制，主要包括确定主题和设计方案、确定维度、编制项目、施测、项目分析等步骤，以确保调查结果的准确性与可靠性。六个学科测试配套的学科调查问卷各个维度分值范围都是 1~4 分，同一学科不同年级维度设置有差异。

（四）依托大数据运用先进技术进行测评分析

大数据在教育应用领域大有作为，教育大数据提升了教育质量评价的效率与有效性。科学严谨的数据采集和数据分析，能有效地为教育评价提供归因依据，并促使教育教学的改革更有的放矢。

1. 分门别类进行数据采集

准确的数据分析立足于科学的数据采集，数据采集要采用多种方式分门别类。海珠区阳光评价测试的数据采集方式包括分解观测点收集数据、建立档案袋收集数据、建立数据库收集数据、分类计分收集统计数据。数据采集分非学业数据、学业数据、身体健康数据三类，不同数据计分方式不一样。非学业测试涵盖六大方面 23 项关键性指标，得分均由大量表测得，每一项关键指标的题目数为 2~12 个，题目均采用 5 点计分。学业测试涵盖了知识技能方法这一指标，采用学科测试的方式获取数据，每个学科满分 100 分。身体健康指标数据由基础教育数据库中的参评学生体质健康数据转换而来，满分 100 分。

2. 运用新一代多元概化理论合成分数

海珠区阳光评价测试需将采集到的 23 项关键指标分数合成对应的六大方面的评价内容分数，由于这种评价内容与关键指标存在嵌套的关系，因此要考虑这种嵌套关系对合成分数造成的影响。通过对比，海珠区综合评价采用多元概化理论（Multivariate Generalizability Theory，简称 MGT）合成分数。多元概化理论是探究测量目标在特定概化全域上具有多个全域分数的理论，能将题目因素和维度因素同时考虑，还可将各个维度固定起来，使其各自成为一个"元"，即 p●×i○。在综合评价中，多元概化理论合成分数优势明显：一是能对多个评价模块同时考查，适应阳光评价的多元化特点；二是能提升教育质量阳光评价的监测效果，在分析阳光评价质量监测可靠性方面，因其考查具有多维度、多特质的特性，故而可以对阳光评价质量监测的整体

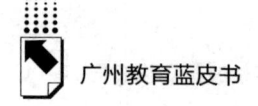

信度进行分析，并探查出局部信度不足的内因；三是具备适度的"微观分析"功能，多元概化理论利用 D 研究技术可以对阳光评价合成分数进行事后分析，探查出满足阳光评价质量监测评价所需学生数的最低数量，并判断评价维度权重是否合理等，为改进阳光评价质量监测评价提供参考依据。

3. 运用 LPA 分类实现学生学业发展差异化评估

教育质量阳光评价主要是为了诊断学校在教育教学过程中存在哪些问题，为教育管理部门和学校提供整改依据，提高教育质量。其中很重要的一点是要对学生当前的学业水平进行差异评估，这先要对学生进行质性的差异诊断，关键是采取科学合理的学生分类方法。经过对不同的分类方法进行比较，海珠区阳光评价测试数据分析采用潜在剖面分析（Latent Profile Analysis，简称 LPA）。LPA 以学生为中心，依据学生群体的学业发展水平特点，诊断出学生在学业发展上的质性差异，在学业发展上，将学生分成组内一致、组间具有差异性的组别。

LPA 不受样本量影响，其基于数学模型的分类，使其在获取学生群体的质性差异信息时不需要人为划界分数和类别数目。以一份 100 分的阅读素养测试为例，若根据传统划界分数方法，将 85 分以上划为优秀，并不能保证 84 分和 85 分两者是否存在质性差异。若用 LPA 对学生进行分类，在组别划分时，可以保证学生组内阅读素养水平一致，组间阅读素养水平具有差异性，有利于对学生阅读素养实施差异性教学。LPA 还可以同时从多个内容维度对学生学业水平进行评价，给出具体的差异诊断信息。

四 海珠区教育质量综合评价改革的实践成果

（一）为推进区域学生的全面发展发挥了重要的诊断改进功能

海珠区阳光评价测试数据显示，近几年，学生六大方面测试数据年年均有提升，进步突出。通过对相关数据进行分析，测试成绩的提升与各方面的影响因素密切相关。

1. 学生品德与社会化水平归因

海珠区教育局以"为每一位学习者提供适性的教育"为导向,落实立德树人根本任务,扎实推进教师职业道德建设和未成年人思想道德建设,广泛深入开展形式多样的群众性精神文明建设活动,这些举措为促进教育均衡发展提供了强大精神动力,营造出良好的教育发展环境。

2. 学生学业发展水平归因

海珠区教育局鼓励创新教学模式,紧扣学科核心素养,尝试启发式、探究式、谈论式、参与式等教学方式,构建高效、适性的课堂,为学生学习"减负增效"。充分利用大学及科研院所资源加大课程建设力度,满足不同学生个性和特长发展需求。加大研究和指导力度,将课程改革和中高考改革、学业水平考试改革有机结合起来,继续试点初中小班化教学、走班制模式;推进高中选课走班、生涯规划教育等改革,为学生个性化发展加强了课程和资源保障。

3. 学生身心发展水平归因

海珠区中小学综合推进体艺、科创、劳动教育,促进学生身心健康。抓好学生体质健康,大力开展大课间体育活动,落实校园足球发展计划,推进"一校一品"特色建设。加强学生近视综合防控工作,完善学校公共卫生事件防控工作机制。积极推进心理健康教育,加强学校心理健康专业教师队伍建设。因地制宜组织开展校园劳动、校外劳动、志愿服务等,将劳动实践纳入中小学相关课程和学生综合素质评价。加强生态文明教育,落实垃圾分类宣传送课到校,提倡简约生活,提高师生生态文明意识。

4. 学生兴趣特长潜能归因

坚持学生个性发展,培养学生兴趣特长,促进学生全面发展。积极扶持重点学校艺术项目建设和学校艺术特色项目建设,通过培训提升师资水平,提高普及水平和竞赛能力。加强创客空间建设,提高师生创新与实践能力。

5. 学生学业负担状况归因

切实提高课堂教学质量,提高教师对教材和现代信息技术的使用能力,合理设计学生作业,提高作业的有效性。进一步完善小学校内课后服务工作

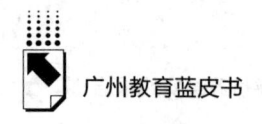

和义务教育阶段学生校内托管工作机制，规范中小学校外教育培训机构。宣传科学教育理念和方法，推行以阳光评价取代旧有的分数和升学率评价方式，使教育质量的评价更趋科学合理。

6. 学生对学校的认同归因

海珠区中小学近年来开展以学校特色发展促进区域教育均衡发展优质发展，学校积极改进教育教学，营造良好的教育新生态，使学生在阳光评价的六大方面均得以全面提升，促进学生身心健康、全面发展，提高学生综合素质，学生自然认同学校。

（二）为探索区域教育高质量发展提供了良好的引领指导作用

区域教育综合评价改革的目标是通过树立科学的质量评价观推动区域教育质量的提升。通过归因，我们针对阳光评价的六大方面制定相应的区域发展举措。

1. 品德与社会化水平的区域发展举措

加强学校德育工作的领导，完善德育工作保障机制，海珠区成立"两心三级四协同五专委"工作体系，深入实施德育效能提升计划。着力于坚定学生的理想信念、增强学生对民族文化的自信、强化学生道德修养、激发学生奋斗精神、全面提升学生综合素养，以培养担当民族复兴大任的时代新人为教育目标，以继承弘扬中华优秀传统文化为立足点，以社会主义核心价值观进校园为切入点，以示范、宣传、融入为基本方法，多措并举推进社会主义核心价值观建设向纵深发展。

2. 学业发展水平的区域发展举措

学业发展水平的提升要做好四个层面的工作。一是业务指导层面，强化常规工作夯实海珠教育基础，通过调研视导服务学校教学，全力备考提升海珠实力；科研培训关注微小功能，开展以"微型""小型"为主的培训、讲座和课题研究；深化云端教育，研究创新教学、教研新模式，将线上线下教学相融合；开展专项活动，实现专项竞赛创平台、教学能力创纪录、教科研培创品牌。二是学校管理层面，改进教育教学管理，加强教师业务培训。

三是教师教学层面，研究并改进教学方法、优化教学内容，提高教学效率。四是学生学习层面，通过教师的指导、启发、培养，开展学法研究、学法分享，不断提高学习效率。

3. 身心发展水平的区域发展举措

一是要加大监测力度，驱动体育整改。通过加强条件保障、加大师资管理力度、强化检查监督促进体育教学、学生竞赛、校园足球、学校体育特色更好发展。二是加强学校管理，落实体育工作。学校须高度重视国家义务教学监测工作，建立国家义务教育监测团队。三是抓建设，促规范。加强科组队伍建设，深化课堂教学改革，加强教学过程监督，规范教师教学行为。四是补短板、堵漏洞。重视学生的视力保护；通过减轻学生作业负担保证学生睡眠时间；关注学生的身体形态，帮助学生建立管理体重的意识，减少肥胖率；按要求开设健康教育课程，使学生养成良好的体育锻炼习惯、健康的生活方式。五是加大体育研训，组织体育教师研究解读义务教育监测指标，举办义务教育监测专题培训，认真分析对比义务教育监测与学生体质健康标准的关联性，深入推进课堂教学研究，提高教学水平。

4. 兴趣特长潜能的区域发展举措

一是注重艺术普及，提倡在普及的基础上再提高。二是开展文艺指导，提升整体水平。每年指导、督促学校开展校内大型文艺活动，指导学校编创节目参加各级各类舞蹈、合唱、语言艺术、器乐等比赛；加强少年宫对学校的指导和引领。

5. 学业负担状况的区域发展举措

一是科学合理布置作业。二是因材施教精心辅导，课内辅导与课外辅导相结合，集体辅导与个别辅导相结合。三是开发课外创意作业。如学科兴趣小组活动、竞赛培训、科技活动、文体活动等，教师负责各活动小组的组织和指导工作。

6. 对学校认同的区域发展举措

学校通过以上五个方面进行全面改进，促进学生身心健康、全面发展，学生自然对学校认同。

五 深入改革的建议

(一)以"四个评价"为导向,以做好过程评价和增值评价为重点[1]

海珠区教育质量综合评价改革应努力以"四个评价"为导向,即改进结果评价、强化过程评价、探索增值评价、健全综合评价,重点做好过程评价和增值评价,实施"五育并举",培养德、智、体、美、劳全面发展的社会主义接班人。

一方面,海珠区可加强对学校课程的评价,尤其是课程的合理性和有效性方面。教育的任务是为学生提供适宜的教育环境,设置能使学生获得成长和全面发展的参与性教育活动,这种教育活动即课程。通过对课程的合理性和有效性进行评价,能引导社会、学校和家长各方面都将精力用于关心和建设高质量的能够促进学生德、智、体、美、劳全面发展的课程建设中,关注教育过程,而不再聚焦于学生分数。

另一方面,海珠区可根据学生全面发展的需求开发增值评价模型,并构建学生增值评价数据采集系统,建立学生增值评价的数据库,同时,在获得增值评价数据后进行合理运用。开发适合学生全面发展的增值评价模型,需对区域教育质量综合评价工具继续探索和改进,开发能抽取同类学校同类学生作为实验对象并可进行横向比较、分析的数据工具,以获取分析数据,为分类培养提供参考依据。例如,开发针对某一学科在两个时间段上测试成绩的模型;又如,开发针对两门及以上学科和群体在两个时间段以上测试成绩的模型。[2] 在构建学生增值评价数据采集系统上,需要明确针对不同学段的

---

[1] 《教育部等六部门关于印发〈义务教育质量评价指南〉的通知》(教基〔2021〕3号),中华人民共和国教育部网站(2021年3月1日),http://www.moe.gov.cn/srcsite/A06/s3321/202103/t20210317_520238.html,最后检索时间:2021年11月10日。
[2] 谢小蓉、张辉蓉:《五育并举视域下学生增值评价的发展困境与破解策略》,《中国电化教育》2021年第11期,第32~38页。

学生,要观测和收集学生在德、智、体、美、劳方面的具体评价指标;在合理运用增值评价数据上,要结合学生在德、智、体、美、劳等方面的增值评价结果进行合理解释和应用,同时,做好学生增值评价后的改进工作,帮助学生找到真正有效的发展策略,实现真正促进学生的全面发展。

(二)以教育综合改革为依托,助推区域教育优质均衡发展

教育均衡发展是教育公平的具体体现,教育均衡是优质教育均衡。海珠区推进教育均衡工作仍任重道远,需努力改进学生综合发展水平各学段发展不平衡问题,重点提高六年级民办小学的办学水平和核心竞争力,加大对民办学校的政策和资源支持等,以促进义务教育的均衡发展。公办学校和民办学校既是相互竞争的关系,也是相互促进的关系,因此,在发展的过程中,海珠区不仅要着力提升薄弱公办学校的教育质量,也要鼓励民办学校走出最初的"补充"定位,走错位发展的道路,大力发挥自身的优势和特色,在内涵提升上下功夫,与公办学校一起承担提升区域教育质量的使命。

参考文献

李兴旺:《推进教育评价改革 提升教育治理能力》,《陕西教育》(综合版)2014年第6期。

吕玉刚:《学习贯彻习近平总书记"七一"重要讲话精神 谋划"十四五"基础教育高质量发展》,《人民教育》2021年第17期。

王烽:《以评价改革引领学校变革》,《中国教育报》2015年5月21日,第14版。

《中共中央办公厅 国务院办公厅印发〈关于深化新时代教育督导体制机制改革的意见〉》,http://www.moe.gov.cn/jyb_xwfb/s5989/202002/t20200219_422406.html,最后检索时间:2021年11月10日。

张生:《"互联网+"时代,我们需要什么样的教育评价——评价走向智能化可视化》,《中小学信息技术教育》2015年第12期。

Abstract

In 2021, Guangzhou adhered to moral education, accelerated the construction of an integrated ideological and political course system, improved students' comprehensive literacy by taking five educations simultaneously; Strengthened the guidance of planning, continuously expanded and optimized the allocation of educational resources; Promoted the high-quality development of education at all levels and in all categories; Strengthened the construction of teacher ethics and systems, enhanced the attraction and cultivation of educational talents, and built a professional and high-quality teaching team; Further promoted the "double reduction" pilot reform of compulsory education, vigorously guaranteed education funds, promoted the construction of education supervision, and comprehensively strengthened education guarantees.

The topic of "double reduction" policy focuses on the research, exploration and beneficial experience in areas such as regional practices of education administrative law enforcement, off-campus training supervision administrative law enforcement, and the current situation of students' academic burdens, etc. , so as to promote the implementation of the "double reduction" policy in Guangzhou. The teacher development chapter focuses on the professional capacity of new kindergarten teachers, primary and secondary school teachers and secondary vocational school teachers in Guangzhou to carry out a series of investigations and researches, in-depth understanding of the current situation of teacher development, analysis of existing problems and put forward targeted policy recommendations, with a view to better implementation the spirit of the "Opinions of the Central Committee of the Communist Party of China and the State Council on Comprehensively Deepening the Reform of Teacher Team

Construction in the New Era". In the chapter of investigation and research, empirical researches have been carried out on the quality of kindergarten care and education, the application of online education in primary and secondary schools, the cooperation mechanism of sister schools in Guangzhou, Hong Kong and Macau, the application of the results of the "National Test", the training effect of top-notch innovative talents in ordinary high schools, and the development level of basic education facilities in Guangzhou, and then provide targeted suggestions for follow-up development according to the existing problems and previous experience. The chapter on regional practice presents the exploration of education reform and practice in various districts in Guangzhou from multiple perspectives, including the practical exploration of full coverage of preschool education in Huadu District, the reform and innovation of regional teaching and research mechanism in Yuexiu District, and the comprehensive evaluation reform of regional education quality in Haizhu District.

Facing the challenges brought by the strategic positioning of urban development, the continuous change of population size and structure, the innovation and application of new technologies, and the development of educational modernization, looking forward to 2022, Guangzhou will further strengthen the top-level design of basic education policies and strengthen institutional guidance; Continue to expand the supply of high-quality degrees to meet the growing demand of the people for high-quality educational resources; Comprehensively strengthen the construction of teachers and build a higher level and more professional teachers; Deepen reform in key areas such as education evaluation and enrollment and examination systems, increase the opening of education to the outside world, accelerate the modernization of education governance, and improve the level of education services for urban development.

Keywords: Guangzhou Education; "Double Reduction" Policy; Teacher Development; Regional Education

Contents

I General Report

B.1 Analysis and Prospect of Education Development in
Guangzhou in 2021　　　　　　　　　　　　*Du Xinxiu* / 001

Abstract: In 2021, Guangzhou adhered to moral education to improve students' comprehensive quality; Strengthened planning guidance, and constantly optimized resource allocation to promote all stages of education quality development; Strengthened ethics and system construction to build professional high-quality teachers team; Further promoted compulsory education "double reduction" pilot reform, vigorously guaranteed education funds, promoted education supervision construction to comprehensively strengthen education guarantee. Facing the challenges brought by the strategic positioning of urban development, the continuous change of population size and structure, the innovation and application of new technologies, and the development of education modernization, next year Guangzhou will continue to expand the supply of degrees, deepen the reform of education evaluation, teacher management, strengthen digital transformation, increase the opening of education, so as to accelerate the modernization process of education governance and improve the service level for urban development.

Keywords: Guangzhou Education; High-quality Development; Degree Supply; "Double Reduction" Policy

II Topical Reports

B.2 Analysis and Prospect of Preschool Education
Development in Guangzhou in 2021   *Liu Xia* / 020

Abstract: In 2021, Guangzhou has adopted various measures such as passing legislation to guarantee the quality preschool education, consolidating the achievements of "5080", improving the cost-sharing mechanism of kindergartens, promoting the quality of kindergarten education. The scale of preschool education keeps expanding, the number of kindergarten teachers keeps increasing. However, there are some problems such as unbalanced development of kindergarten conditions, regional gap in the supply of degrees, the allocation of teachers and the kindergarten conditions. In order to promote the healthy development of preschool education in Guangzhou, it is necessary to further strengthen the top-level design of preschool education policy, improve the policy of financial investment in preschool education, optimize the structure of preschool education teachers, and continuously promote the inclusive development of preschool education.

Keywords: Preschool Education; Education Supply; Guangzhou

B.3 Analysis and Prospect of Compulsory Education
Development in Guangzhou in 2021   *Zhang Dan* / 035

Abstract: In 2021, Guangzhou has promoted the steady development of compulsory education by increasing the supply of compulsory education degrees, optimizing the level of after-school services, deepening the governance of after-school training institutions, and practicing the "Five Education Programs" simultaneously. However, through regional comparison, it is found that the unbalanced and inadequate development of compulsory education in Guangzhou is still prominent. Therefore, in the future development, Guangzhou needs to further promote the high-quality development of compulsory education, continue to carry out the "Double Reduction" work of compulsory education, comprehensively strengthen the construction of teachers, and constantly meet the growing demand of the broad masses for high-quality education resources.

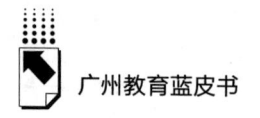

Keywords: Compulsory Education; "Double Reduction" Policy; Guangzhou

B.4 Analysis and Prospect of High School Education Development in Guangzhou in 2021 *Guo Haiqing* / 048

Abstract: In 2021, The overall scale and teaching staff of ordinary high schools in Guangzhou have kept growing, and the conditions for running schools have been constantly improved. By promoting the construction of demonstration high schools and introducing high quality education resources, we can increase the supply of high-quality degrees. Through the reform of admission examination, deepening the reform of curriculum teaching and training of top-notch innovative talents, explore the diversified and characteristic development of ordinary senior high schools; But there are still regional differences and other problems. In the future, Guangzhou should focus on "high-quality" and "characteristics", systematically promote the diversified and characteristic development of ordinary high school, optimize the supply of high-quality education resources, further promote the reform of curriculum teaching, and build a high-level professional teacher team.

Keywords: High School Education; High-quality Characteristics; Educational Reform; Guangzhou

B.5 Analysis and Prospect of Secondary Vocational Education Development in Guangzhou in 2021 　　*Li Yuan* / 062

Abstract: With the aim of improving quality and enhancing service ability, Guangzhou continued to deepen the professional connotation construction, improve the cooperation platform mechanism, explore the integration of posts, courses, competitions and certificates, and promote the reform of financial affairs in 2021. The scale of secondary vocational schools was further expanded, the structure of teachers was further optimized, and the conditions for running schools declined slightly due to the rapid growth of students. Compared with Beijing, Shanghai, Shenzhen and Hangzhou, secondary vocational schools in Guangzhou have the largest number of students, a medium level of teachers, and lower school conditions. In order to improve the quality of secondary vocational education in Guangzhou and the overall social image of vocational education, it is necessary to strengthen the system guidance and improve the effectiveness of policy supply; Strengthen the cooperation between school and enterprise, and comprehensively improve the conditions for running schools; Deepen the integrated training of secondary and higher vocational education and improve the quality of skilled personnel training; Continue to take the project reform as the starting point and highlight the characteristic brands of Guangzhou secondary vocational schools.

Keywords: Secondary Vocational Education; Teaching Staff; Guangzhou

Ⅲ Topics in "Double Reduction" Policy Reports

B.6 Regional Practice Exploration of Education Administrative Law Enforcement in Guangzhou 　　*Deng Suyi*, *Hu Jinsong* / 074

Abstract: In the context of the construction of China's rule of law government, promoting the reform of the education administrative law enforcement system is the meaning of the topic. As a pioneering demonstration site for the reform of education administrative law enforcement, Guangzhou currently has three law enforcement models in Huadu District, Panyu District and Nansha District to strengthen administrative law enforcement within the department, coordinated law enforcement, and comprehensive law enforcement. Guangzhou's education administrative law enforcement also has problems such as law enforcement methods that are too "loose and soft", the law enforcement team is insufficient, and it is difficult to promote the reform of comprehensive administrative law enforcement in education. In the future, it is still necessary to deepen the reform of educational administrative law enforcement and improve the efficiency of educational administrative law enforcement by improving the upper-level design of Guangzhou's comprehensive administrative law enforcement reform, clarifying the responsibility boundaries between law enforcement entities, and building a strong administrative law enforcement team.

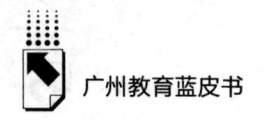

Keywords: Educational Administrative Law Enforcement; Joint Law Enforcement; Comprehensive Law Enforcement; Guangzhou

B.7 Research Report on Administrative Enforcement of Off-Campus Training Supervision in Guangzhou

Du Xinxiu, Liu Xia and Peng Shuhua / 087

Abstract: As one of the first pilot cities for the "double reduction", Guangzhou has issued a series of normative documents on off-campus training supervision and administrative enforcement, set up off-campus training supervision administrative enforcement agencies in a timely manner, actively carried out off-campus training supervision administrative enforcement actions, and innovated regional off-campus training. Supervision of administrative enforcement measures and other measures, and off-campus training in supervision of administrative enforcement have achieved good results. In the face of challenges such as unclear administrative enforcement basis for off-campus training supervision, enhanced concealment of enforcement objects, and urgent need to build a standardized governance system for online training, Guangzhou needs to further improve the administrative enforcement mechanism for off-campus training supervision and innovate off-campus training supervision administration Enforcement methods, strengthen off-campus training, supervision and administrative enforcement.

Keywords: Off-campus Training Supervision; Administrative Enforcement; "Double Reduction" Policy; Guangzhou

B.8 An Investigation Report on the Academic Burden of Students in the Stage of Compulsory Education in Guangzhou

—A Case Study of Huangpu District   Jiao Feifei / 099

Abstract: The heavy academic burden of primary and middle school students has become a hot educational issue of great concern to the government and society. Reducing the heavy academic burden of primary and middle school students is one of the important tasks for the fair and high-quality development of compulsory education. From the four aspects of academic self-perceived burden, on campus burden, off campus burden and weekend burden, a random sampling network questionnaire survey and interview were conducted among parents and students in the compulsory education stage of Huangpu District, Guangzhou, to measure and evaluate the current situation of students' academic burden in the compulsory education stage of Huangpu District. The study found that during the implementation of the burden reduction policy, there were still heavy academic burden on students, diversity of academic burden on students, parents imposing academic burden on students, and parents undertaking academic burden on students. Therefore, the governance of students' overweight academic burden in the future needs the scientific guidance of the government, the cooperation of institutions, the active leadership of schools, the gradual self-awareness of students, the full participation of society and the close cooperation of parents, so as to effectively resolve the plight of students' overweight academic burden in the stage of compulsory education.

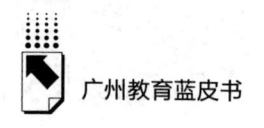

Keywords: Stage of Compulsory Education; Academic Burden; "Double Burden Reduction" Policy; Huangpu District, Guangzhou

Ⅳ Teachers' Development Topics

B.9 Investigation Report on Professional Competences of New Kindergarten Teachers in Guangzhou   *Liu Xia* / 114

Abstract: The professional standards for kindergarten teachers (trial) puts forward the basic requirements for the professional competences of kindergarten teachers from seven dimensions, such as environment creation, organization and conservation of one-day life. A questionnaire survey of 3,047 new kindergarten teachers in Guangzhou shows that the professional competences of new kindergarten teachers are at a medium level on the whole, and the development level of seven dimensions is unbalanced. There is no significant difference in the professional competence level of new teachers in gender, specialty and authorized strength. There are significant differences in the professional competence level of new teachers in different initial education, whether holding a teacher certification and different positions. The professional competence level of new teachers in inclusive private kindergartens is significantly lower than that of new teachers in kindergartens run by education departments. The professional competence level of new teachers in unrated kindergartens is significantly lower than that of new teachers in provincial-level and district-level kindergartens. There are significant differences in the professional competence level of new teachers in kindergartens of different sizes. Therefore, we should adhere to a comprehensive and balanced approach to promote the overall improvement of the professional competences of new kindergarten teachers; strengthen the professional competences training of preschool education students in colleges based on the professional standards; strengthen the pertinence and effectiveness of post-service training for new teachers based on educational practice.

Keywords: New Teacher; Kindergarten; Kindergarten Teacher; Guangzhou

B.10 The Current Situation and Countermeasures of the Development of Information Technology Application Ability of Primary and Secondary School Teachers in Guangzhou *Yang Jing / 127*

Abstract: Based on the "Standards of Information Technology Application Ability for Primary and Secondary School Teachers (Trial)" promulgated by the state, a sample survey was conducted on the teaching ability status of 22,945 teachers in 763 primary and secondary schools in Guangzhou. The results of the survey show that the information technology application ability of primary and secondary school teachers is generally at a moderate level, and there are significant differences among different groups of teachers. The age, education, professional title, professional background, and urban and rural areas of teachers have an extremely significant impact on the ability of primary and secondary school teachers to apply information technology. It is recommended to adhere to standard guidance, build a smart learning support environment, comprehensively consider the development needs of different teacher groups, improve the effectiveness of information-based teaching research and training, and comprehensively improve the information technology application ability of primary and secondary school teachers.

Keywords: Primary and Secondary School Teachers; Information Technology Application Ability; Guangzhou

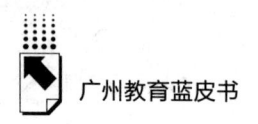

B.11 Investigation and Research on Teachers' Professional Ability in Secondary Vocational Schools in Guangzhou

Li Yuan / 139

Abstract: According to the complexity of teachers' professional development, the professional ability of secondary vocational school teachers is divided into three aspects: constrained professional ability, expanded professional ability and developed professional ability. Through the investigation of teachers' professional ability is carried out for professional teachers in secondary vocational schools in Guangzhou, it is found that the professional ability of teachers in secondary vocational schools in Guangzhou is at a high level as a whole, but the practical guidance ability is slightly insufficient, the social service ability is relatively deficient, and the independent development ability is deviated. There is no significant difference in the professional ability of secondary vocational school teachers in "double-qualified" teachers and age, but there are significant differences in whether they have practical work experience or not. Secondary vocational school teachers' self-career development satisfaction is average, which is positively correlated with their professional abilities. Therefore, it is suggested to strengthen the construction of teacher training system of school enterprise cooperation and improve the practical guidance ability of secondary vocational teachers; Improve the management and incentive mechanism of teachers' social service, and enhance the social service ability of secondary vocational teachers; Increase the autonomy of teachers' professional practice and stimulate the independent development ability of secondary vocational teachers; Strengthen the research on the qualification certification standards of secondary vocational teachers, and develop the municipal "double qualified" teacher standards.

Keywords: Secondary Vocational School Teachers; Teacher's Development; Guangzhou

V Investigation and Research Reports

B.12 Assessment Report on the Regional Quality of Care and Education for Kindergartens in Guangzhou
—A Case Study of Tianhe District

Dai Shuangxiang, Guan Ruishan and Tian Meiping / 152

Abstract: The quality of 197 kindergartens with school permit in Tianhe District were assessed based on Guangzhou Tianhe Kindergarten Quality Assessment Program. The results show that the number of children in kindergartens rated excellent level accounts for 41.86% of the total number of children in the district, which is better than 2018, whereas the overall quality of care and education is not high; condition quality (such as class size, teacher-child ratio) and the process quality (such as curriculum, safety and health) are not ideal; there are significant differences in the overall quality of care and education among different types, evaluation levels and scales of kindergartens. It is recommended to improve the investment system to promote the balanced and high-quality development of inclusive kindergartens; set limit to the class size and teacher-child ratio and ensure number of teachers; pay attention to teacher remuneration and strengthen the construction of the teaching team; pay attention to the care and education process and improve the quality of the process; attach importance to the emphasis of work and improve the quality with clear objectives.

Keywords: Quality of Care and Education; Inclusive Private Kindergartens; Small-scale Kindergartens; Guangzhou

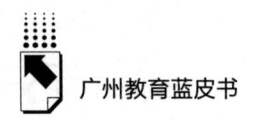

B.13 Research Report on the Application of Guangzhou Primary and Secondary School Online Education

Jian Ming'er, Li Zanjian and Luo Jieming / 168

Abstract: Based on the analysis of the use of online education platforms in Guangzhou in 2020, the application of "Guangzhou TV Class" and the connection between online and offline teaching, the authors find that online education platforms represented by Public Platform for Smart Education of Guangzhou have played an important role in supporting the teaching work in Guangzhou. But at the same time, it also exposes some problems, such as the construction of network infrastructure needs to be strengthened, the low practicality of stock high-quality digital education resources, the relative lack of high-quality digital education resources, Guangzhou TV Class needs to be further popularized and applied, and the integration of online and offline education needs to be optimized and upgraded. Guangzhou should carry out the construction of "new infrastructure" of Educational Informatization, optimize the supply service of high-quality educational digital resources, deeply carry out the research and promotion of hybrid learning mode, and further improve the information literacy of teachers and students, so as to further improve the application level of online education in primary and secondary schools in Guangzhou.

Keywords: Online Education; Primary and Secondary Education; Guangzhou

B.14 Cooperation Mechanism Status and Countermeasures of Guangzhou, Hong Kong and Macao Partner Schools

Du Xinxiu / 184

Abstract: The contents and forms of exchanges and cooperation between partner schools in Guangzhou, Hong Kong and Macao are increasingly rich, but there are problems such as unclear objectives, difficulty to normalize with imperfect systems, few cooperative institutions and platforms, and less substantive cooperation. In order to improve the quality of exchanges and cooperation, Guangzhou needs to strengthen the special management in the future to improve the planning and guidance, improve the system construction to form a long-term mechanism, innovate platforms to broaden the channels, adhere to the connotation of development to improve the quality and efficiency.

Keywords: Guangzhou, Hong Kong and Macao Partner Schools; Education Exchange and Cooperation; Connotaion Development

B.15 Investigation Report on the Application of National Compulsory Education Quality Monitoring Results in Guangzhou　　　　　　　　　　　　*Xiao Xiuping* / 198

Abstract: This study takes the link of application as the main line, and investigates the application of "national test" results in Guangzhou by compiling a questionnaire from four dimensions: condition guarantee, result feedback, result interpretation and improvement measures. The results show that the application of "national test" results in Guangzhou is at a medium level, and there is still a large space for improvement. There is no significant difference in the application of the results of "national test" in different regions and subjects, but there is significant difference in the study sections and mastery degree of results. The report suggests that education management departments can make improvements from three aspects: concept, team building, and precise policy.

Keywords: "National Test"; Educational Management; Guangzhou

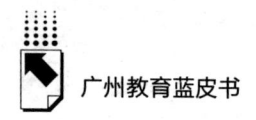

B.16 Evaluation on the Cultivation Effect of Top Innovative Talents in Regular Senior Secondary Schools in Guangzhou

Fang Minglin, Li Jianmin and Wang Yixi / 214

Abstract: In order to evaluate the effect of Top Innovative Talents Cultivation Project in Guangzhou regular senior secondary schools, the project team conducted a sample survey around the overall feelings of students' independent reports, course participation, teacher-student interaction and satisfaction. It is found that the participating students' scores on the overall feelings of the school were significantly higher than those of the non-participating students, and the participating students showed a higher level of curriculum participation, teacher-student interaction and satisfaction. At the same time, the factors that affected the effect of the project include the richness and flexibility of the courses and resources provided by schools, the satisfaction of the project to the individualized development needs such as students' interests and innovative ability, and the comprehensive quality of teachers. It is suggested that Guangzhou regular senior secondary schools should expand the scope of training top innovative talents in an orderly manner, create a good atmosphere for training innovative talents, enhance teachers' competence and enrich curriculum system, so as to further promote the cultivation effect of innovative talents.

Keywords: Regular Senior Secondary Schools; Cultivation of Top Innovative Talents; Guangzhou

B.17 Evaluation and Optimization Suggestions on the Development Level of Basic Education Facilities in Guangzhou

Chen Xiaoming, Li Shaohua and Cai Taicheng / 230

Abstract: The 19th National Congress of the Communist Party of China proposed to give priority to the development of education, accelerate the modernization of education and do a good job in education that the people are satisfied with. The "14th Five-Year Plan" period is an opportunity period for Guangzhou to further improve the public education service system and strive to create a new situation of high-quality education development. Guangzhou education needs to adapt to new requirements, face new challenges, seize new opportunities, accelerate the construction of a high-quality education system, and promote the modernization of education.

Based on advanced experience at home and abroad, this study systematically established an evaluation system for the development level of basic education facilities, and evaluated the development status, problems and achievements of basic education facilities in Guangzhou from multiple dimensions. However, it still faces challenges and problems such as rapid demographic changes, low school building resources per student, and uneven facility layout. In response to the above problems, according to the development characteristics of educational facilities in the new period, new ideas for the development of basic educational facilities in Guangzhou during the "14th Five-Year Plan" period are put forward to provide strong support for the "14th Five-Year Plan" for the development of the city's education industry.

Keywords: Basic Educational Facilities; Education System; Guangzhou

Ⅵ Regional Practice Reports

B.18 Practice and Exploration of Full Coverage Teaching and Research of Preschool Education in Huadu District, Guangzhou

Hong Jingxiang / 247

Abstract: In view of the narrow coverage of teaching and research in preschool education, the single teaching and research method, the incomplete content of teaching and research, and the neglect of the main body of teaching and research, Huadu District of Guangzhou explored the establishment of a horizontal linkage and vertical in-depth full coverage preschool education teaching and research guidance network system, and adopted the scientific and reasonable division of areas, the "five couplets" regional teaching and research cooperation, solving real problems based on practice. The practices and measures of the integrated teacher training mode have achieved results in building a full coverage teaching and research network system, establishing two types of three-level teaching and research management modes, giving full play to the leading role of high-quality parks, and creating a people-oriented teaching and research culture. In order to better realize the standardization, guidance, innovation and efficiency of teaching and research in preschool education, the full coverage of teaching and research should be goal oriented, making the full coverage of regional teaching and research more directional, problem oriented, making the full coverage of regional teaching and research more effective, learning oriented and making the full coverage of regional teaching and research more quality.

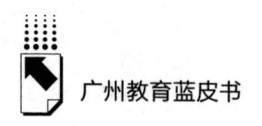

Keywords: Full Coverage of Teaching and Research; Regional Teaching and Research; Preschool Education; Huadu District, Guangzhou

B.19 Practical Exploration of Reform and Innovation of Regional Teaching and Research Mechanism in Yuexiu District in Guangzhou *He Jun / 261*

Abstract: Promoting the transformation of teaching and research work is an inevitable requirement for the teaching and research departments to deepen the reform of basic education curriculum and implement the fundamental task of building morality and cultivating people. Based on the problems found in the investigation of the current situation of the teaching and research mechanism in Yuexiu District, Guangzhou, this paper refines the requirements of the Yuexiu District Education Development Research Institute in order to meet the needs of educational development in the new era and to adapt to the new ideas of regional

"669" school districts, grouping, and alliances, accurately grasp the key factors affecting the ecological development of teaching and research, a series of reform and innovation measures to effectively build a regional high-quality education system and the results achieved, and discuss the creation of a new regional teaching and research mechanism of "co-governance, sharing, and three-dimensional coordination". By defining the three orientations of teaching and research institutions, perfecting the internal departments as seven centers, forming a new teaching and research pattern of "1+3+N", creating a new teaching and research mechanism of "12345", innovating and implementing the "four" services, building a teaching and research sharing platform, the Yuexiu District Education Development Research Institute improves the teaching and research system and promotes the high-quality and balanced development of regional education.

Keywords: Regional Teaching and Research; Teaching and Research Mechanism; Teaching and Research Reform; Co-governance and Sharing; Yuexiu District, Guangzhou

B.20 Practical Report on the Reform of Comprehensive Evaluation of Regional Education Quality in Haizhu District

Chen Zhaoxing / 276

Abstract: The comprehensive evaluation system of education quality should have the characteristics of "reflecting the requirements of quality education, taking students' development as the core, and scientifically diversified", so as to promote the all-round development and healthy growth of students. Combined with the implementation of the Guangzhou Sunshine Evaluation Project and the National Test Project, the reform of the comprehensive evaluation of regional education quality in Haizhu District has comprehensively constructed a "Sunshine Evaluation Index System of Education Quality of Primary and Secondary Schools in Haizhu District" covering 23 key indicators of six major aspects, including morality and socialization level, academic development level, physical and mental development level, interest and specialty potential, academic load status, and school identity. At the same time, The reform has also constructed a new comprehensive evaluation model of "academic test+questionnaire survey+non-academic scale" and tailor made non-academic scales, subject examination papers, subject questionnaires and other evaluation tools for the corresponding objects. Relying on big data, the reform uses up-to-date multiple generalization theory, LPA classification and other technical means to conduct attribution analysis to find the key factors affecting students' test scores, and puts forward suggestions for education and teaching improvement from six aspects. Therefore, a series of measures for the reform of the comprehensive evaluation of regional education quality in Haizhu District have truly promoted high-quality development of regional education through the guiding, diagnosing, improving and stimulating functions of education evaluation.

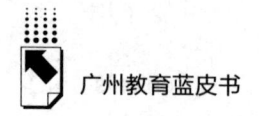

Keywords: Regional Education; Comprehensive Evaluation Reform; Evaluation System; Education Quality; Haizhu Districl, Guangzhou

社会科学文献出版社

皮 书
智库成果出版与传播平台

❖ 皮书定义 ❖

皮书是对中国与世界发展状况和热点问题进行年度监测,以专业的角度、专家的视野和实证研究方法,针对某一领域或区域现状与发展态势展开分析和预测,具备前沿性、原创性、实证性、连续性、时效性等特点的公开出版物,由一系列权威研究报告组成。

❖ 皮书作者 ❖

皮书系列报告作者以国内外一流研究机构、知名高校等重点智库的研究人员为主,多为相关领域一流专家学者,他们的观点代表了当下学界对中国与世界的现实和未来最高水平的解读与分析。截至2021年底,皮书研创机构逾千家,报告作者累计超过10万人。

❖ 皮书荣誉 ❖

皮书作为中国社会科学院基础理论研究与应用对策研究融合发展的代表性成果,不仅是哲学社会科学工作者服务中国特色社会主义现代化建设的重要成果,更是助力中国特色新型智库建设、构建中国特色哲学社会科学"三大体系"的重要平台。皮书系列先后被列入"十二五""十三五""十四五"时期国家重点出版物出版专项规划项目;2013~2022年,重点皮书列入中国社会科学院国家哲学社会科学创新工程项目。

权威报告·连续出版·独家资源

皮书数据库

ANNUAL REPORT(YEARBOOK) DATABASE

分析解读当下中国发展变迁的高端智库平台

所获荣誉

- 2020年，入选全国新闻出版深度融合发展创新案例
- 2019年，入选国家新闻出版署数字出版精品遴选推荐计划
- 2016年，入选"十三五"国家重点电子出版物出版规划骨干工程
- 2013年，荣获"中国出版政府奖·网络出版物奖"提名奖
- 连续多年荣获中国数字出版博览会"数字出版·优秀品牌"奖

皮书数据库

"社科数托邦"微信公众号

成为会员

登录网址www.pishu.com.cn访问皮书数据库网站或下载皮书数据库APP，通过手机号码验证或邮箱验证即可成为皮书数据库会员。

会员福利

- 已注册用户购书后可免费获赠100元皮书数据库充值卡。刮开充值卡涂层获取充值密码，登录并进入"会员中心"—"在线充值"—"充值卡充值"，充值成功即可购买和查看数据库内容。
- 会员福利最终解释权归社会科学文献出版社所有。

社会科学文献出版社 皮书系列
卡号：583853679893
密码：

数据库服务热线：400-008-6695
数据库服务QQ：2475522410
数据库服务邮箱：database@ssap.cn
图书销售热线：010-59367070/7028
图书服务QQ：1265056568
图书服务邮箱：duzhe@ssap.cn

S 基本子库
SUB DATABASE

中国社会发展数据库（下设 12 个专题子库）

紧扣人口、政治、外交、法律、教育、医疗卫生、资源环境等 12 个社会发展领域的前沿和热点，全面整合专业著作、智库报告、学术资讯、调研数据等类型资源，帮助用户追踪中国社会发展动态、研究社会发展战略与政策、了解社会热点问题、分析社会发展趋势。

中国经济发展数据库（下设 12 专题子库）

内容涵盖宏观经济、产业经济、工业经济、农业经济、财政金融、房地产经济、城市经济、商业贸易等 12 个重点经济领域，为把握经济运行态势、洞察经济发展规律、研判经济发展趋势、进行经济调控决策提供参考和依据。

中国行业发展数据库（下设 17 个专题子库）

以中国国民经济行业分类为依据，覆盖金融业、旅游业、交通运输业、能源矿产业、制造业等 100 多个行业，跟踪分析国民经济相关行业市场运行状况和政策导向，汇集行业发展前沿资讯，为投资、从业及各种经济决策提供理论支撑和实践指导。

中国区域发展数据库（下设 4 个专题子库）

对中国特定区域内的经济、社会、文化等领域现状与发展情况进行深度分析和预测，涉及省级行政区、城市群、城市、农村等不同维度，研究层级至县及县以下行政区，为学者研究地方经济社会宏观态势、经验模式、发展案例提供支撑，为地方政府决策提供参考。

中国文化传媒数据库（下设 18 个专题子库）

内容覆盖文化产业、新闻传播、电影娱乐、文学艺术、群众文化、图书情报等 18 个重点研究领域，聚焦文化传媒领域发展前沿、热点话题、行业实践，服务用户的教学科研、文化投资、企业规划等需要。

世界经济与国际关系数据库（下设 6 个专题子库）

整合世界经济、国际政治、世界文化与科技、全球性问题、国际组织与国际法、区域研究 6 大领域研究成果，对世界经济形势、国际形势进行连续性深度分析，对年度热点问题进行专题解读，为研判全球发展趋势提供事实和数据支持。

法律声明

"皮书系列"(含蓝皮书、绿皮书、黄皮书)之品牌由社会科学文献出版社最早使用并持续至今,现已被中国图书行业所熟知。"皮书系列"的相关商标已在国家商标管理部门商标局注册,包括但不限于LOGO( )、皮书、Pishu、经济蓝皮书、社会蓝皮书等。"皮书系列"图书的注册商标专用权及封面设计、版式设计的著作权均为社会科学文献出版社所有。未经社会科学文献出版社书面授权许可,任何使用与"皮书系列"图书注册商标、封面设计、版式设计相同或者近似的文字、图形或其组合的行为均系侵权行为。

经作者授权,本书的专有出版权及信息网络传播权等为社会科学文献出版社享有。未经社会科学文献出版社书面授权许可,任何就本书内容的复制、发行或以数字形式进行网络传播的行为均系侵权行为。

社会科学文献出版社将通过法律途径追究上述侵权行为的法律责任,维护自身合法权益。

欢迎社会各界人士对侵犯社会科学文献出版社上述权利的侵权行为进行举报。电话:010-59367121,电子邮箱:fawubu@ssap.cn。

社会科学文献出版社